Вадим Чекунов

КИРЗА

Magic Dome Books
2022

Эта книга лицензирована только для вашего личного использования. Эта книга не может быть перепродана или передана другим людям. Если вы хотите поделиться этой книгой с другим человеком, приобретите дополнительную копию для каждого получателя.

Спасибо за уважение к работе автора.

Книга содержит ненормативную лексику. Возрастное ограничение 18+

Кирза
Автор © Вадим Чекунов 2008
Художник © Владимир Манюхин 2022
Издательство Magic Dome Books, 2022
Все права защищены
ISBN: 978-80-7619-519-6

"Кирза" — это самая смешная и самая трагичная из всех книг, что написаны об армии на русском языке. Вадим Чекунов — и автор, и главный герой, попадающий в вооруженные силы со студенческой скамьи, — пристально наблюдает за собственным духовным перерождением. Каждому, кто сможет прочесть эту печальную книгу до конца, ни разу не рассмеявшись, издательство выражает глубокие соболезнования.

Текст романа публикуется в авторской редакции.

Когда Вадим вручил мне свою «Кирзу», с момента моей службы в армии минуло более двадцати лет. И насколько я был поражен и ошарашен тем фактом, что память моя услужливо достала во время прочтения книги все пройденное во время службы: боль и отвагу, ненависть и страх, терпение, силу, и главное – правду! Правду, которая всегда у каждого своя. Сейчас мне кажется, что порой именно тот самый пресловутый юношеский максимализм и слепое безрассудство, с которыми мы служили, верили стране и командирам, помогло нам остаться людьми. Сохранить себя и возмужать. К сожалению, не всем...

Алексей Бобл

"Все это моя среда, мой теперешний мир, — думал я, — с которым хочу не хочу, а должен жить:"

Ф. М. Достоевский. "Записки из Мертвого дома"

ЧАСТЬ ПЕРВАЯ.
КАРАНТИН

1.

В поезде пили всю ночь.

Десять человек москвичей — два плацкартных купе.

На боковых местах с нами ехали две бабки. Морщинистые и улыбчивые. Возвращались домой из Сергиева Посада. Угощали нас яблоками и вареными яйцами. Беспрестанно блюющего Серегу Цаплина жалели, называли "касатиком". В Вышнем Волочке они вышли, подарив нам три рубля и бумажную иконку. Мы добавили еще, и Вова Чурюкин отправился к проводнику.

Мордатый гад заломил за бутылку четвертной.

Матерясь, скинулись до сотки, взяли четыре. Все равно деньгам пропадать.

Закусывали подаренными бабками яблоками. Домашние припасы мы сожрали или обменяли на водку еще в Москве, на Угрешке – сборном пункте, где проторчали три дня.

Пить начали еще вечером, пряча стаканы от нашего "покупателя" — белобрысого лейтенанта по фамилии Цейс. Цейс был из поволжских немцев, и в военной форме выглядел стопроцентным фрицем. Крылышки на тулье его фуражки напоминали фашистского орла.

Лейтенант дремал в соседнем купе.

К нам он не лез, лишь попросил доехать без приключений. Выпил предложенные сто граммов и ушел.

Нам он начинал даже нравится.

Вагон — старый, грязный и весь какой-то раздолбанный. Тусклая лампа у туалета.

Пытаюсь разглядеть хоть что-нибудь за окном, но сколько ни вглядываюсь — темень одна. Туда, в эту темень, уносится моя прежняя жизнь. Оттуда же, в сполохах встречных поездов, надвигается новая. Какая она будет? Я не знаю.

Понятно одно – не будет в ней ни знакомого шпиля университета, ни прогулок по смотровой площадке, ни посиделок под бутылку и разговоры о Гумилеве. Не будет знаменитых «Крестов» — общежития на Вернадского, споров о литературе, чтения стихов, портвейна из чашек и сладкого стона однокурсницы на узкой для двоих кровати. Ничего этого не будет.

Сережа Патрушев передает мне стакан. Сам он не пьет, домашний совсем паренек. Уже заскучал по маме и бабушке.

— Тебе хорошо, — говорит мне. — У тебя хоть батя успел на вокзал заскочить, повидаться. Я ведь своим тоже с Угрешки позвонил, и поезда номер, и время сказал. Да не успели они, видать: А хотелось бы — в последний раз повидаться.

Качаю головой:

— На войну что ли собрался?.. На присягу приедут, повидаешься. Последний раз: скажешь, тоже.

Водка теплая, прыгает в горле. Закуски совсем не осталось.

Рассвело рано и потянулись за окном серые домики и нескончаемые бетонные заборы, местами с кольцами ржавой «колючки» поверху. Ночью прошел дождь, все за окном отсырело. Лязгая, поезд медленно ползет мимо однообразных пакгаузов. На грязно-белой стене трансформаторной будки я вижу выведенную черной краской надпись: «Не жди чудес, блять!» и даже киваю в знак согласия с неизвестным автором. Постройки заканчиваются, и за окном возникает перрон неизвестной станции. Поезд проходит ее без остановки. Плывут в утренней пелене фонарные столбы, кривые скамейки, обшарпанная стена вокзальчика.

У самого конца перрона мы видим десятка два сидящих на корточках людей, с руками, сложенными на головах. Конвой возвышается над ними нелепыми истуканами. Рослый офицер в плащ-накидке стряхивает дождевые капли с планшета. На секунду он оборачивается, бросая раздраженный взгляд на наш поезд.

— О как... — задумчиво говорит кто-то из притихших наших. – Этим-то еще хуже...

Перрон обрывается, начинаются мокрые кусты и высокие штабеля черных шпал. Вдоль полотна бредет, опустив голову и хвост, тощая пегая собака с набухшими сосками.

— Блядь, надо бы выпить еще...

Зашевелились пассажиры, у туалета — толчея. Заглянул Цейс:

— Все живы? Отлично.

Поезд едва тащится.

Приперся проводник, начал орать и тыкать пальцем в газету, которой мы прикрыли блевотину Цаплина. Ушлый, гад, такого не проведешь.

Чурюкин посылает проводника так длинно и далеко, что тот действительно уходит.

Мы с облегчением смеемся. Все будет хорошо. Живы будем – не помрем! Кто-то откупоривает бутылку "Колокольчика" и по очереди мы отхлебываем из нее, давясь приторно-сладкой дрянью. "Сушняк, бля! Пивка бы..." — произносит каждый из нас ритуальную фразу, передавая бутылку.

Состав лязгает, дергается, снова лязгает и вдруг замирает.

Приехали.

Ленинград. Питер.

С Московского вокзала лейтенант Цейс отзвонился в часть.

Сонные и похмельные, мы угрюмой толпой спустились по ступенькам станции "Площадь Восстания".

Озирались в метро, сравнивая с нашим.

Ленинградцы, уткнувшись в газеты и книжки, ехали по своим делам.

Мы ехали на два года.

Охранять их покой и сон.

Бля.

В Девяткино слегка оживились — Серега Цаплин раздобыл где-то пива. По полбутылки на человека.

Расположившись в конце платформы, жадно заглатывали теплую горькую влагу. Макс Холодков, здоровенный бугай-борец, учил пить пиво под сигарету "по-пролетарски". Затяжка-глоток-выдох.

Лейтенант курил в сторонке, делая вид, что не видит.

Распогодилось. Лучи июньского солнца гладили наши лохматые пока головы.

Напускная удаль еще бродила в пьяных мозгах, но уже уползала из сердца. Повисали тяжкие паузы.

Неприятным холодом ныло за грудиной. Было впечатление, что сожрал пачку валидола.

Хорохорился лишь Криницын — коренастый и круглолицый паренек, чем-то смахивавший на филина.

— Москвичей нигде не любят! — авторитетно заявил Криницын.

— Все зачморить их пытаются. Мне пацаны, служившие говорили — надо вместе всем держаться. Ну, типа мушкетеров, короче: Кого тронули — не бздеть, всем подниматься! В обиду не давать себя! Как поставишь себя с первого раза, пацаны говорили, так и будешь потом жить...

До Токсово добирались электричкой.

Нервно смеялись, с каждым километром все меньше и меньше.

Курили в тамбуре до одурения. Пить уже никому не хотелось.

Там, на маленьком пустом вокзальчике, проторчали до вечера, ожидая партию из Клина и Подмосковья.

Не темнело непривычно долго — догорали

белые ночи.

Под присмотром унтерштурмфюрера Цейса пили пиво в грязном буфете. Сдували пену на бетонный пол. Курили, как заведенные.

Сгребали последнюю мелочь. Чурюкин набрался наглости и попросил у Цейса червонец.

Тот нахмурился, подумал о чем-то и одолжил.

Ближе к темноте к нам присоединились две галдящие оравы — прибыли, наконец, подмосковные и клинчане.

Пьяные в сиську. Некоторые уже бритые под ноль. С наколками на руках. Урки урками.

Два не совсем трезвых старлея пожали руку нашему немцу.

Урки оказались выпускниками фрязинского профтехучилища. Знали друг друга не первый год. Держались уверенно.

Верховодил ими некто Ситников — лобастый, курносый пацан с фигурой тяжеловеса. В каждой руке он держал по бутылке портвейна, отпивая поочередно то из одной, то из другой.

Ожидая автобус из части, мы быстро перезнакомились и скорешились.

Кто-то торопливо допивал водку прямо из горла.

Кто-то тяжко, в надрыв, блевал.

Измученные ожиданием, встретили прибывший наконец автобус радостными воплями.

В видавший виды "пазик" набились под завязку. Сидели друг у друга на коленях.

Лейтехи ехали спереди. Переговаривались о чем-то с водилой — белобрысым ефрейтором. Тот скалил зубы и стрелял у них сигареты.

По обеим сторонам дороги темнели то ли сосны, то ли ели.

Изредка виднелись убогие домики. Мелькали диковинные названия — Гарболово, Васкелово, Лехтуси...

Карельский перешеек.

Приехали.

Лучами фар автобус упирается в решетчатые ворота со звездами.

Из двери КПП выныривает чья-то тень.

В автобус втискивается огромный звероподобный солдат со штык-ножом на ремне. Осклабился, покивал молча, вылез и пошел открывать ворота.

Все как-то приуныли.

Даже Криницын.

Несколько минут нас везут по какой-то темной и узкой дороге. Водила резко выворачивает вдруг руль и ударяет по тормозам. Автобус идет юзом. Мы валимся на пол и друг на друга. Лейтенанты ржут и матерят водилу.

— Дембельский подарок! — кричит

ефрейтор и открывает двери. — Добро пожаловать в карантин! Духи, вешайтесь! На выход!

Вот она — казарма. Темная, будто нежилая. Лишь где-то наверху слабо освещено несколько окон.

Мы бежим по гулкой лестнице на четвертый этаж.

Длинное, полутемное помещение. Пахнет хлоркой, хозяйственным мылом, и еще чем-то приторным, и незнакомым.

Цейс и другие лейтехи куда-то пропали.

Мы стоим в одну шеренгу, мятые и бледные в свете дежурного освещения. Я и Холодков, как самые рослые, в начале шеренги.

Справа от нас — темнота спального помещения.

Там явно спят какие-то люди. Кто они, интересно:

Сержант — человек-гора. Метра под два ростом. Килограммов за сто весом. Голова — с телевизор "Рекорд". Листы наших документов почти исчезают в его ладонях.

Сонными глазами он несколько минут рассматривает то нас, то документы.

Наконец, брезгливо кривится, заводит руки за спину и из его рта, словно чугунные шары, выпадают слова:

— Меня. Зовут. Товарищ сержант.

Фамилия — Рыцк.

Мы впечатлены.

Сержант Рыцк поворачивает голову в темноту с койками:

— Зуб! Вставай! Духов привезли!

С минуты там что-то возится и скрипит. Затем, растирая лицо руками, выходит тот, кого назвали Зубом.

По шеренге проносится шелест.

Зуб по званию на одну лычку младше Рыцка. И на голову его выше. Носатый и чернявый, Зуб как две капли воды похож на артиста, игравшего Григория Мелехова в "Тихом Доне". Только в пропорции три к одному.

Мы с Холодковым переглядываемся.

— Если тут все такие... — шепчет Макс, но Рыцк обрывает:

— За пиздеж в строю буду ебать.

Коротко и ясно. С суровой прямотой воина.

— Сумки, рюкзаки оставить на месте. С собой — мыло и бритва.

— А зубную пасту можно? — кажется, Патрушев.

— Можно Машку за ляжку! Мыло и бритва. Что стоим?

Побросали торбы на дощатый пол.

— Зуб, веди их на склад. Потом в баню.

— Нале-во!

— Понеслась манда по кочкам! — скалится

кто-то из подмосковных и получает от Зуба увесистую оплеуху.

На складе рыжеусый прапорщик в огромной фуражке тычет пальцем в высокие кучи на полу:

— Тут портки, там кителя! Майки-трусы в углу! Головные уборы и портянки на скамье! За сапогами подходим ко мне, говорим размер, получаем, примеряем, радостно щеримся и отваливаем! Хули их по ночам привозят? — это он обращается уже к Зубу.

Тот пожимает плечами.

— Ни хера себе ты ласты отрастил! — рыжеусый роется в приторно воняющей куче новеньких сапог. — Где я тебе такие найду?!

У Макса Холодкова, несмотря на мощную комплекцию, всего лишь сорок пятый размер ноги. Он уже держит перед собой два кирзача со сплющенными от долгого лежания голенищами.

Я поуже Макса в плечах, но мой размер — сорок восьмой.

— На вот, сорок семь, померяй! — отрывается от кучи вещевик. — Чегой-то он борзый такой? — обращается он к Зубу, видя, как я отрицательно мотаю головой.

Младший сержант Зуб скалит белые зубы:

— Сапоги, как жену, выбирать с умом надо. Тщательно. Жену — по душе, сапоги —

по ноге. Абы какие взял — ноги потерял!.. Ваши слова, товарищ прапорщик?

Рыжеусый усмехается. Нагибается к куче.

Связанные за брезентовые ушки парами сапоги перекидываются в дальний угол.

Все ждут.

Наконец нужный размер найден. Все, даже Зуб, с любопытством столпились вокруг и вертят в руках тупоносых, угрожающе огромных монстров.

— Товарищ младший сержант, а у вас какой? — спрашивает кто-то Зуба.

— Сорок шесть, — Зуб цокает языком, разглядывая мои кирзачи. Протягивает мне:

— Зато лыжи не нужны!

Кто-то угодливо смеется.

"Как я буду в них ходить?!" — я взвешиваю кирзачи в руке.

Вовка Чурюкин забирает один сапог и подносит подошву к лицу.

— Нехуево таким по еблу получить, — печально делает вывод земляк и возвращает мне обувку.

Со склада, с ворохом одежды в руках, идем вслед за Зубом по погруженной в какую-то серую темноту части.

Ночь теплая. Звезд совсем немного — видны только самые крупные. Небо все же светлее, чем дома.

Справа от нас длинные корпуса казарм.

Окна темны. Некоторые из них распахнуты, и именно оттуда до нас доносится негромкое:

— Дуу-у-ухи-и! Вешайте-е-есь!

2.

Баня.

Вернее, предбанник.

Вдоль стен — узкие деревянные скамьи. Над ними металлические рогульки вешалок. В центре — два табурета. Кафельный пол, в буро-желтый ромбик. Высоко, у самого потолка, два длинных и узких окна.

Хлопает дверь.

Входит знакомый рыжий прапорщик и с ним два голых по пояс солдата. Лица солдат мятые и опухшие. У одного под грудью татуировка — группа крови. В руках солдаты держат ручные машинки для стрижки.

— Все с себя скидаем и к парикмахеру! — командует прапорщик. — Вещи кто какие домой отправить желает, отдельно складывать. Остальное — в центр.

На нас такая рванина, что и жалеть нечего. Куча быстро растет. Но кое-кто — Криницын и еще несколько — аккуратно сворачивают одежду и складывают к ногам. Спортивные костюмы, джинсы, кроссовки на некоторых хоть и ношеные, но выглядят прилично.

Банщики лениво наблюдают.

Голые, мы толчемся на неожиданно холодном полу и перешучиваемся.

Клочьями волос покрыто уже все вокруг.

Криницына банщик с татуировкой подстриг под Ленина — выбрил ему лоб и темечко, оставив на затылке венчик темных волос. Отошел на шаг и повел рукой, приглашая полюбоваться.

Всеобщий хохот.

И лицо Криницына. Злое-злое.

Обритые проходят к массивной двери в саму баню и исчезают в клубах пара.

Доходит очередь и до меня.

— Ты откуда? — разглядывая мою шевелюру, спрашивает банщик. Мне достался второй, поджарый, широкоскулый, с внешностью степного волка.

— Москва, — осторожно отвечаю я.

— У вас мода там, что ли, такая? Как с Москвы, так хэви-метал на голове!

Вжик-вжик-вжик-вжик...

Никакая не баня, конечно, а длинная душевая, кранов пятнадцать.

Какие-то уступы и выступы, выложенные белым кафелем. Позже узнал уже, что это столы для стирки.

Груда свинцового цвета овальных тазиков с двумя ручками — шайки.

Серые бруски мыла. Склизлые ошметки мочалок.

Вода из кранов бьет — почти кипяток.

Из-за пара невидно ничего дальше протянутой руки.

Развлечение — голые и лысые, в облаках пара, не можем друг друга узнать.

Ко мне подходит какое-то чудище с шишковатым черепом:

— Ты, что ль?

Это же Вовка Чурюкин!

— По росту тебя узнал!

— А я по голосу тебя!

Надо будет глянуть на себя в зеркало. Или не стоит?

Выходим в предбанник веселые, распаренные.

Вещей наших уже нет.

Зуб сидит на скамейке и курит. Банщик — Степной волк — подметает пол. У его совка скапливается целая мохнатая гора.

Татуированного и прапорщика не видно.

Мы разбираем форму.

Поверх наших хэбэшек кем-то положены два зеленых пропеллера для петлиц и колючая красная звездочка на пилотку.

— А мои вещи?!

Криницын смотрит то на Зуба, то на Степного волка.

Зуб пожимает плечами.

Степной волк прекращает подметать и нехорошо улыбается:

— А уже домой отправили. Все чики-поки!

Криницын таращит глаза и озирается на нас:

— Мужики! Ну поддержите! Это ведь беспредел!

Зуб поднимается со скамейки и неторопливо выходит наружу.

— Пойдем. В подсобке твои вещи. Заберешь, — говорит Степной волк в полной тишине.

— Да не, я так... — Криницын заподозрил неладное. — В общем-то... Хотя нет. Идем! — лицо его искажается решительной злобой.

Банщик выходит.

Криницым мнется пару секунд, натягивает трусы-парашюты и следует за ним. На выходе, не оборачиваясь, он делает нам знак — Рот Фронт!

— Совсем ебанулся, — роняет Ситников.

Голубая майка, синие безразмерные трусы, хэбэшка, сероватые полотна портянок — все выдано новехонькое, со стойким складским запахом. Смутное ощущение знакомости происходящего. Не могу вспомнить, где об этом читал. Длинным выдается все маленькое и короткое, а коротышкам — наоборот, пошире и подлинней. У Гашека, в "Швейке", по-моему, так и было.

Влезаем в форму, на ходу меняясь с соседями, кому что лучше подходит.

Негромко переговариваемся. Все заинтригованы судьбой бунтовщика.

Открывается дверь.

Входит Зуб.

Ставит табурет перед нами. Снимает сапог.

— Сейчас будем учиться мотать портянки. Научитесь правильно — останетесь с ногами. Нет — пеняйте на себя. Показываю первый раз медленно и интересно...

Все напряженно наблюдают.

— Теперь повторяем за мной... Еще раз...

Зуб осматривает наши ноги.

— Что это за немцы под Москвой?.. Еще раз!.. Наматывать правильно!

Около меня Зуб удивленно крякает.

За неделю до призыва отец принес из ванной полотенце для рук и неплохо натаскал меня в премудростях портяночного дела.

Спасибо, батя.

Зуб выделяет мне полпредбанника. Приносит второй табурет.

— Показывай этим. А вы смотрите и всасывайте.

Я второй раз в центре внимания.

Невольно я начинаю копировать движения и интонации Зуба:

— Показываю еще раз. Ставим ногу вот так. Этот краешек оборачиваем вокруг ступни. Но так, чтобы...

В один момент все поворачивают головы в сторону двери.

Входит Криницын. С пустыми руками.

За ним входят Степной волк и татуированный.

Криницын молча поднимает с пола щетку и начинает сметать остатки волос в кучу. Татуированный протягивает ему сложенную газету:

— В бумагу все и на улицу, в бак у двери. Всосал?

Голова Криницына низко опущена. Когда он кивает, кажется, он щупает подбородком свою грудь.

Возвращаемся в казарму под утро уже почти.

Наши сумки лежат на месте, заметно отощавшие.

Сгущенку и консервный нож у меня забрали. Осталась мыльница и конверты. Ручки тоже куда-то делись.

Сержант Рыцк подводит нас к рядам коек. Они одноярусные, с бежевыми спинками. В каждом ряду их десять.

Койки составлены по две впритык. В проходах между ними — деревянные тумбочки. По тумбочке на две кровати.

К спинкам коек придвинуты массивные табуреты, вроде тех, на которых нас стригли в бане.

— Отбой! Спать!- Рыцк указывает на табуреты: — Форму сюда сложить! Завтра будем учиться делать это быстро и красиво.

— Товарищ сержант! Во сколько подъем? — Ситников уже под одеялом и крутит во все стороны башкой.

— Завтра — в восемь. А обычно, то есть всегда — шесть тридцать. Спать!

Рыцк вразвалку покидает спальное помещение и скрывается за одной из дверей в коридоре. Всего дверей четыре, не считая входной и двери в туалет. По две с каждой стороны. Что за ними, мы пока не знаем.

С коек неподалеку, где кто-то уже расположился до нас, поднимаются головы:
— Хлопцы, вы звидкиля?
— Москва, область. А вы?
— З Винныци, Ивано-Франкивьска...
Хохлы...
Не чурки, и то хорошо.

Первый подъем прошел по-домашнему.
Часам к семи почти все проснулись сами

— солнце вовсю уже било в окна.

В восемь построились на этаже.

Хохлы показали нам, где стоять. Все из себя бывалые — третий день в части. А так, в общем-то, ребята неплохие.

Всего нас человек пятьдесят.

Рядом со знакомыми уже сержантами стоял еще один — маленький, кривоногий, смуглый и чернявый, младший сержант.

Рыцк провел перекличку. Представил нового сержанта. Дагестанец Гашимов. Джамал.

Получили от Гашимова узкие полоски белой ткани — подворотнички.

Головы трещат. Многих мутит.

Зуб поинтересовался, хочет ли кто идти на завтрак.

— Прямо как в санатории! — лыбится Ситников.

Меня он начинает раздражать. И, оказывается, не меня одного.

— Завтра я такой санаторий покажу!.. — мечтательно произносит Рыцк. — Всю матку тебе наизнанку выверну!

— А у меня ее нет! — пытается отшутиться Ситников.

Видно, что он растерян.

— Зуб! — рявкает сержант Рыцк.

На ходу стянув ремень и намотав конец его на руку, Зуб подбегает к Ситникову и смачно прикладывает его бляхой по заднице.

Ситников падает как подстреленный, и еще несколько минут елозит по полу, поскуливая сквозь закушенную губу.

На завтрак никто идти не захотел.

Сержанты не возражали, но приказали съесть все оставшиеся харчи.

— Пока крысы до них не добрались, — объяснил Зуб. — Они у нас тут вот такие! — раздвинув ладони, младший сержант показал какие. — Больше, чем кот, мамой клянусь! Вот такие!

Когда Зуб улыбается, он похож на счастливого и озорного ребенка.

До обеда подшивались, гладились, драили сапоги и бляхи, крепили на пилотки звездочки.

Толстый и какой-то весь по-домашнему уютный хохол Кицылюк научил меня завязывать на нитке узелок. Он же показал, как пришивать подворотничок, чтобы не было видно стежков.

Разглядывали свои физиономии в зеркале бытовой комнаты.

Я даже и не подозревал, какой у меня неровный и странный череп. Уши, казалось, выросли за ночь вдвое.

"Мать-то на присягу приедет, испугается", — невесело думаю я, поглаживая себя по шероховатой голове.

Знакомились с казармой.

Помещение состоит из двух частей.

Административная часть начинается у входа — тумбочка дневального, каптерка, ленинская и бытовая комнаты. Отдельно — канцелярия. Коридор — он же место для построения. Напротив входной двери — сортир. В нем длинный ряд умывальников, писсуар во всю длину стены. Шесть кабинок с дверками в метр высотой. Вместо унитазов — продолговатые углубления с зияющей дырой и рифлеными пластинами по бокам — для сапог. Сверху — чугунные бачки с цепочками.

Спальное помещение делится пополам широким проходом — "взлеткой".

Койки в один ярус, по две впритык. Лишь у самого края взлетки стоят одиночные, сержантские.

Построились на этаже.

Знакомимся с командиром нашей учебной роты — капитаном Щегловым.

За низкий рост, квадратную челюсть и зубы величиной с ноготь большого пальца капитан Щеглов получает от нас кличку Щелкунчик.

К нашему ликованию, его замом назначен Цейс.

Стоит наш унтерштурмфюрер, как и

положено — ноги расставлены, руки за спиной. Тонкое лицо. Острые льдинки голубых глаз под черным козырьком.

Щеглов по сравнению с ним — образец унтерменша.

— Здравствуйте, товарищи! — берет под козырек Щелкунчик.

Строй издает нечто среднее между блеянием и лаем.

Щелкунчик кривится и переводит взгляд на Цейса.

— Задача ясна! — коротко роняет Цейс. — Рыцк, Зуб, Гашимов! После обеда два часа строевой подготовки. Отработка приветствия и передвижения в строю. Место проведения — плац.

— Есть!

В столовую нас ведут, когда весь полк уже пообедал.

Из курилок казарм нам свистят и делают ободряющие жесты — проводят ладонью вокруг шеи и вытягивают руку высоко вверх.

Мы стараемся не встречаться с ними взглядом.

— Головные уборы снять!

Просторный зал. На стенах фотообои — березки, леса и поля. Горы.

В противоположной от входа стороне —

раздача.

Пластиковые подносы. Алюминиевые миски и ложки. Вилок нет. Уже наполненные чаем эмалевые кружки — желтые, белые, синие, некоторые даже с цветочками.

Столы из светлого дерева на шесть человек каждый. Массивные лавки по бокам.

Удивительно — грохочет музыка. Из черных колонок, развешанных по углам, рубит "AC/DC".

Обед — щи, макароны по-флотски, кисель. Все холодное, правда. Полк-то уже отобедал.

Повара на раздаче — налитые, красномордые, — требуют сигареты.

Полностью обед съедает лишь половина из нас.

— Домашние пирожки еще не высрали! — добродушно улыбается сержант Рыцк. Озабоченно вскидывает брови: — Ситников! Ты чего так неудобно сидишь? Сядь как все! Не выделяйся! В армии важно единообразие!

Рота хохочет.

Ощущения от строевой — тупость, усталость, ноги — два обрубка.

Одно хорошо — каждые полчаса пять минут перекур.

Вытаскивали распаренные ступни из кирзовых недр и блаженно шевелили пальцами.

Злой и хитрый восточный человек

Гашимов дожидался, пока разуются почти все и командовал построение. Мотать на ходу портянки никто не умел, совали ноги в сапоги как придется, и следующие полчаса превращались в кошмар.

Вечером — обязательный просмотр программы "Время".

Проходит он так.

Телевизор выносится из ленинской комнаты — туда все вместе мы не помещаемся. Ставится на стол, стоящий в самом конце взлетки.

Мы подхватываем каждый свою табуретку, и бежим усаживаться рядами по пять человек.

На синем экране появляется знакомый циферблат, и я с грустью думаю о том, что еще только девять, отбой через полтора часа, а спать хочется безумно. Нас всех, что называется, "рубит". Сидящий за мной Цаплин упирается лбом мне в спину. Кицылюк вырубается и роняет голову на грудь сразу после приветствия дикторов. Чей-то затылок впереди покачивается и заваливается вперед.

Речь дикторов превращается в бормотание, то громкое, то едва слышимое.

"Мы так соскучились по тебе, сынок!" — говорит мне мама. "Как ты устроился там? Все хорошо?" Я почти не удивляюсь, молча киваю и хочу сообщить, что завтра собираюсь написать письмо...

Что-то хлестко и больно ударяет меня по лбу.

Я вздрагиваю и открываю глаза.

Зуб и Гашимов направо и налево раздают уснувшим "фофаны" — оттянутым средним пальцем руки наносят ощутимый щелбан.

Получившие мотают головой и растирают ладонью лоб.

По завершении экзекуции сержант Рыцк, загородив мощным телом экран, объясняет правила просмотра телепередач:

— Кто еще раз заснет, отправится драить "очки". Сидим ровненько. Спинка прямая. Руки на коленях.

Все выпрямляются и принимают соответствующую позу.

Рыцк продолжает:

— Рот полуоткрыт. Глаза тупые.

Мы переглядываемся.

— Что непонятно? — угрожающе хмурится Рыцк.

Открываются рты. На лицах появляется выражение утомленной дебильности.

Сержант удовлетворенно кивает:

— Смотрим ящик!

Отходит от экрана. Там какие-то рабочие шуруют огромными кочергами в брызжущей искрами топке. Или хер его знает, как она там называется.

Спать. Спать. Спать.

Дневальный выключает свет.

Еще один день прошел. Долгий, тягучий, он все равно прошел.

Хотя духам и не положено, у всех заныканы календарики, где зачеркивается или прокалывается иглой каждый прожитый в части день.

Мне становится нехорошо, когда до меня доходит, что здесь мне придется сменить аж три календаря — этот, за 90-ый год, потом один целиком за 91-ый, и еще половину 92-ого.

Бля.

3.

В сумраке спального помещения появляется фигурка Гашимова.

Вкрадчивым голосом Джамал произносит:

— Будим играт в игру "Тры скрыпка". Слышу тры скрыпка — сорак пат сикунд падъем.

Кто-то из хохлов вскакивает и начинает бешено одеваться.

— Атставыт! Я еще каманда не сказал.

Все ржут.

Взявший фальстарт укладывается обратно в койку.

Тишина.

Кто-то скрипнул пружиной.

— Раз скрыпка! — радостно извещает Гашимов.

Правила игры уясняются. Тут же кто-то скрипит опять.

— Два скрыпка!

Гашимов расхаживает по проходам.

— Щас какой-нибудь козел обязательно скрипнет, — шепчет мне с соседней койки Димка Кольцов. Не успевает он договорить, как разом раздается несколько скрипов, и вопль Гашимова:

— Сорак пат сикунд — падъем!

Откидываются одеяла, в темноте и тесноте мы толкаемся и материмся, суем куда-то руки и ноги, бежим строиться, одеваясь и застегиваясь на ходу.

— Нэ успэли! Сорак пат сикунд — атбой!

Отбиваться полегче. Главное — правильно побросать одежду, потому что не успели мы улечься, как звучит: "Сорак пат сикунд — падъем!" — Атбой! Падъем! Атбой!..

Где-то через полчаса, потные, с пересохшими глотками, мы лежим по койкам.

Тишина.

Лишь шаги Гашимова.

Откуда-то слева раздается скрип пружин.

— Раз скрыпка!

Пару минут тишина. Я вообще стараюсь дышать через раз.

Какая-то сука повернулась.

— Два скрыпка!

Еще.

— Тры скрыпка! Сорак пат сикунд падъем!

Уже на бегу в строй, Ситников орет мне и Максу:

— Это хохлы скрипят! Я специально слушал! Пиздюлей хотят!

— Сорак пат сикунд отбой!

Во мне все клокочет. Злость такая, что я готов кого-нибудь задушить. Гашимова, Кольцова с Ситниковым, хохлов — мне все равно.

Я не одинок.

— Суки, хохлы! Убью на хуй, еще кто шевельнется! — орет сквозь грохот раздевающейся роты спокойный обычно Макс Холодков.

— Пийшов ты на хуй, москалына! — доносится с хохляцких рядов.

Мы вскакиваем почти все — лежат лишь Патрушев и Криницын.

Расхватываем табуреты.

В стане врага шевеление. Хохлы растерялись, однако табуреты тоже разобрали и выставили перед собой.

Как драться — все одинаковые. в трусах и майках... Темно: Где свои, где чужие...

— Ааа-а-а-ай-я-яа-а! — младший сержант

Гашимов маленьким злым смерчем врывается в ряды. В правой руке бешено крутится на ремне бляха. — Крават лэжат быстро, билат такие! Павтарат нэ буду! Буду убыват!

Ряды дрогнули.

Поставили мебель на место. Быстро нырнули под одеяла.

Паре человек Гашимов все же влепил бляхой.

Для снятия напряжения.

Утром хохлы признались, что думали то же самое на нас.

Сашко Костюк, лицом походивший на топор-колун, хлопает Ситникова по плечу:

— Бачишь, чуть нэ попыздылись из-за хэрни такой, а?!

Ситников дергает плечом:

— Погоди еще...

Костюк оказался добродушным и бесхитростным парнем.

Правда, ротный наш его не любит.

Ротного Костюк изводит ежедневной жалобой: "Товарышу капытан! А мэнэ чоботы жмут!" — В Советской армии у солдат нет чоботов! — багровеет всякий раз Щелкунчик и зовет на помощь то Цейса, то сержантов: — Убрать от меня этого долбоеба! Обучить великому и могучему! А этого хохляцкого воляпука я чтобы в своей роте не слышал больше! Придумали себе язык, еб твою мать! "Чоботы-хуеботы!" "Струнко-швыдко", блядь! И, главное, не стесняются!

С Костюком мы попали потом в один взвод.

Весь первый год службы Сашко имел славу "главного проебщика". Все, что ни попадало в его руки, непостижимым образом выходило из строя или терялось. Если он одалживал на пару часов ручку, например, или иголку, можно было смело идти покупать новые. Костюк был неизбежным злом и разорением.

Удивительная метаморфоза произошла с ним на втором году.

Нам предстал обстоятельный, рачительный владелец всего, что нужно.

Подшива, гуталин, щетки, письменные и мыльно-рыльные принадлежности, причем высокого качества — все имелось в наличии.

Друзьям всегда выдавал все по первой просьбе.

Если хотелось пожрать или курнуть — опять выручал Костюк.

Было у нас подозрение, что вовсе не терял и не ломал он вещи на первом году. Просто шел процесс первоначального накопления.

Хохол есть хохол.

С хохлами у ротного какие-то свои счеты.

На теоретических занятиях его жертва обычно Олежка Кицылюк, или просто Кица — толстый, похожий на фаянсовую киску-копилку хохол из Винницы. Тот самый, что учил меня подшиваться.

— Что за деталь? — тычет Щелкунчик указкой в схему АК-74.

— Хазовая трубка, — обреченно отвечает Кица.

Щелкунчик щелкает челюстью.

— Михаил Тимофеевич Калашников просто охуел бы на месте, когда бы узнал, что такая важная деталь его детища, как газовая трубка переименована каким-то уродом в "хазовую". Еще раз — какая деталь?!

— Та я ж ховорю — хазовая трубка.

— Наряд вне очереди!

— За шо?

— Два наряда вне очереди!

— Йисть!

Сам капитан Щеглов родом из Днепропетровска. Но русский.

Вообще, часть на половину состояла из хохлов. Другая половина — молдаване и русские. Чурок, или зверей, было всего несколько человек. И тех призвали из Московской области, после окончания училищ и техникумов.

Не такие уж чурки они оказались. Были

среди них нормальные пацаны. Хотя, говорили, все чурки нормальные, пока в меньшинстве.

Первая зарядка прошла на удивление легко, без потерь.

Впереди, как лоси на гону, мощно ломились Рыцк и Зуб. Гашимов чабанской собакой сновал взад-вперед, не позволяя строю растягиваться.

Бежали природой — вдоль озера и через лес.

Утро солнечное, но прохладное.

Кросс три километра и гимнастические упражнения на стадионе.

Сдох лишь Мишаня Гончаров, горбоносый парнишка из Серпухова. Его полпути тащили по очереди то я, то Макс Холодков.

Бегущий сбоку Гашимов ловко пинал Мишаню по худосочной заднице.

Мишаня беспомощно матерился и всхлипывал.

Почти все после зарядки решили бросить курить.

Некоторые умудрились не курить аж до обеда.

К вечеру привезли партию молдаван.

Чернявые и зашуганные, они толпятся на конце взлетки, у стендов с инструкциями и планам занятий. Со страхом и любопытством разглядывают нас. Мы принимаем позы бывалых солдат.

Привез молдаван сержант по фамилии Роман. С ударением на "о". Тоже молдаванин. Или цыган. Разница, в общем, небольшая.

Нам он сразу не понравился. Глумливо улыбается как-то. В темных глазах — нехороший огонек. Привезенные им парни вздрагивают от одного его голоса.

Роман стал нашим четвертым сержантом.

— Неважно, как вы служите. Главное — чтоб вы заебались! — представляясь, объявил он нам.

Мне все больше начинает нравиться краткость и прямота воинских высказываний.

Так, наверное, говорили в фалангах Александра Великого.

Так, возможно, изъяснялись римские легионеры.

Строевая. Опять строевая.
— Раз! Раз! Раз-два-три! Рота!
Мы переходим на строевой шаг.
— Кру-го-о-ом! Марш!
Налетаем друг на друга. Треть колонны продолжает куда-то шагать.

Идет второй час строевой подготовки. Рыцк удрученно чешет подбородок.

Внезапно его осеняет:
— Роман! Ну-ка, бери своих земляков в отдельный взвод!

Молдаване, понурые, уходят на другой конец плаца.

— Равняйсь! Смирно! Ша-а-гоо-о-ом! Марш!

Дело значительно налаживается.

Через полчаса Рыцк объявляет перекур.

Мы сидим, вытянув гудящие ноги и наблюдаем за упражнениями молдавского взвода. Тех уже мотает из стороны в сторону. Озираясь, Роман отвешивает нескольким бойцам подряд оплеухи. Пара пилоток слетает и падает на плац.

К землякам своим сержант Роман относится пристрастно.

Одно из его высказываний звучит так: "Земляка ебать — как на Родине побывать!"

В армии немало шуток про молдаван. И почему они соленые огурцы не едят, и как они ботинки надевают... Но я никогда не задумывался, с какой стати именно им приписываются такие вещи. Ведь о ком угодно таких анекдотов налепить можно.

Но именно тут постигается смысл выражения: "В каждой шутке лишь доля шутки".

Наблюдал однажды, как рядовой Вэлку мыл пол в штабе части.

К делу он подошел ответственно: налил

воды в ведро, взял швабру, намочил тряпку... И пошел тереть. Перед собой.

Идет и усиленно трет. Через несколько метров оборачивается и грустит — на чистом и влажном линолеуме отпечатки его грязных сапог.

Рядовой Вэлку решительно разворачивается и отправляется вытирать следы. Шваброй, естественно, он орудует перед собой. Доходит до того места, откуда начал, довольно улыбается, переводит дух, оборачивается...

Мне показалось, он искренне негодовал. Даже сжал ручку швабры до белизны пальцев...

Если ты чего-то не понимаешь, "тормозишь" или делаешь какую-нибудь глупость, вначале вкрадчиво интересуются:

— Ты что, молдаван?

Хотя "тормоза" встречаются среди всех.

Но самым выдающимся, о ком впоследствии слагались легенды, был тихий, щупленький и неприметный паренек из Орловской области Андрюша Торопов.

Пожалуй, ему в карантине тяжелее всех.

Пять часов ежедневных индивидуальных строевых занятий способны из кого угодно сделать идиота с оловянными глазами, четко и тупо, на одних рефлексах, выполняющего получаемые команды.

Но только не Андрюшу Торопова. Применительно к нему поговорка про зайца, которого можно научить курить, дает сбой.

Для понятий "лево", "право" в его голове места не находится. Текст присяги дальше слов "вступая в ряды" объем его памяти усвоить не позволяет.

Сержанты работают с ним испытанным, казалось бы, ежовско-бериевским методом — конвейером, сменяя друг друга каждый час. Капитан Щеглов приказал любым способом подготовить бойца к присяге.

Зуб фломастером нарисовал Андрюше на кистях рук буквы "Л" и "П". Этакие "сено-солома" на современный лад. При команде, например, "Нале-во!" предполагалось, что боец посмотрит на свои руки, увидит, на какой из них буква"Л", соответствующая понятию "лево" и повернется в требуемую сторону.

Андрюша же угрюмо рассматривает свои руки и затравленно двигает губами.

Потом поворачивается кругом.

Роман на второй уже день отказался его бить, сославшись на бесполезность метода и полученную травму руки.

Последним сдалась даже такая глыба, как сержант Рыцк.

Занимаясь как-то с Андрюшей поворотами на месте в ленинской комнате (снаружи шёл сильный дождь), Рыцк заявил, что у него поседели на заднице волосы, сплюнул на пол, и уже выходя, в сердцах бросил, указывая на огромный гипсовый бюст Ленина в углу:

— Если ты, Торопов, такой мудак, подойди и стукнись головой о Лысого! Может, поумнеешь хоть чуть-чуть после этого.

И, собираясь хлопнуть дверью, в ужасе обернулся.

Чеканным строевым шагом рядовой Торопов подошел к гипсовой голове вождя, отклонился чуть назад...

Два лба — мирового вождя и орловского паренька, соединились.

Удар был такой силы, что вождь развалился на две половины, каждая из которых разбилась потом об пол на более мелкие части.

Рыцк перепугался тогда не на шутку.

Замполит полка, подполковник Алексеев, долго выискивал подоплеку антисоветского поступка солдата. Вел с ним задушевные разговоры. Угощал чаем. Потом кричал и даже замахивался.

Андрюша хлопал глазами. Обещал, что больше не повторится.

Самые нехорошие слова замполит уже

получаемые команды.

Но только не Андрюшу Торопова. Применительно к нему поговорка про зайца, которого можно научить курить, дает сбой.

Для понятий "лево", "право" в его голове места не находится. Текст присяги дальше слов "вступая в ряды" объем его памяти усвоить не позволяет.

Сержанты работают с ним испытанным, казалось бы, ежовско-бериевским методом — конвейером, сменяя друг друга каждый час. Капитан Щеглов приказал любым способом подготовить бойца к присяге.

Зуб фломастером нарисовал Андрюше на кистях рук буквы "Л" и "П". Этакие "сено-солома" на современный лад. При команде, например, "Нале-во!" предполагалось, что боец посмотрит на свои руки, увидит, на какой из них буква"Л", соответствующая понятию "лево" и повернется в требуемую сторону.

Андрюша же угрюмо рассматривает свои руки и затравленно двигает губами.

Потом поворачивается кругом.

Роман на второй уже день отказался его бить, сославшись на бесполезность метода и полученную травму руки.

Последним сдалась даже такая глыба, как сержант Рыцк.

Занимаясь как-то с Андрюшей поворотами на месте в ленинской комнате (снаружи шел сильный дождь), Рыцк заявил, что у него поседели на заднице волосы, сплюнул на пол, и уже выходя, в сердцах бросил, указывая на огромный гипсовый бюст Ленина в углу:

— Если ты, Торопов, такой мудак, подойди и стукнись головой о Лысого! Может, поумнеешь хоть чуть-чуть после этого.

И, собираясь хлопнуть дверью, в ужасе обернулся.

Чеканным строевым шагом рядовой Торопов подошел к гипсовой голове вождя, отклонился чуть назад...

Два лба — мирового вождя и орловского паренька, соединились.

Удар был такой силы, что вождь развалился на две половины, каждая из которых разбилась потом об пол на более мелкие части.

Рыцк перепугался тогда не на шутку.

Замполит полка, подполковник Алексеев, долго выискивал подоплеку антисоветского поступка солдата. Вел с ним задушевные разговоры. Угощал чаем. Потом кричал и даже замахивался.

Андрюша хлопал глазами. Обещал, что больше не повторится.

Самые нехорошие слова замполит уже

произносил не в его адрес, а врачей призывной комиссии.

На стрельбище, зная успехи Андрюши в изучении матчасти, народ ждал зрелища.

Андрюша не подвел.

Автомат ему зарядил лично начальник полигона, заявив, что до пенсии ему год, и поэтому "ну его на хуй!".

Бойца под белы рученьки уложили на позицию, и с опаской подали оружие.

С двух сторон над ним нависли Щеглов и Цейс. Помогли справиться с предохранителем.

Тах! Тах! Тах!

Тремя одиночными Торопов отстрелялся успешно, запулив их куда-то в сторону пулеулавливающих холмов.

Дитя даже улыбнулось счастливо.

Следующее упражнение — стрельба очередью по три патрона. Всего их в магазине оставалось девять. Три по три. Все просто.

Потом Щеглов и Цейс долго еще спорили до хрипоты, кто из них прозевал.

Андрюша решил не размениваться. Выпустил одну длинную. Все девять.

Причем при стрельбе он умудрился задрать приклад к уху, а ствол, соответственно, почти упереть в землю.

Земля перед ним вздыбилась пылью.

Народ оторопел.

Упасть догадался лишь начальник полигона. Остальные тоже потом попадали, но когда все уже закончилось.

Чудом рикошет не задел никого.

Визгливо так, истерично посмеивались.

Сдержанный ариец Цейс оттаскивал от Андрюши капитана Щеглова.

Тот страшно разевал зубастый рот и выкрикивал разные слова. Слово "хуй" звучало особенно часто.

Где бы еще, как не в армии, благодаря рядовому Андрюше Торопову я понял истинное значение глагола "оторопеть"?

Когда на присягу к Андрюше приехал отец, совершенно нормальный, кстати, мужик, к нему сбежалось чуть ли не все командование части. Главный вопрос задал наслышанный о новом подчиненном командир части — полковник Павлов:

— Что же нам теперь делать-то, а?..

— Подлянку вы нам сделали, уважаемый папаша, большую! — добавил Щелкунчик.

Андрюшин отец виновато вздохнул и изрек:

— Я с ним восемнадцать лет мучился. Теперь вы два года помучьтесь. А я отдохнуть имею право.

И уехал.

4.

В курилке к нам подходит ухмыляющийся Цейс.

— Почти каждый из вас, — усаживаясь на скамью, говорит он, — где-нибудь через полгода заведет себе блокнотик, куда будет вписывать всякие солдатские афоризмы.

— Це шо? — удивляется Костюк.

Цейс смотрит на меня.

— Ну, крылатые фразы там, выражения, — объясняю я Сашко. — Поговорки, приколы всякие...

— Вот-вот, — Цейс разминает в тонких пальцах сигарету. — И про ефрейтора, и про службу, про лошадь, про книгу жизни: Знаете такое? Типа, жизнь — это книга, а армия — две страницы, вырванные на самом интересном месте.

— А разве не так? — Ситников щелкает зажигалкой и подносит ее Цейсу.

Цейс прикуривает и выпуская дым, внимательно оглядывает нас, будто видит впервые.

— Кому как, — наконец, отвечает он. — У тех, кто так говорит, убогая какая-то жизнь получается. Две страницы — это два года. Год равен странице, так? Ну, а всего страниц этих сколько в книге получится? Шестьдесят, семьдесят? Восемьдесят с небольшим, если повезет? Это не книга, это брошюрка получается хиленькая. А некоторые, — сдувает с кончика сигареты пепел Цейс, — могут годы службы превратить в два интересных тома в полном собрании сочинений своей жизни. Но это я так, к слову: — будто спохватывается лейтенант и встает. — А вот про лошадь это совсем глупость!

— За два года солдат съедает столько овса, что ему стыдно смотреть в глаза лошади! — хвастает эрудицией Гончаров.

Цейс усмехается:

— Вот я и говорю, что глупость. Завтра — марш-бросок. Пятнашка. Это пустяк!

— Пятнадцать километров? — в ужасе переспрашивает кто-то.

— Для начала — да. А потом — побольше. Так что лошадям в глаза можете смотреть на равных! — уходя, улыбается лейтенант. И добавляет:

— Если пробежите, конечно.

Автомат. Подсумок с двумя магазинами, слава Богу, пустыми. Противогаз. Саперная лопатка, малая. Фляга с водой. На голове — неудобная и тяжеленная каска.

Топот. Хрипы. Пыль. Пот.

Лопатка бьет по ногам, норовя попасть по

паху. По спине и заднице лупит приклад автомата.

— Не растягиваться!

Мама, роди меня обратно!

— Га-а-зы!

Куда же, блядь, деть каску?!

Бежим по каким-то оврагам с пожухлой травой. Вверх — вниз, вверх — вниз:

Подбегаем к знаменитой в части Горе Дураков, она же — Гора Смерти. Подъем градусов в тридцать — тридцать пять, долгий, нескончаемый. Его заставляют преодолевать гуськом, с поднятым над головой автоматом.

В моем противогазе что-то уже хлюпает. Пальцем оттягиваю резину с подбородка и на горло и грудь вытекает не меньше стакана пота. Пытаюсь немного отвинтить бачок фильтра и с жадным сипением ловлю приток воздуха.

— Я щас кому-то покручу! — раздается рядом рык Рыцка.

От испуга чуть не падаю, но, оказывается, это не мне. Рыцк подловил кого-то другого. Коротким тычком кулака бьет провинившегося в резиновую скулу. Пока тот трясет в недоумении противогазной мордой, Рыцк добавляет ему ногой в живот и снова кулаком, на этот раз по спине.

"Залетевший" — мне кажется, это тот самый Патрушев, что уже в поезде скучал по маме и бабушке, — подламывается в коленях, падает и елозит в пыли.

Наш унтерштурмфюрер безучастно наблюдает за ним, взлохмачивая прилипшую ко лбу белобрысую челку.

Я везунчик. Осознание этого придает мне немного сил. Каким-то чудом все же добегаю до казармы.

Утром следующего дня заметил, что ремень висит на мне совершенно свободно.

Позже почти каждый день приходилось подтягивать бляху еще и еще.

Лейтенант Цейс оказался маньяком военного дела. От беспрестанной разборки и сборки автомата Калашникова пальцы наши были сбиты в кровь.

— Предмет, который вы держите сейчас в руках, — говорил Цейс в начале занятий, — является неотъемлемым фактом русской культуры. Таким же значительным, как наша великая литература. Или знаменитый балет. Наука, наконец. Человек, не умеющий обращаться с автоматом Калашникова, не имеет права называться культурным человеком. Осознайте этот факт.

— А как же душманы? — спросил я. — Они-то с "калашом" на "ты", но вот с культурой...

Цейс снисходительно улыбается:

— В Древней Греции необразованным считался человек, не умеющий плавать. Однако, человек, который только и умеет, что плавать, вообще за человека не считался.

И что тут возразить?

Все-таки в немцах, даже в поволжских, эта страсть сортировать людей, похоже, неистребима.

Цейс обожает гонять нас по ПП — полосе препятствий.

Больше всего полоса походит на огромную дрессировочную площадку для крупных собак.

Полдня мы метали учебные гранаты-болванки, не вылезали из бетонных окопчиков, бегали вокруг стен с пустыми окнами, прыгали через ямы, подныривали под перекладины, со страхом поглядывая на высоченные щиты, через которые, ухватившись за край, надо было перелезать.

Толстый Кица с размаху бился о преграду и жалобно смотрел на Цейса. Тот неумолимо приказывал повторить. Кица снова шел на таран...

Особенно меня пугала пробежка по высоко расположенному — два с лишним метра — узкому бревну. Ступни просто не помещались на него. Я поделился этим с Пашей Рысиным.

Паша — низенький крепыш с татарским лицом, меня подбодрил:

— Чего бояться-то? Ну, ебнешься вниз... Подумаешь!.. А вдруг повезет и сломаешь чего-нибудь? А? В санчасти проваляешься, а там — не здесь... А лучше всего — ногу сломать, — аж зажмурился от мечтаний Пашка. — Тогда точняк, в Питер, в госпиталь отправят.

Самое смешное, что это помогло.

Правда, никто из нас ничего так и не сломал. Даже Торопов.

Его на ПП вообще не пускают.

Санчасть — предел наших мечтаний.

С утра надо записаться у дневального в особый журнал. После обеда один из сержантов ведет строем человек пятнадцать — двадцать к расположенному недалеко от бани одноэтажному домику из светлого кирпича.

Принимают нас две медсестры — офицерские жены из военгородка. Одна пожилая, лет под сорок. Другая моложе. Обе блеклые, страшненькие.

Но мы все равно пялимся на них без стеснения. Особенно на ноги. Все-таки единственные женщины, которых мы видели за все это время.

Жалобы у всех стандартные — стертые до

кровавых мозолей ноги, больные головы и животы. В стационар с таким не попадешь.

Изредка с медсестрами сидит начмед — майор Рычко.

— А-а! Полу-однофамилец пожаловал! — приветствует он всегда нашего Рыцка. — Давай, заводи болезных! Сейчас я их оптом лечить буду!

Больных майор Рычко, как и положено военврачу, ненавидит. Даже с температурой под сорок — а со мной случилось именно это, майор поначалу пытался выпереть в роту с таблеткой аспирина. Долго и придирчиво осматривал меня водянистыми глазами. Бледные губы его при этом беззвучно шевелились.

Ходят слухи, что майор дважды переболел белой горячкой.

В анналы истории части Рычко вошел после истории со стоматологическим креслом.

Какая-то проверочная комиссия обнаружила, его, кресла, отсутствие. Доложили командиру.

Тот вызвал начмеда.

Через полчаса обиженный майор, покидая штаб, пожаловался дежурному по части:

— Батя говорит, будто я пропил стоматологическое кресло. А ведь это не так.

Майор горестно вздохнул. Укоризненно

покачал головой:

— Это совсем не так. Я просто обменял его на дополнительный спирт. Вот и все.

Заглаживая вину, Рычко повадился зазывать к себе вечерком в кабинет Батю — командира полка полковника Павлова, красивого, породистого мужика с грустными глазами сенбернара.

Павлов, как это часто бывает с людьми порядочными и хорошими, сгорел от спирта за несколько лет.

А майор Рычко до сих пор жив.

Подполковник запаса.

Сука.

В санчасти же я и Мишаня Гончаров — у того случилось расстройство желудка — проходим лечение трудотерапией.

Из длинного списка правил, висящих в коридоре санчасти, мне запомнилось лишь одно: "Привлекать больных к труду, как к процессу, ускоряющему выздоровление".

Нас и привлекают.

Мы дернуем тропинки.

Где-то на задворках казарм вырубаем лопатами огромные пласты дерна, грузим их на старую рваную плащ-палатку и волоком, обливаясь потом на страшной жаре, тащим к протоптанным в неположенных местах тропинкам. Укрываем эти тропинки дерном, придавая земле первозданно-девственный вид.

Мишаня, как обычно, матерится и поносит всех и вся. Я же смиренно думаю о смерти, которая должна была наступить не позже обеда.

Благодаря трудотерапии Мишаня действительно выздоровел к вечеру.

К обеду следующего дня попросился на выписку и я.

Вечерняя поверка.
Сержант Рыцк тычет ручкой в журнал.
— Ты и ты! Завтра дневальные.
— Есть!
— Дежурный по роте — младший сержант Гашимов.
— Иест.
Мой первый наряд. Тумбочка.

И вот я на ней стою. Не на ней, конечно, а рядом. На тумбочке телефон. За моей спиной стенд с инструкциями. Над головой тарелка часов.
Ночь.
Гашимов спит на заправленной койке. Раз в полчаса он просыпается и проходит по взлетке туда-сюда. Каждый раз я поражаюсь кривизне его ног. Гашимов подмигивает и снова отправляется спать.

Через час мне будить Цаплина. Ему повезло — спит с двух до шести. Встанет за полчаса до подъема.

Скука.

Ночью, если не спишь, всегда хочется жрать. И курить.

Пожрать нечего.

Зато в пилотке заныкана сигарета.

Мне немного стыдно, что зажал ее от Цаплина, Ну, да ладно.

Осторожно, на цыпочках, подхожу к полуприкрытой двери на лестницу и торопливо курю мятую и кривую "приму".

Аккуратно бычкую и прячу окурок обратно в пилотку — Цаплину на пару тяг, после подъема.

Звонит телефон.

В два прыжка возвращаюсь к тумбочке и хватаю трубку.

— Учебная рота...

— Как служба, сынок? — интересуется чей-то хрипловатый голос.

— Ничего пока, — машинально отвечаю. — А кто это?

В трубке усмехаются:

— Когда спрашивают: "Как служба?" положено отвечать: "Вешаюсь!". Впитай это, а то после присяги заебут.

Я впитываю.

— А сколько прослужил уже? — опять любопытствует голос.

— Неделю почти... Опять подвох какой-то? — я даже рад возможности поболтать.

— Подво-о-ох?.. -удивились в трубке. — Слово-то какое... Наебка, обычно говорят... Ты сам откуда?

— Москва.

— А я с Воронежа. Слышал такой? Почти земляки. Вот так-то.

Я молча киваю.

— Я, зема, чего звоню-то... Попрощаться. Последнюю ночь тут провожу. Утром в штаб, за документами, и все!.. Дембель у меня, прикинь! Послезавтра дома буду!

— Завидую! — искренне говорю.

— Вот и решил позвонить в учебку. У тебя-то все впереди. Но, зема, не кисни. Дембель неизбежен, как заход солнца! Удачи тебе! Давай!

— Счастливо.

Положив трубку, я присел на краешек тумбочки.

Бывает же такое... Не все из них звери.

На тумбочку нам звонят постоянно. Из казарм, с КПП, с объектов. Отовсюду, где есть телефон. "Сколько?" — рявкает в трубке устрашающий голос. Нужно назвать оставшееся до ближайшего приказа количество дней. "Вешайтесь, духи!" — блеют нам в ответ.

Проблема в том, что звонили и деды, и

черпаки. Последним, соответственно, до приказа на полгода больше.

— Кому? — спрашиваю, стоя на тумбочке во второй раз. — Деду или черпаку?

Трубка захлебывается руганью.

— Ты, душара, сам знать должен! Попробуй только ошибись, сука! Ну! Сколько?!

— Вешайся! — отвечаю.

В трубке что-то квакает. Обещают сейчас же прийти и убить.

— Приходи.

Кладу трубку.

До конца наряда в мандраже.

Никто не пришел.

Некоторые пытаются вынести из столовой куски "чернушки", черного хлеба — его, в отличии от пайкового белого, выставляются целые подносы. Прячут в карманах сахар.

Сержанты устраивают внезапные обыски.

К найденным кускам добавляется целая буханка. Весь хлеб приказывают сожрать за несколько минут. Нормативы разные. Всухомятку — пять минут. С кружкой воды — две. Иногда предлагают выбирать самому.

Удивительно — знают ведь, что не уложатся, а все равно пытаются, запихивают огромными кусками, давятся, блюют...

За невыполнения "норматива" получают по полной.

С сахаром любит развлекаться сержант Роман. Заставляет зажать кусок зубами и бьет кулаком снизу в челюсть. Бывает, сахарные крошки вылетают вперемешку с зубными.

Каждый раз, обыскивая меня, Роман по-детски удивляется:

— Длинный! Как же так — тебя голод не ебет, что ли? Вон какой ты лось! Чего хлеб не нычешь?

— У меня метаболизм замедленный, — обычно отвечаю я.

К научным словам сержант Роман испытывает уважение. Молча бьет меня кулаком в грудь и переходит к следующему.

Сержант Роман отличается удивительным мастерством. В долю секунды он может нанести пару коротких и точных ударов по скулам провинившегося. Да так удачно, что не оставляет синяков. Челюстные же мышцы у жертвы на пару дней выходят из строя.

Получивших свое от Романа легко вычислить в столовой — они не едят второе, а осторожно, вытянув губы, пытаются пить с ложки суп.

По-южному веселый и задорный, Роман щедро награждает нас, духов, "орденом дурака". Суть заключается в следующем.

На выданной нам форме металлические, со звездами, пуговицы крепятся к сукну специальной петелькой-дужкой.

Роман, как эсэсовец Мюллер из "Судьбы человека", проходит вдоль шеренги на вечерней поверке и размеренно, с силой и неумолимостью парового молота, каждого бьет кулаком в третью пуговицу сверху.

Через несколько таких поверок на груди расплывается синяк размером с блюдце. В центре — маленькая черная вмятина от дужки.

Ее, эту самую дужку, я загнул, прижав к основанию пуговицы, в первый же день, по совету, полученному на гражданке от отслуживших уже друзей. Синяка у меня почти не было, да и вкладывал мне Роман не сильно. Так, для формы.

Неделю спустя, после бани, я поделился секретом с Мишаней Гончаровым. Уж очень пугающе выглядел его "орден".

Где знают двое... Через несколько дней, на утреннем осмотре, Роман заставил всех расстегнуть третью пуговицу. Приказал отогнуть петлю обратно. А за порчу казенного имущества мы отбивались на время часа полтора.

На этих "орденах" сержант Роман и погорел.

Наступила жара, и на зарядку мы побежали по форме номер два — голый торс.

Мимо шел замполит полка.

С Романа сняли лычки и отправили в

кочегарку. Не в печь, к сожалению, а старшим смены.

5.

Мы сидим в бытовой и подшиваем подворотнички. Самое трудное — правильно натянуть их на ворот гимнастерки. С каждым днем подворотнички становятся почему-то все короче и короче. От ежедневной стирки и сушки утюгом вид у них замусоленный и жалкий.

Подшивой — белой тканью, нам, духам, до присяги подшиваться не положено. После, когда из духов мы станем бойцами, разрешается подшиваться тоненьким, в два раза сложенным куском материи.

Черпаки и деды подшиваются в несколько слоев, больше пяти. Выступающий кантик выглядит у них красивой белой линией. На внутренней стороне, у сходящихся концов, стежками обозначаются флажки — один у черпака и два у деда.

У нас никаких изысков нет, поэтому выглядим мы, как и положено — по-чмошному.

Входит Криницын.

— Вот! — потряхивает он измятым тетрадным листком. — Выпросил у Зуба. Он мне надиктовал, а я записал.

Круглое лицо его разрезает довольная улыбка.

— Это поважней будет, чем присягу учить! "Сказочка" называется! Зуб сказал, что деды сразу, как нас в роты переведут, ее спрашивать наизусть будут. Кто не знает — по сто фофанов отвесить могут.

Листок идет по рукам. Доходит и до меня. Я вглядываюсь в торопливые криницынские каракули. Разбираю следующее:

Масло съели — день начался.
Старшина ебать примчался.
Мясо съели — день идет.
Старшина ебет, ебет.
Рыбу съели — день прошел.
Старшина домой ушел.
Дух на тумбочке стоит
И ушами шевелит.

— Это что за херня? — поднимаю глаза на Криницына.

Тот снисходительно улыбается:

— Так я же говорю — "сказочка". Ее дедушкам на ночь заставляют рассказывать. Мне Зуб объяснил все и прочитал ее. Чтобы мы, это... Ну, готовы были. После присяги-то...

Продолжаю читать:

Дембель стал на день короче,

*Спи старик, спокойной ночи!
Пусть приснится дом родной,
Баба с пышною пиздой!
Бочка пива, водки таз,
Димки Язова приказ
Об увольнении в запас.
Чик-чирик-пиздык-ку-ку!
Снится дембель старику!*

Возвращаю листок.

— Ну, что, — говорю, — неплохо. Фольклор, как ни как. Не шедевр, конечно. Но четырехстопный хорей почти выдержан. Произведение явно относится к силлабо-тонической системе стихосложения.

— А? — по-филински вращает головой Криницын, таращa глаза то на меня, то на других.

— Учить, говорю, легко будет. Давай! После отбоя мне расскажешь. С выражением.

С каждым словом завожусь все сильнее. От нестерпимого желания съездить Криницыну по роже сводит лопатки и зудит спина. Чувствую, как приливает к лицу кровь.

Вовка Чурюкин трогает меня за плечо:

— Остынь, чего ты...

Чем ближе к присяге, тем дерганей мы становимся. Уже вспыхивало несколько коротких драк. Любая мелочь способна вывести из себя.

Холодкова и Ситникова с трудом разнял даже Рыцк. Те катались по полу, орошая все вокруг красными брызгами из разбитых носов. Рыцк влепил им по три наряда, и заставил полночи драить "очки". А подрались они из-за очереди на утюг, не договорившись, кто гладится первым.

Правда, теперь они не разлей вода. Вместе ходят по казарме и задирают молдаван и хохлов. Повадками и голосом "косят" под Рыцка и Зуба. Совсем как я в первую ночь в бане.

— А ты, типа, у нас невъебенно старый? — Криницын бледнеет и делает ко мне шаг. — Или охуенно умный? А-а! Ну да! Ты же у нас студент!

Но в драку лезть не решается, и лишь еще больше таращит глаза.

— Вот и погоняло у тебя тогда будет — Студент! — вдруг объявляет он и прячет листок в карман. — Я им как друзьям принес... Помочь чтобы... Ну и хуй с вами!.. Живите как хотите!

Криницын поворачивается к выходу.

Наваливается на него человек пять сразу. Мне едва удается достать пару раз кулаком до его рожи — мешают руки других.

На шум вбегают Гашимов и Зуб.

Каждый из нас поочередно отрабатывает

наказание — "очки". Все шесть грязно-белого цвета лоханей необходимо тщательно натереть небольшим куском кирпича. Так, чтобы "очко" приобрело равномерно красный оттенок.

Рыцк лично принимает качество работы. Если ему не нравится, смываешь из ведра и начинаешь по новой.

Чурюкин пытается схитрить. Он уже успел заметить, что обломок кирпича всего лишь один, и когда очередь доходит до него, трет пару минут "очко" и роняет кирпич в сливное отверстие. Огорченно вздыхает и отправляется докладывать Рыцку. На его физиономии огорчение и сознание вины. Перед выходом из сортира Чурюкин нам подмигивает. Мы, те, кто уже сдал свои "очки", драим тряпочками медные краники в умывальной.

Благодаря Чурюкину мы узнаем, что такое "ловить динозаврика".

Вот Вовка, сняв китель, стоит на коленях у покинутого было "очка" и запустив в него руку почти по плечо, пытается нашарить и извлечь упущенное казенное имущество. За его спиной, положив ему руку на затылок, стоит Рыцк и методично отвешивает звонкие фофаны.

— На каждую крученную жопу найдется

хер с винтом, — говорит нам сержант Рыцк. — Правда, бывает, что задница не только крученная, но и с лабиринтом...

Рыцк выдерживает паузу.

— Но у сержанта даже на такую жопу найдется хуй с закорюкой! — заканчивает он. — Правда, Чурюкин?

Кличка "Студент" ко мне так и не прижилась. Не знаю, почему. Рожей, наверное, не вышел.

Как владельца самых больших сапог прозвали просто Кирзачом.

Кличек было много, но не у каждого. В основном не мудрили — за основу бралась фамилия.

Кицылюк стал просто Кица, Макс Холодков — Холодец, Ситников — Сито. Цаплин — конечно, Цаплей. Вовка Чурюкин — просто и незатейливо — Урюк.

Гончарова за вредный характер звали Бурый.

Кто-то, как Паша Рысин, из города Ливны, он же Паша Секс, притащил кликуху с гражданки.

А "сказочка" разошлась все-таки по роте.

Гашимов, которому на дембель лишь через год, заменил в ней "старика" на "черпака" и с удовольствием выслушивает от желающих. По-восточному щедрый, за хорошее исполнение угощает чтеца сигаретой.

Желающие всегда находятся.

Меня в "сказке" веселит многое, но особенно — "баба с пышною пиздой". Представляется что-то кустодиевско-рубенсовское, как раз во вкусе основного контингента рабоче-крестьянской.

Блядь, ну что же мне в универе не училось-то...

Женатого Димку Кольцова, жилистого и высокого паренька из Щелково, мучают каждую ночь поллюции.

Точнее, ночью-то они его не мучают, а даже наоборот. А вот по утрам, когда надо вскочить и откинуть на спинку кровати одеяло и простынь, Димка страдает.

С треском отдирает себя от простыни и ныряет в брюки, прикрывая белесые разводы на трусах.

Трусы нам выдаются всегда новые, "нулевые". Они отчаянно линяют и красятся Вся простынь Димки заляпана сине-голубыми пятнами.

— Я привык, дома, со своей, каждую ночь... — смущается Кольцов. — А тут и не вздрочнешь ведь нигде. Куда ни сунься — везде кто-нибудь торчит...

Наши койки стоят рядом.

— Ты, Димон, ночью только, того... не

перепутай!.. А то полезешь спросонья! — говорю я ему обычно после отбоя. — Я ведь твой боевой товарищ, а не...

— Иди на хер!.. — грустно вздыхает Димка.

Самое вкусное на завтраке — это пайка.

На алюминиевом блюдечке два куска белого хлеба, кругляшок желтого масла и четыре куска рафинада.

Пшенка плохо проварена, но мы рубаем ее с удовольствием.

— Кому добавки?! — страшным голосом вдруг орет один из поваров с раздачи.

Все смотрят на сержантов.

Те кашу вообще не берут никогда, едят только пайку.

Рыцк разрешающе кивает.

У раздачи столпотворение.

Высрались, видать, пирожки домашние.

Каша сплошь в черных зернах, мелких камешках и непонятном мусоре. На зубах противно скрипит. Наиболее подозрительные вкрапления я извлекаю черенком ложки на край миски.

Вова Чурюкин говорит, что это крысиное дерьмо.

Очень может быть.

Рядом со мной сидит Патрушев. Ковыряя ложкой в тарелке, он говорит мне:

— Видал, сколько всего тут. А вот у меня дома бабушка сядет, очки наденет, на стол пакет высыпет, и тю-тю-тю-тю... — Патрушев шевелит пальцами, — переберет все, чтобы чистая крупа была. Не то, что здесь...

Патрушев вздыхает.

Сидящий напротив Мишаня Гончаров неожиданно злится:

— А ты, бля, пойди к сержантам, скажи им, что тебе не нравится! А еще лучше — на кухню попросись, вместо бабушки своей будешь! Тю-тю-тю! — передразнивает Патрушева Мишаня. — Глядишь, к дембелю управишься!

— Ну, Бурый, чего ты... Я так, просто... — снова вздыхает Патрушев. — Дом вспомнил.

Я смотрю на его мягкое, безвольное лицо и мне становится жаль парня.

"Как он будет служить?" Я знаю, что под гимнастеркой у него до сих пор не сошел внушительный "орден дурака".

Любимец сержанта Романа.

— Что ты смотришь на меня глазами срущей собаки?! — орал обычно Патрушеву Роман.

Бил он его сильно.

Размер части мне до сих пор точно неизвестен. Ясно, что часть не маленькая.

От КПП до здания штаба идет дорога длиной почти в километр. Бордюр — здесь его называют по-питерски "поребрик", — выкрашен в красно-желтую полосу.

По обочинам — высаженные через равные промежутки березы.

У штаба дорога разветвляется и меняет окраску поребрика. Желто-зеленый пунктир ведет к клубу и казармам, их четыре, двухэтажные, из светлого кирпича. Возле каждой казармы — крытая курилка со скамейками вокруг врытой в землю бочки. Несколько жестяных щитов с плакатными солдатами, стоящими на страже родины.

Уютный домик, окруженный елками — санчасть. За ней — вещевой склад и баня с котельной.

Дорога с черно-белым поребриком огибает столовую и продсклад, уходя куда-то дальше, за холм. Там еще никто из нас не был.

Наша учебная рота проживает в отдельной казарме, четырехэтажной. Мы на верхнем, а три этажа под нами пустые.

Наверное, чтобы мы по лестнице туда-сюда получше бегать научились. Или чтобы злые "дедушки" к нам в окно не залезли.

За нами — склады ГСМ и автопарк, справа от них — здание караулки и темные башенки постов. Еще дальше — множество деревьев, целый лес. Над их верхушками видны крыши каких-то секретных корпусов, сплошь в разлапистых антеннах.

Перед казармой — огромный асфальтовый плац. Здесь нас каждый день дрочат строевой. Готовят к присяге.

За плацем — спортгородок. Турники, брусья, беговая дорожка вокруг пыльного футбольного поля. Там же — полоса препятствий.

Левым своим краем спортгородок выходит к небольшому озерцу. Вода немного затхлая, цвета потемневшей меди. Сгнивший деревянный пирс длиной в несколько метров. На берегу лежат перевернутые вверх дном обшарпанные лодки.

Наш Цейс говорит, что раньше в курс молодого бойца входили водные занятия тоже, но несколько воинов едва не утонули, и решено пока повременить.

Есть подсобное хозяйство с коровами, свиньями и курами. Предмет гордости командования — свежее мясо и яйца на солдатском столе. До нас же почему-то доходят лишь хрящи и жилы.

Полигоном и стрельбищем гордятся меньше. Мы там были всего дважды, и, как сказал Цейс, еще пару раз побываем там за все время службы.

Территория части, по крайней мере, знакомая нам, обнесена бетонным забором с ржавыми крючьями поверху. На них витки колючей проволоки, провисшей и местами оборванной.

Роль "колючки" скорее декоративная, но все равно радости мало.

Дни пошли не то, чтобы быстрее... Но впечатление новизны начало уступать место рутине, усталости и тоске.

Это как при путешествии поездом, особенно, если впервые. Сначала все кажется необычным и значимым — гул голосов на вокзале, запах угля на перроне, форма проводника, купе, соседи-попутчики... Рассматриваешь все с интересом. Вникаешь в устройство откидных полок и замка в дверке купе. Прилипаешь к окну, разглядывая проплывающий мимо унылый, в общем-то, пейзаж. Куришь в холодном тамбуре, поглядывая на такую удобную, манящую дернуть ее со всей силы, ручку стоп-крана в темно-красном гнезде. Бродишь по составу, хлопая металлическими дверьми. Сидишь в вагоне-ресторане.

И вдруг замечаешь, что от всего этого ты смертельно устал, и кругом лишь грязь, грохот, лязг, стук колес, чужие, неприятные тебе люди, сквозняки и подобно лиловой туче, растущей на горизонте, в душу заползает тревога. Что ждет тебя?.. Кто встретит?.. Куда ты? Куда?

И что-то мелькает за грязным окном, кто-то храпит на верхней полке, на столике нет места от пустых стаканов и объедков: Да-да! да-да! да-да! да-да! — вбивается, вгрызается в тебя песня колес, и уже нет тоски, нет тревоги, а усталость одна и томящее ожидание — быстрее бы приехать уже...

Завтра присяга.

По части бродят приехавшие уже к некоторым родители.

Поразила мать Костюка — совсем старуха, в каких-то длинных юбках и серых платках. Привезла два просто неподъемных баула — яблоки, сгущенка, колбаса кровяная, домашняя. Сало, конечно, а как же без него...

Казарма завалена жратвой и куревом.

За несколько недель успели отвыкнуть от обычной еды.

Жрем все сразу — колбасу запиваем сгущенкой и заедаем копченым салом с шоколадными конфетами вдогонку.

Многих с непривычки здорово несет — сортирные очки постоянно заняты. Не справляясь с возросшей нагрузкой, забиваются. Дневальные, матерясь, то и дело пробивают их.

Наблюдаю за ними и чувствую почти счастье, что сегодня не в наряде.

Дима Кольцов, мы сидим с ним в курилке, сегодня грустнее обычного.

— Я вот подумал тут, — раскуривает от окурка новую сигарету Дима. — Завтра мои приедут. Щелкунчик обещал, мне с Натахой комнату дадут в общежитии, до вечера. Да разве этого хватит... Но я о другом. К тебе мать приедет. К Максу невеста... К хохлам, вон, наприезжало уже сколько!.. Ко всем почти кто-нибудь приедет.

Дима сосредоточенно курит.

— Брат у меня, старший, на фельдшера учился. В морге практику проходил. Рассказывал мне: Вот там вскрытие знаешь как проводят?.. Нет?.. И лучше тогда и не знать... Потом, конечно, приоденут, подкрасят. Родным и близким выставят. Церемония прощания. Все так чинно. Гроб по транспортеру за шторки уезжает... А там тебя из прикида твоего — раз! И опять голышом в общую кучу. Сверху следующего. Штабелями...

— Димон, ты чего это?.. — я передергиваю плечами.

— А то, что уж больно схоже все. Вот наши на нас полюбуются, всплакнут даже. А мы такие все в парадке, при делах. Командиры речь толкнут. Праздничный обед в столовой, говорят, будет. Чем не поминки? А потом родителей за ворота выставят. И то, что тут с нами потом будет, лучше бы им не знать...

Я докуриваю почти до фильтра.

"Если я попаду сейчас, все будет хорошо," — загадываю желание и щелчком отправляю окурок в урну.

Он пролетает высоко над ней, шлепается на чисто подметенный асфальт дорожки и укатывается куда-то по дуге порывом ветра.

— Умеешь ты людей развеселить, Дима! — мне не хочется смотреть на приятеля.

Дима молчит.

Завтра, в восемнадцать ноль-ноль, нас разведут по ротам, в расположение полка.

Я уже знаю, что зачислен во взвод охраны. Со мной туда идут еще семь человек.

Последний день карантина. С завтрашнего дня — совсем другая жизнь. И это только начало.

ЧАСТЬ ВТОРАЯ.
ДУХАНКА

1.

Нам ничего нельзя.

Нельзя садиться на кровать. Нельзя совать руки в карманы. Нельзя расстегивать крючок воротника, даже в столовой.

Чтобы войти в бытовую, ленинскую или каптерку, мы обязаны спросить разрешения находящихся там старых.

Иногда говорят "заходи", иногда — "залетай!"

Если последнее, то отходишь на несколько шагов, растопыриваешь руки, и изображая самолет, вбегаешь.

В туалете курить нельзя, могут серьезно навалять. Только в курилке, и только с разрешения. Да и то дается время — например, минута. Как хочешь, так и кури.

Все наши съестные припасы — "хавчик" — а так же сигареты и деньги из нас вытрясли. Оставили мелочь и конверты с тетрадками.

Посещать чипок — солдатскую чайную, — нам тоже не положено.

Нельзя считать дни собственной службы — не заслужили еще. Но мы все равно считаем.

А вот старому ты в любой момент должен ответить, сколько ему осталось до приказа. Проблема — не спутать старого с черпаком. Иначе навешают такую кучу фофанов, что голова треснет.

Ремни затянули нам еще туже, чем в карантине. Пригрозили, что если кто ослабит, затянут по размеру головы. Кое-кому из наших в других ротах так уже сделали. Берется ремень, замеряется по голове от нижней челюсти до макушки, сдвигается бляха и приказывают надеть.

Получается балерина в пачке цвета хаки.

Пилотку тоже заставляют носить по-особому. Не как положено — чуть набок и два пальца над бровью, а натянув глубоко на голову.

Называется — "сделать пизду".

Фофаны раздаются направо и налево.
Но по сравнению с "лосем" это ерунда.

"На лося!" — орет кто-нибудь, замахиваясь кулаком.

Скрещиваешь запястья и подносишь тыльной стороной ко лбу.

В образовавшиеся "рога" получаешь удар.

Опускаешь руки и говоришь: "Лось убит! Рога отпали! Не желаете повторить?" Если желают, все повторяется.

Есть еще разновидность "лося" — "лось музыкальный". Медленно скрещивая руки, должен пропеть: "Вдруг, как в сказке, скрипнула дверь!.." Получив, разводишь руки в стороны и продолжаешь: "Все мне ясно стало теперь!.."

Вторично принимали присягу. На этот раз "правильную". Ночью в туалете.

Выстроили всех со швабрами в руках на манер автомата.

Мы читаем такой текст:

Я салага, бритый гусь!
Я торжественно клянусь:
В самоходы не ходить,
Про домашнюю про хавку
Основательно забыть.
Деньги старым отдавать
Шваброй ловко управлять.
Службу шарить и рюхать
Я клянусь не тормозить,
Стариков своих любить!

Тут мне уже не до силлабо-тоники.

На душе мерзко. Не знаешь, чем все это закончится.

В темном окне я вижу наше отражение.

Лысые, в майках, трусах и сапогах. Со швабрами у груди.

Остро пахнет потом и хлоркой. В туалете холодно. Снаружи идет дождь и мелкие капли влетают в раскрытую форточку.

Я, Макс и Паша Секс стоим у самого окна, и наши плечи покрыты холодной влагой. Чуть дальше остальные — Кица, Костюк, Гончаров и Сахнюк. Нет только Чередниченко — того заслали куда-то.

Страшно и противно.

— А теперь целуем вверенное вам оружие! — командует Соломонов, длинный и худющий черпак. — Что не ясно?! Целуем, я сказал!

Одна за одной швабры подносятся к губам. Кица нерешительно разглядывает деревяшку и получает пинок в голень.

Нога его подламывается в колене, он охает и опирается о швабру. Мощный, мясистый Конюхов бьет его в грудь.

Мы с Максом переглядываемся.

По идее, имеющимся у нас "оружием" мы можем попробовать отмудохать всю собравшуюся толпу. Но это если не зассым и нас поддержат другие. А судя по лицам, не поддержат.

Вспомнился Криня, Криницын с его "один за всех и все за одного". Первый же и получил, едва в часть попал. И никто за него не вписался.

— Там, в спальном, еще человек сорок, — негромко говорит нам уловивший наши мысли Паша Секс.

— Ты чо там пиздишь?! — Соломон подбегает и бьет Пашу в голень.

Паша кривится, но терпит.

От Соломона несет перегаром. Глаза карие, мутные и пустые. Нижняя губа отвисает. Вид у него удивленного дебила.

Паша бросает швабру на мокрый кафель и негромко говорит:

— Я целовать швабру не буду.

Надо что-то делать.

Голос у меня срывается, я злюсь на это, и сипло выдавливаю:

— Я тоже.

— Та-а-ак!.. — тянет Соломон и оборачивается к батарее. На ней восседает сержант в накинутом на тельняшку парадном кителе.

— Колбаса! — кричит сержант в приоткрытую дверь туалета.

Колбаса — шнур, солдат, прослуживший полгода, вбегает почти сразу же.

Борода, такая кличка у сержанта, скидывает китель ему на руки и командует: — Съебал!

Колбаса расторопно исчезает.

Борода словно нехотя слезает с батареи и

не спеша подходит к нам. Разглядывает всех троих.

Я так хочу ссать, что все мысли об одном — не обмочиться бы прилюдно.

— А ты? — спрашивает Борода Макса.

Макс быстро подносит древко швабры к губам, обозначая поцелуй. Борода треплет его по шее и отталкивает в сторону.

Теперь мы с Пашей у окна вдвоем.

Макс стоит и смотрит куда-то вниз и в сторону.

В карантине он злился на полученную кличку и не отзывался на нее.

Теперь кличка подкрепилась поступком. Здоровый, спортивный малый за месяц с небольшим превратился в трясущийся студень.

В Холодец.

Борода бьет умело, и становится ясно — долго мы не продержимся. Особенно ловко сержант орудует ногами. Мы то и дело отлетаем к умывальникам, натыкаясь на чьи-то руки, и нас выталкивают обратно.

Меня впервые бьют вот так, равнодушно, расчетливо и без ответа с моей стороны. Был бы другой момент — я бы посмеялся. Одна из причин, почему меня поперли из универа — драка в общаге.

Неожиданно побои прекращаются, и нас больше не трогают, лишь заставляют отжиматься под счет.

Делай раз! Опускаешься к полу. Делай два! Выжимаешь тело вверх. Делай раз!.. Делай два-а!..

Соломон харкает на пол, и теперь мое лицо прямо над его харкотиной. Когда я опускаюсь, я вижу в мелких пузырьках отражение тусклых и желтых сортирных ламп.

Главное — не упасть.

Борода меняет тактику:

— Так, Секс и Длинный отдыхают. Все остальные — упор лежа принять!

Вот это хуже. Называется — воспитание через коллектив. Твои товарищи начинают смотреть на тебя со злобой уже через пятьдесят минут.

Криню, я слышал, избили вчера свои же. На зарядке Криня заявил, что устал. Его насильно оставили отдыхать, а остальных загоняли так, что те еле доползли до казармы. После отбоя старые усадили Криню на табурет, а вокруг него отжимались другие. Под Кринин счет.

Потом старые ушли, сказав: "Разбирайтесь сами." На Крине живого места не осталось.

Судорожно пытаюсь найти выход, хоть что-то сказать. Ничего не могу, лишь страх, один только страх... Пашка, кажется, ушел в себя и отрешенно наблюдает за происходящим.

Мы оба понимаем, что влезли в большую

залупу, и теперь можем надеяться лишь на чудо.

Я пробую вспомнить лицо печального дедушки с бумажной иконки, что подарили нам в поезде бабки-богомолки. Куда делась иконка, и как звали изображенного на ней старика, я не помню.

Почему-то мне кажется, что это был Никола-Угодник.

Никаких молитв я не знаю, поэтому просто прошу его помочь.

— Шухер! — вбегает дневальный. — Дежурный идет!

— Быстро по койкам! — командует Борода. — Суки, резче, резче!

Мы несемся в спальное помещение.

Лупя нас кулаками по спинам, следом бегут деды.

Все успевают улечься, но дежурный, какой-то капитан, долго еще расхаживает по казарме, словно заподозрив что-то.

Постепенно все засыпают.

Фамилия капитана, потом я узнал, была Соколов.

Много позже мы сильно сблизимся, до дружбы. Несмотря на разницу в возрасте и званиях.

Но это потом. А сейчас я проваливаюсь в тяжелый короткий сон.

Подшивались ночью, или просили

дневального разбудить за полчаса до подъема.

Костенко, плотный, как племенной бычок, сержант, если обнаруживает на утреннем осмотре грязный подворотничок, отрывает его одним махом и заставляет раз десять, на время, подшивать и отрывать его снова.

На жалкие оправдания он реагирует всегда одним вопросом:

— А мэнэ цэ ебэ? — и тут же отвечает сам себе: — Мэнэ цэ нэ ебэ!

Щетины у меня почти нет. Но бриться приходится каждую ночь. Если заметят на подбородке хоть пару волосков, могут побрить полотенцем.

Некоторые из нашего призыва уже испытали это на себе.

На лицо натягивают вафельное полотенце для рук и быстрыми движениями дергают его с двух сторон туда-сюда. Человек вырывается, не в силах терпеть жжение, но держат крепко.

Кожа лица потом багровая, саднит с неделю.

Уборка помещения. Не знаешь, где ты сдохнешь — на зарядке, или тут, в казарме.

— Ще воды! — орет сержант Костенко Мы — я, Паша Секс и Кица — в замешательстве. Под каждую койку уже вылито по ведру. Вода огромной лужей растекается по спальному помещению, не успевая стечь в щели пола.

Костенко бьет сапогом по ведру в моих руках.

— Ще воды, я казав!

Грохоча ведрами, бежим в туалет.

Ведра выливаются в проходы между койками.

— Стягивать! — отдает команду Костенко. — Три минуты времени!

Плюхаемся на карачки и начинаем гнать тряпками воду в угол. Там Сахнюк и Гончаров собирают ее и выжимают в ведра.

Тряпки разбухшие, тяжелые и осклизлые. Воду они уже не впитывают, отжимай — не отжимай.

Пальцы у всех нас красные, скрюченные. Руки сводит судорога.

Главное, пока стягиваешь воду, не повернуться к Костенко задом. Иначе от пинка полетишь в лужу и сам будешь как тряпка.

Все это называется "сдача зачета по плаванию".

За две недели, что мы во взводе, на такой "зачет" мы нарываемся уже не первый раз. Малейшее недовольство качеством уборки — и "плавание" обеспечено.

Особенно любит принимать зачеты сержант Старцев, Старый. Если Костя ограничивается двумя-тремя ведрами под каждую кровать, то Старый заставляет выливать не меньше пяти. Но сейчас он в наряде на КПП, поэтому у нас относительно сухо.

Во взводе три сержанта — Костя, Старый и Борода. Костя и Старый осенью уходят на дембель. Борода — младший сержант Деревенко — черпак.

"Я вас буду ебать целый год!" — дружелюбно подмигнул нам Борода в первый день нашего появления во взводе. И в ту же ночь подкрепил слова делом.

Пытался приморить меня и Секса за отказ от "присяги". Два дня не давал нам продыху, пока не вступился Костенко.

"Уймись, Борода!" — набычился немногословный Костя. "Пока это мой взвод. И мои бойцы. Всосал?"

Сплюнув на пол, Борода отвернулся.

Несмотря на хохляцкую фамилию, Борода — стопроцентный молдаван из города Бендеры. Да еще дружит с Романом, главным теперь по котельной. Чем-то они даже похожи — наверное, нехорошим безумием в глазах и той радостной улыбкой на лицах, когда прибегают к насилию.

Ходит Борода вразвалку, немного сутулясь при этом и размахивая широко расставленными руками. Невысокий, но мускулистый, жилистый. Движения — от нарочито небрежных до стремительно-точных, особенно при ударах. Похоже, на гражданке чем-то боевым он занимался.

Сержант любит читать. Часто вижу его лежащего с книгой на перед заступлением в наряд. Что он читает, спросить не решаюсь, но название одной книги удалось подсмотреть. Я ожидал что-нибудь из научной фантастики, и просто опешил, увидев: "А. Чехов. Дама с собачкой. Рассказы".

Не прост этот молдаван, совсем не прост.

Бриться Бороде приходится дважды в день — утром и перед построением на обед. Через пару часов после бритья лицо его снова аж синее все от щетины. За это, видать, у него и такая кликуха.

Между призывами — дедами и черпаками — идет борьба авторитетов.

У дедов, или старых, за плечами которых полтора года службы, авторитет выше. Но черпаки стараются своего не упускать тоже. Между молотом и наковальней находимся мы, бойцы.

"Ко мне!" — орут тебе с разных концов казармы. Если позвал один, тут же зовет второй. "Э, воин, ты охуел?! Я сказал — ко мне!" Игра в перетягивание каната.

Пометавшись, бежишь все-таки к старому.

"Ну, су-у-ука..." — зло щурит глаза черпак. "Помни, падла — они уйдут, а я останусь!"

Сейчас Бороды во взводе нет. На вторые сутки он заступил в караул.

Свободна от наряда лишь треть взвода — мы, бойцы, Костя и несколько старых — Пеплов, Дьячко, Самохин и Конюхов.

Пепел и Самоха из Подмосковья, из какого-то неизвестного мне Голутвино. Оба без лишних слов заявили, чтобы я сразу вешался, потому что москвичей они будут гноить с особым удовольствием.

Пепел — плечистый, с чуть рябоватым и каким-то озлобленным лицом. Его земляк Самоха — белозубый, вечно с дурацкой улыбкой, болтливый и подвижный. Энергия бьет в нем через край, и лучший для нее выход, конечно, мы — бойцы.

Дьяк и Конь — здоровые, внешне флегматичные. Но Конь может в любую минуту подойти и "пробить фанеру" — так заехать кулаком в грудь, что отлетаешь на несколько метров. При этом Конь подмигивает и ободряюще кивает: ничего, мол, мелочи жизни:

Дьяк тоже мастер в этом деле, но любит поставить в метре от стены — чтобы отлетев от удара, ты приложился еще и об нее головой.

Дьяк откуда-то с Украины, по-моему, из Ивано-Франковска. Бендеровец, в общем. Но говорит по-русски чисто. Окончил десятилетку и поступал в Москве в Тимирязевку, но недобрал двух баллов.

Наш взвод состоит из трех отделений и именуется взводом охраны. На тумбочку и "дискотеку", то есть на мытье посуды в столовую, не заступает. Караул, КПП, штаб и патруль — места нашей будущей службы.

Сашко Костюк, Макс Холодков и Саня Чередниченко по кличке Череп, сейчас стоят на КПП.

Пока стажерами.

Это значит — сутками, без сна, на воротах.

Взводом командует прапорщик Воронцов Виктор Петрович. Ворон.

Плотный, с мощной шеей и огромным животом. Низкий лоб, массивные надбровные дуги и тяжелая челюсть делают его похожим на знаменитые репродукции Герасимова первобытного человека.

У Воронцова, по его собственным словам, за плечами пять образований. Начальная школа, вечерняя школа, школа сержантов, школа прапорщиков и школа жизни.

Солдат он называет ласково "уродами", "монстрами" и "ебаными зайчиками".

Одно из развлечений взводного — имитировать половой акт с дикторшами телевидения.

Этим он здорово скрашивает просмотр программы "Время".

Стоит несчастной появиться на экране

крупным планом, как Воронцов обхватывает телевизор руками, прижимается животом к экрану и делает характерные движения.

При этом он запрокидывает голову и раскатисто хохочет.

Ширинку, слава Богу, не расстегивает.

Отец двух дочерей — толстеньких, но симпатичных, тринадцати и пятнадцати лет.

"Жалобы какие имеются?" — каждое утро на разводе спрашивает нас Ворон.

В ответ на молчание поглаживает себя по животу и кивает: "Ну и правильно! Жаловаться в армии разрешается лишь на одно — на короткий срок службы." Одно из любимых его высказываний:

— Солдат не обязан думать! Солдат обязан тупо исполнять приказания!

Сморкается прапорщик следующим образом. Наклонясь вперед и чуть вбок, зажимает волосатую ноздрю и уxx-x-хфф! — выстреливает соплю на асфальт. Если тягучая субстанция не отлетает, а, повиснув под мясистым носом, начинает раскачиваться туда-сюда, он неспеша подцепляет ее большим пальцем и рубящим движением руки сбрасывает вниз. После чего достает из кармана носовой платок и тщательно вытирает пальцы.

"В целях экономии имущества и

содержании его в чистоте" — поясняет он, аккуратно складывая и убирая платок.

Появляется во взводе редко. Дыша перегаром, ставит на разводе боевую задачу и исчезает. Зато обожает завалиться в казарму после ужина и учинить разгром тумбочек — навести уставной порядок.

Служба вся держится на сержантах и неуставщине.

Как и полагается.

Мы, однопризывники, начинаем понемногу узнавать друг друга. То, что не проявилось в карантине, вылезает наружу здесь.

Сахнюк родом из Днепропетровска. Утиный нос, маленькие вечно воспаленные глазки, низко скошенный лоб, безвольный подбородок и истерично сжатые губы. Сам невысокий, ноги несуразно короткие. Ходит как-то странно, размахивая руками и подав корпус вперед. "Ему бы челку с усами отрастить, и вылитый Гитлер!"- хмыкнул как-то раз Борода и кличка прилепилась к Сахнюку намертво.

Челку ему, понятно, отрастить не дали, а вот под нос заставляли прилеплять квадратик черной изоленты, и после отбоя Сахнюк изображал фюрера. Влезал на табуретку и, вскидывая правую руку, орал что есть мочи:

"Фольксваген! Штангенциркуль! Я-я! Натюрлих!" Как-то раз попробовал отказаться, был избит в туалете и полночи простоял на табуретке с приклеенными усами, отдавая гитлеровский салют жрущим картошку старым.

На просьбу оставить покурить Гитлер реагирует нервно. Делает быстрые глубокие затяжки и, уже передавая, словно раздумав, возвращает сигарету в рот и затягивается еще несколько раз.

— Ну, хохлы!- усмехается Паша Секс, принимая от него замызганный окурок. — Вот уж оставил, так оставил: "Докуры, Пэтро, а то хубы пэчэ!" — передразнивает Пашка хохляцкий говор.

Толстый Кица, Костюк, Паша и я сдружились еще в карантине и держимся вместе. С Холодцом я стараюсь не общаться, его постоянное присутствие рядом сильно тяготит. Ту ночную присягу простить ему я не могу. Макс, похоже, виноватым себя не чувствует. Бороду он боится панически, подшивает его и Соломона кители, заправляет и расстилает их койки.

Однако терпеть земляка пришлось недолго. Холодца неожиданно избил Саня Чередниченко, Череп. Что они не поделили — осталось тайной. Здоровенного бугая Макса Холодкова Череп уделал как Бог черепаху — тот получил сотрясение мозга. Драка случилась ночью, в бытовке. Дневальный потом утверждал, что Череп бил Холодца утюгом.

Макс заявил, что поскользнулся на мокром кафеле. Полежал немного в лазарете, а потом отбыл в Питер, в военный госпиталь, и больше в часть не вернулся. Говорили, устроился там в обслуге, в банно-прачечном отделении.

Странно, но Черепу за это от старых почти ничего не было — наваляли, по обыкновению, в туалете после отбоя, но больше для проформы.

Сам Череп парень сильный, с немного совиным лицом, но не глупым и безвольным, как у Криницына. Близко посаженые глаза и тонкий, чуть загнутый книзу нос выдают в Черепе человека жесткого и упрямого. Быть ему или сержантом, или залетчиком и постояльцем "губы".

Не повезло Бурому — Мишане Гончарову. На свою беду, кроме таланта матерщинника, Мишаня умеет играть на гитаре, чем и решил похвастать перед старыми. Теперь, очумелый от бессонных ночей, разучивает новые песни, пополняет репертуар и готовится к очередному ночному концерту. Так же, за склонность к месту и не к месту рассказывать анекдоты, его зачислили во взводные клоуны, к имеющимся уже там двум шнуркам — Колбасе и Уколу.

Взвод живет в одной казарме с ротой связи.

Связистов называют здесь "мандавохами" за то, что вместо пропеллеров у них в петлицах какой-то пучок молний, действительно похожий на насекомое.

Из моих знакомых к "мандавохам" попали Патрушев и Димка Кольцов.

Серега Цаплин и Криницын в роте материально-технического обеспечения, МТО. Там же и Ситников. Их всех троих отправили в кочегарку. Там они встретили скучающего Романа.

Видим мы теперь их редко. Пришибленные, даже Ситников притих. Чумазые, в дочерна грязных спецовках.

Вовка Чурюкин в первой роте сразу был определен замполитом в художники. Целыми днями рисовал стенгазеты и боевые листки. По ночам делал старым альбомы. Под глазами — синие круги от недосыпа.

Но это лучше, чем синяки.

Художников ценили, сильно не били.

У первой роты, их казарма напротив нашей, прозвище "буквари".

Командир роты, майор Волк, завернут на соблюдении устава. У каждого его подчиненного в тумбочке имеется подписанный своей фамилией серый томик. Проводятся ежедневные занятия со сдачей зачетов на предмет знания статей.

Козыряют не только офицерам, но и друг

другу. При приближении старшего по званию, будь то хоть ефрейтор, переходят на строевой шаг.

Никаких гнутых блях и подрезанных сапог. Все застегнуты на крючок.

Курилка возле их казармы испещрена поэтическими размышлениями на заданную тему.

"Устав знаешь — метче стреляешь!" "О воин, службою живущий! Читай Устав на сон грядущий! И поутру, от сна восстав, усиленно читай Устав!" И почти есенинское:

*"Что ты смотришь, родная, устало,
Отчего в глазах твоих грусть?..
Хочешь, что-нибудь из Устава
Я прочту тебе наизусть?.."*

Поначалу, в карантине, мы мечтали о том, чтобы служить у "букварей". Ну что, тот же карантин, только подольше. Трудно, но жить можно. Главное — нет дедовщины.

Рыцк, прослышав, замахал ковшами своих ладоней:

— Да вы что! Там же смерть! Косите под дураков, в кочегарку лучше проситесь, только не к "букварям"! Я врагу не пожелаю... Нет, вот Торопову — пожелаю! Ему там самое место!

При упоминании Андрюши Рыцк начинал нервно моргать.

Опытный Рыцк оказался прав.

Замордованные уставным порядком солдаты с нетерпением ожидали ночи.

Самая зверская, бессмысленно-жестокая дедовщина творилась именно в казарме "букварей".

Бить старались, не оставляя следов — по животу, почкам, ушам. Почти все бойцы мочились кровью.

Чурюкину, как человеку искусства, доставалось по минимуму. Согнувшегося, его лупили кулаком по шее, чтобы не оставалось синяков.

При этом глаза следовало придерживать, прижимать пальцами. Чтобы не вылетели.

Периодически у "букварей" кто-нибудь так сильно "падал с лестницы", что в часть приезжал военный дознаватель. Бродил по казарме, беседовал, оценивал чистоту и порядок. Сытно обедал и, пьяный вдребадан, уезжал обратно.

Раз, когда рядовой Потоску "поскользнулся в туалете" и лишился сразу пяти зубов, из Питера приехал капитан-особист.

Майор Волк в тот день был дежурным по части. Мы с Пашей Сексом стояли на КПП.

Капитан позвонил от нас в штаб.

— Дежурный по части майор Волк! — услышал он в трубке рокочущий голос.

Капитан замялся, обвел нас глазами и

пискляво произнес:

— Это капитан Заяц, из прокуратуры.

На обоих концах провода пауза.

— Что, правда, что ли, Заяц?! — оправился первым дежурный.

— А что, правда, Волк? — неуверенно пропищал капитан.

Капитан Заяц оказался человеком въедливым, проторчал в части несколько дней. Новая серия "Ну, погоди!" — острили в полку. Заяц заставил майора понервничать, подолгу беседуя с каждым солдатом в отдельном кабинете за закрытой дверью. Но и он в конце концов уехал ни с чем.

Это в мультфильмах зайцы такие ушлые.

В жизни все совсем наоборот.

Когда наш взвод проходит мимо других рот, например, в столовую, отовсюду слышится лошадиное ржание: "Иго-го! Пошла конюшня сено жевать!" Или звонко цокают языком, изображая стук копыт.

Причина проста.

До Воронцова, который получил взвод полгода назад, командовал здесь некто прапорщик Гуляков, по кличке Гулливер.

Прозвище свое Гулливер оправдывал сполна — росту в нем было два метра семь сантиметров. Длинное, рябое от оспинок лицо, мелкие и короткие кудри, голубые глаза убийцы.

Два раза в месяц Гулливер страшно напивался и крушил все, слоняясь по военгородку. Справиться с ним никто не мог. Из основания избушки на детской площадке прапорщик вытягивал длинное бревно и, размахивая им как палкой, отгонял патруль.

Побуянив, Гулливер сдавался сам, покорно давал себя связать и отправлялся на гауптвахту, которую охраняли его же подчиненные. В камере, понятно, он не сидел. В караулке, не разрешая включать телевизор, грустно отпивался чаем и читал наизусть стихи Есенина.

В конце концов его сняли со взвода и отправили заведовать столовой.

Там он неожиданно подобрел и успокоился, но не совсем, конечно.

С легендарным этим человеком мне удалось завести приятельские почти отношения.

На втором году службы, во время очередной отсидки Гулливера на «губе», я принес ему несколько привезенных из отпуска книг. Только что вышедшие сборники — Клюев, Кольцов, Заболоцкий, Северянин... Цветаева, еще кто-то там...

Манерные "ананасы в шампанском" Гулливер отверг сразу. А вот Клюев, и как не странно, Пастернак пришлись ему по душе.

Почти каждый вечер я заходил к

Гулливеру в столовую, и за миской вареного мяса рассказывал ему об обериутах и маньеристах, серебряном веке и ремизовской школе...

Задумчиво слушая, Гулливер время от времени прерывался, как он говорил, "на раздачу пиздюлей" поварам и наряду.

Затем возвращался, усаживался напротив, и если я забывал, напоминал, на чем мы остановились.

В бытность свою еще командиром взвода охраны, прапорщик Гуляков личный состав подбирал себе по каким-то своим, особым усмотрениям.

Под его командованием служили: рядовые Рябоконь, Черноконь, Конюхов, Рысаков, Коновалов, Коньков и Конев, ефрейторы Белоконь, Лошак и Жеребцов, сержанты Кобылин и Копытин. Ну и по мелочи — Уздечкин, Подкова, Гнедых... Верховодил всем этим табуном старший сержант с соответствующей фамилией — Гужевой.

Гулливер пытался заполучить и солдата по фамилии Кучер, но того, с медицинским образованием, отстояла санчасть. Гулливер негодовал страшно. Перестал здороваться с начмедом Рычко.

В общем, во взводе не хватало только Овсова, для комплекта.

Половина из лошадиных фамилий уже

давно на дембеле, но слава за взводом осталась.

У нас и песня была строевая — про коня.
Длинная, от казармы до клуба доходили, допевая последний куплет.
Пели с чувством, "якая" на хохляцкий манер:

Як при лужке, при лужке,
При широком поле,
При знакомом табуне
Конь гулял на воле...
Ты гуляй, гуляй мой конь,
Пока не спойиаю!
Як спойиаю — зауздаю
Шелковой уздою...

И целая романтическая история о поездке за любимой.
Ну, и другая еще песня была, для вечерних прогулок.
Печатая шаг, орали во всю глотку:

Купыла мама коныка -
А коньк бэз нохы!
Яка чудова ыхрушка!
Хы -хы! Хы-хы! Хы-хы!

Вообще, по песне сразу можно было понять, какая рота идет.
Особенно в темноте, на вечерней прогулке.

Лиц не видно, лишь прет многоногая масса. Но ты четко знаешь, кто есть кто.

Если вопят про стальную птицу — это "буквари". Если "батька Махно" из группы "Любэ" — рота МТО пошла. "Мандавохи" любили из Цоя — про группу крови или пачку сигарет. Вторая рота — в ней больше всего москвичей — "Дорогая моя столица! Золотая моя Москва!" Как ты там без нас, Москва-матушка?..

Старики обычно идут сзади, не поют. Покуривают в рукава и пинают впереди идущих бойцов.

Но иногда, под настроение, или если строй ведет Ворон, могут и попеть вместе с нами.

Правила пения простые.

Петь надо громко. Желательно, чтобы рот открывался на ширину приклада.

Всего делов-то.

В репертуаре обычно несколько песен.

Те же "буквари" часто исполняют про дурака-солдата, у которого выходной и пуговицы в ряд. Ему улыбаются девушки, а он знай себе шагает по незнакомой улице.

Изредка, правда, "буквари" бунтуют, и горланят на тот же мотив:

У солдата выходных

*Не было и нет!
Эту песню просто так
Выдумал поэт!
Часовые у ворот
Мерзнут и дрожат.
Как сурово нас ебет
Товарищ старшина!
Товарищ старшина!*

Зам командира полка, подполковник Порошенко, за характер и внешний вид получивший кличку Геббельс, вечернюю прогулку обожает.

Является на центральную аллею, берет под козырек и приветсвует проходящие строевым шагом роты. Если прохождение не нравится, разворачивает и прогоняет по новой. И еще раз. И еще.

— Здравствуйте, товарищи!

— Здра-жлам-тащ-падпаковник!

Дождь ли, ветер, или мошкара, забивающая глаза, ноздри и рот, — если Геббельс пришел, прогулки не миновать.

Зловещая сутулая фигура на посту.

Ну неужели нечем больше заняться, думаю я, глядя на его свисающее из-под фуражки лицо. Взрослый человек... Дома семья ждет...

Меня ведь тоже ждут. Но мне до дома — как до Луны.

2.

Климат странный, гнилой какой-то. Болота кругом. Вечная сырость. Сушилки не работают, утром натягиваешь на себя холодные влажные тряпки.

Порежешь палец — месяц рана не заживает. У всех поголовно — грибок на ногах.

Кто-то из второй роты подхватил лобковых вшей. Причем не от девки, а через выданные в бане трусы. Теперь, прежде чем надеть сменку, разглядываем каждый шов.

Привыкаешь к особому языку. Начинаешь "шарить" и "рюхать", стараешься не "тормозить". Не "залетать" и не "влезать в залупу". Знаешь, что такое "тренчик" и "чипок".

Привыкаешь, что человека зовут, скажем, не Сергей Иванович, а "товарищ капитан". А когда тот получает майора, какое-то время путаешься и зовешь его по-старому, капитаном. И кажется тебе, что человек взял и сменил себе имя.

Обнаружил, что забыл, как называется в университете должность главного человека на кафедре. Полдня вспоминал. Ну не может же быть, чтобы "начальник кафедры"... Так недалеко и до того, чтобы декана "командиром факультета" назвать.

От постоянного общения с хохлами замечаю, что начал "шокать". "Шо? А цэ шо? А вин тоби шо казав?" — раздается весь день вокруг и начинает проникать в тебя, хочешь ты того или нет.

Мат вообще въедается в речь намертво, и я немного беспокоюсь, как я буду общаться с людьми на гражданке.

Встречаются мастера жанра, но в основном — грязная бессмысленная ругань. Некоторые слова слышу впервые. Из обновленной коллекции: "пиздопроебина", "триебучий блядохуй", "промандоблядь", "хуепутало", почему-то обязательно еще и "грешное".

В армейском языке огромное количество аббревиатур разного типа. ОЗК, КПП, ГСМ, ПХД, БПП... Начпо, помдеж, начхим, оргзанятия:

— Товарищ подполковник, разрешите обратиться!

Замполит полка подполковник Алексеев, ждущий в нашей курилке командира роты МТО, недоверчиво косится на нашего взводовского клоуна Укола. Обычно солдаты замполита избегают. Не тот это человек, с кем поговорить хочется. Хам, сволочь и "гнида подзалупная".

На общеполковых собраниях Алексеев призывает нас, невзирая на разницу в званиях, чувствовать в нем друга и старшего товарища. Заходить к нему в приемное время, если кому надо поговорить по душам. Попить чайку даже.

Алексеев — человек выдающийся. У него выдается все — пузо, жопа, лоснящаяся круглая рожа: Воняет от него постоянно то водкой и луком, то чесноком и одеколоном.

— Слушаю вас, товарищ солдат.

Все находящиеся в курилке замирают.

— А почему ваша должность неправильно называется?

Алексеев собирает на лбу одинокую складку и вкрадчиво произносит:

— Разрешите вас не понять?

Уколов того и ждет:

— Ну вот есть заместитель комадира полка — замкомполка, если заместитель по тылу — зампотылу, есть заместитель по вооружению — замповооружению: Так? А вы заместитель командира по политическому воспитанию. Должны быть — зампополвос. Или хотя бы зампополит:

Алексеев минуту сидит молча, размышляя. Затем его осеняет:

— А пошел-ка ты на хуй, товарищ солдат! Три наряда вне очереди!

Замполит "мандавох" старший лейтенант Сайгаров, Сайгак.

Читает роте политинформацию.

— Долго, годами, веками, столетиями человека занимал, волновал, беспокоил вопрос об устройстве, так сказать, строении и сруктуре нашего мира, мироздания, нашей вселенной, одним словом, всего Космоса. Войска, в которых вам выпала честь служить, или, лучше сказать, проходить воинскую службу, носят название, а точнее, именуются Военно-Космическими силами. Для чего они нужны, необходимы, для чего они требуются нашей Отчизне, нашей Родине, нашему государству? Это главный, ключевой, основополагающий и коренной вопрос нашей с вами сегодняшней лекции, или, если быть точным, политинформации...

Все это Сайгак монотонно бубнит, перебирая какие-то мятые бумажки.

Сам замполит длинный, тощий и унылый.

"Мандавохи" впадают в транс, прикрывая глаза и кивая головами. Сайгак, не делая замечаний, аккуратно записывает фамилии спящих в свою тетрадочку и докладывает потом ротному.

По внеочередному наряду каждому обеспечено, но сил противостоять бубнежу замполита нет.

Интересно — все говорят "поставь" вместо "положи". "Поставь письмо на тумбочку!"

"Тетради, ручки — ставим в сторону и строимся на обед!" — командует в ленинской комнате Старцев.

Иногда говорят "поклай". "Поклай сюды пилотку". Но так говорят интеллигенты, которые знают, что неправильно говорить "ложить", надо — "класть".

— Где мои ножницы? — с тревогой спрашиваю я Костюка.

— Яки? — искренне удивляется тот.

— Я тебе дам, блядь, яки! Таки, которые утром взял у меня! — замахиваюсь я на Сашко локтем. — Не дай Бог, проебал! Убью!

Минуту Костюк напряженно думает. Радостно улыбается:

— Так я тоби их пид подушку поставил!

Мне представляется картина.

По команде "отбой" я прыгаю в койку, опускаю голову на подушку, и в мой мозжечок с хрустом входят лезвия вертикально стоящих парикмахерских ножниц.

Откидываю подушку и вижу под ней ножницы. В целости и сохранности. Мирно лежащие.

— Как это ты их не проебал? — теперь моя очередь удивляться.

— Вот! — еще радостней улыбается Сашко.

Проебал он их в следующий раз.

Зато через год у него уже был целый набор — от щипчиков для ногтей до украденного где-то садового секатора.

Секатором любит стричь ногти на ногах Василий Иванович Свищ.

По призыву Свищ старше нас на полгода, то есть шнурок. Однако по возрасту старше всех — ему двадцать четыре года.

Призвался он с какого-то глухого хутора Западной Украины. Настолько глухого, что только в армии Вася первый раз в жизни увидел телефон. Он знал, конечно, что это за штука и для чего она, но вот увидел впервые.

У себя на хуторе Вася занимался суровым и тяжелым крестьянским трудом.

Несколько лет ждал повестки. Потом ему это надоело и он сам добрался до военкомата.

Там только развели руками, извинились и выписали военный билет.

Физической силы Вася Свищ необычайной. Запросто раздавливает одной рукой банку сгущенки. Плоскую батарейку "Элемент" сминает в гармошку. Бляху ремня сгибал и разгибал тремя пальцами.

Прапорщик Воронцов в Васе души не чает. Называет уважительно Василием Ивановичем. Сватает в сержанты.

— Та ни... Нэ хочу... — всякий раз качает головой Свищ.

Перед заступлением в наряд Вася идет в чипок и покупает полтора килограмма карамелек.

За сутки съедает весь пакет.

Если конфет вдруг нету, может есть все что угодно.

Однажды спокойно съел пачку сухих макарон. Просто отламывал и жевал, запивая дегтярной крепости чаем. Чай он пил из двухлитровой банки.

Повара ему не жалеют каши, и Вася осиливает по пять-шесть порций.

Правда, после этого в течении получаса беспомощен, как остриженный Самсон.

Вася снимает с себя ремень, и волоча его за собой, плетется в казарму. Едва одолевает лестницу на второй этаж, затаскивая себя по перилам. Добирается до своей койки и с размаху плюхается на нее спиной.

Эта привычка хорошо всем известна.

Однажды ему под пружины койки поставили табуретку.

Табуретка одной высоты с койкой. Даже чуть приподняла провисшие пружины. Но ни с боку, ни с верху ничего не заметно.

Входит Василий Иванович.

Взвод и "мандавохи" замирают. Все делают вид, что занимаются своими делами.

Василий Иванович кладет ремень, поворачивается к койке спиной...

Падает...

Ы-ы-ыхх!

Раздается ужасный хруст.

Вася лежит неподвижно.

— Все, бля, пиздец! — произносит кто-то.

Тут Вася поворачивается на бок, свешивает руку с кровати и принимается шарить под ней.

— Кажись, шо-то сломав... — задумчиво так говорит и извлекает ножку от табуретки.

Так ржали, что к нам заглянули из роты снизу: что у вас происходит?..

Зимой, когда Вася стоял в наряде на КПП, над ним подшутили так.

Перед КПП — огромная асфальтовая площадь. Летом и осенью ее подметают, а зимой, соответственно, расчищают от снега.

Простой лопатой тут не справиться, площадь большая.

Поэтому имеется специальный, удлиненный скребок для двух человек. Один берется за одну ручку, второй за другую, и поехали...

Впереди, сбиваясь слоями, нарастает и тяжелеет с каждой секундой, с каждым пройденным метром, снежный вал... Хватаешься за самый конец ручки, весь подаешься вперед, наваливаешься грудью...

Вася запросто управлялся таким скребком

в одиночку.

Поглазеть на это останавливались даже офицеры.

Ребята из роты МТО не поленились и изготовили еще один скребок. Только ковш сделали из куска стали миллиметров пять толщиной, а вместо ручек приварили два огромных лома.

Васин скребок украли, а на его место прислонили к стенке новый.

Вышел Вася. Удивленно осмотрел новый инструмент. Даже ощупал.

Затем пожал плечами и потащил его на площадь.

Через час, красный и распаренный, Вася пил чай в дежурке.

Площадь была чиста.

— Ты как, Вася, не устал? — не выдержал наконец дежурный по КПП.

Вася, улыбаясь, закивал головой:

— Трохи стомывси сеходни!.. Почэму — не знаю...

Однажды, летом еще, меня и Васю послали залатать проржавевшую "колючку" на дальнем периметре части.

Мы, стараясь попадать в ногу, идем по шоссе. Вася впереди, я сзади. За Васиной широченной спиной мне ничего не видать. На наших плечах — толстая палка с огромным мотком новенькой проволоки.

Жарко. Идти далеко.

Скучно. Вася — собеседник тот еще.

Зная, что этот хохол закоренелый "бандеровец" и терпеть не может ничего исконно русского, я запеваю, нарочито "окая" и "якая", песенку, которую запомнил еще в университете на занятиях по фольклористике:

Ой, бяда! Бяда!
В огороде лебяда!
Черямуха белая!
Ай, что лябовь наделала!

Вася шагает и сопит. Наконец, вполоборота повернув ко мне голову, басит:

— Дурацкы писны у вас, москалив... Нэ умийэтэ спиваты як надо...

— Вася, а ты заспивай, як надо, а я послухаю, — подначиваю я еще, но Вася снова лишь сопит в ответ и качает головой.

Приятно подоставать здоровенного парня, зная, что тебе за это ничего не будет.

Мы проходим мимо дорожного знака "Ограничение по скорости — 20 км".

— Вася, перекур! — прошу я.

Некурящий Свищ пожимает свободным плечом и кивает. Мы сбрасываем нашу бобину под дорожный знак и усаживаемся рядом, в пожухлую траву.

Я расстегиваю крючок воротника и закуриваю. Свищ — на полгода старше меня по призыву, прекрасно знает, что расстегиваться мне еще не положено. Однако ему это глубоко безразлично.

Вася поймал мелкого серого кузнечика и сосредоточенно разглядывает его. Кузнечик едва различим между Васиных толстых пальцев.

Мимо нас по шоссе изредка пролетают легковушки, на скорости далеко за сто.

Вася отпускает, наконец, полураздавленное насекомое и удрученно говорит:

— Якэ ж такы усэ у вас, москаливу, дрибнэ... Кришенэ. Ничохо нэма бильшохо:

Я откидываюсь на спину и выпуская дым в синее небо, лениво роняю:

— А у вас в Хохляндии кузнечики, небось, с корову размером, да?

Вася обижается на "Хохляндию". Срывает травинку и принимается обкусывать ее кончик.

С быстрым шелестом проносится еще пара легковушек.

— Ладно, Василий Иванович, не парься. Мы пока одна страна. Знаешь, как один дядька говорил? "Одна страна, один народ, один фюрер!"

Вася удивленно поворачивается:

— Якой фюрер? Хытлер, шо ли?

Машу рукой:

— Ладно, проехали: Ты на политзанятии не вздумай только ляпнуть это. А то скажешь еще, что я научил: С тебя взятки гладки, а мне еще после армии в универ восстанавливаться. Характеристику от замполита получать: Ты лучше вот что:

Я приподнимаюсь на локте и тычу сигаретой в дорожный знак:

— Видишь, знак стоит?

Вася кивает.

— А ведь он, Вася, никому тут на хер не нужен. Вон, козлы, как гоняют! И притом, действительно, с какой стати тут скорость ограничивать?.. Людям нужна свобода!

Вася давно привык к моей болтовне и лишь усмехается.

— А вот слабо тебе, Вася, подарить людям свободу? Радость передвижения без границ? А?

Вася недоуменно смотрит то на меня, то на знак. Машет рукой:

— Та ни... Рази можно!.. ХАЫ нарухаэт, колы пиймают...

Понимаю, что надо дожимать:

— Да кто тебя здесь "пиймаэт"? Тут глухомань такая, не хуже, чем у тебя на хуторе! Давай, Вася, вырви этот знак к ебеням собачьим!

— Покурыв и пишлы дальше! Працуваты трэба! — переходя в оборону, Вася изрекает командным голосом и поднимается с земли, стряхивая с кителя невесть откуда набежавших муравьев. Наверно, учуяли полкило карамелек в его кармане.

— Ну, пишлы, пишлы, — встаю я тоже. — Просто вам, хохлам, слабо москальские знаки вот так вот взять и выдернуть.

Вообще-то я знаю, что подначивать Васю — все равно что обманывать ребенка. И легко, вроде бы, но и нехорошо как-то.

Но...

Вася смотрит на меня с укоризной, затем делает решительный шаг к знаку, пригибается слегка, расставляет ноги пошире и хватает обеими руками облупленный столб почти у самой земли.

— Вась, ты чего, не надо... Я ж так, прикола ради сказал...

Лицо Свища краснеет, щеки надуваются и я слышу какой-то треск.

Наверное, лопнули его штаны, думаю я.

Нет — это трещат корни выдираемой травы. Земля у основания знака вспучивается, и под Васино кряхтенье из недр появляется на свет божий огромная бетонная чушка — фундамент указателя.

Вася делает еще одно усилие, и отбрасывает поверженный знак в сторону. Я вижу, как по грязному и влажному пористому бетону в беспокойстве снуют мокрицы и еще какие-то насекомые.

— Вася... — сдавленно говорю, наконец. — Пошли "колючку" чинить, а?

3.

В казарме живет котенок Душман. Ночи уже холодные, сентябрьские.

Душман сворачивается клубом у кого-нибудь в ногах, и урча, как моторчик детской игрушки, засыпает, согреваясь.

Однажды посреди ночи просыпаюсь от непонятного копошения у самого лица.

"Душман, сгинь, паскуда!" — вытаскиваю из-под одеяла руку и открываю глаза.

Ору. Правда, шепотом.

Невероятных размеров крыса шугается тоже. Тяжело спрыгивает на пол и исчезает в темноте.

"Наверное, беременная", — думаю.

Долго еще не могу уснуть. Все кажется, что меня ощупывают ее длинные, тонкие, мелко подрагивающие усики.

Крысы ночью снуют по казарме. Шебуршат под крашеными досками пола, запрыгивают на койки, лазают в тумбочки. Грызут все, что им попадается — мыло, конверты, сигареты. У тех, кто ныкает в карманы хлеб или конфеты, просто выгрызают карманы.

Отрава их не берет. Крысоловки помогают

мало, чаще в них попадаем пальцами мы сами. Решили прибегнуть к помощи природного врага.

Взрослого кота достать не удалось. Пеплов притащил откуда-то серого трехмесячного котенка.

Так в казарме появился Душман.
Котенок крыс боялся до смерти.
Они его и загрызли в конце концов.

Мы ловим крыс тазиком.

Над приманкой — коркой хлеба, крепится перевернутый таз. Таз держится на короткой палочке. К палочке привязывается нитка.

Крыса появляется всегда неожиданно.

Хвостатой меховой рукавицей она стремительно пересекает взлетку и подбегает к приманке. Усаживается на задние лапы и подозрительно оглядывается.

Затаив дыхание, мы вжимаемся глубже в койки.

Наконец крыса вытягивает морду вдоль пола и подползает к самой корке.

Тут охотник — обычно это Мишаня Гончаров, дергает за нитку.

Тазик падает и крыса попадает в ловушку. Теперь главное — вскочить и подбежав к тазику, наступить на него ногой. Потому что пойманная зверюга начинает под ним метаться и пронзительно пищать. Таз ходит ходуном.

Кто-нибудь, обязательно в сапогах, приподнимает самый краешек таза. Когда показывается голый шнур хвоста, таз снова прижимается к полу.

На торчащий хвост наступают сапогом и убирают таз. Разъяренная крыса, изогнувшись, впивается зубами в рант кирзача.

Сверху ей наносится удар шваброй.

С одного удара крысу убить не удается никогда.

Бывает, что оглушенной, полумертвой уже, принимаются играть в хоккей, швыряя швабрами ее по всей взлетке.

Вся переломанная, безглазая, с разбитым черепом, крыса упорно пытается куда-то ползти.

Оставляя за собой тонкий кровяной след.

Суббота.

Сегодня баня и ПХД. Парково-хозяйственный день. «Трусение одеял» и уборка территории.

«Трусить одеяло» — это значит, на пару с кем-то, взявшись за концы вытертого до крайности и местами дырявого полотна, вытряхивать из него пыль. При этом надо постараться, чтобы одеяло не порвалось.

Потом наведение порядка в расположении и на прилегающей территории.

Бычки, бумажки, листья — все должно

быть убрано. Дорожки должны сверкать "как у кота яйца".

Снимаешь с коек белье и тащишь в каптерку.

Каптерщик, шнурок, придирчиво пересчитывает простыни и наволочки. Выдает свежие.

Все надо тут же пересчитать и просмотреть на предмет целости. Дырявые вернуть и потребовать заменить. Каптерщик выебывается и отказывается.

— Хорошо, — говоришь. — щас я вот эти Бороде отдам.

Получаешь другие. Заправляешь их себе.

По натянутой нитке ровняются тумбочки и полоски одеял на койках.

В руках — две дощечки с приделанными к ним оконными ручками. Дощечками разглаживаешь и "пробиваешь" одеяла.

Койки все провисшие, с вылетевшими пружинами. Матрасы слежавшиеся, продавленные.

Но одеяла на них должны быть ровными, идеально натянутыми.

Даже если выполнил все поставленные задачи, лучше не садиться и не отдыхать. Мигом найдут тебе еще кучу дел.

Так и ходишь, подправляешь что-нибудь, разглаживаешь, ровняешь.

По-другому ПХД расшифровывается как

Пиздец Хорошему Дню.

Помыться в бане толком не успеваешь — если припашут менять белье и там.

Если повезет — успеешь вылить на себя пару шаек.

Вода из кранов бьет то ледяная, то до нестерпимости горячая. Неделя на неделю не приходится.

Пол скользкий, весь в ошметках грязной мыльной пены.

Но под кипятком научились мыться быстро.

Если присесть под душем на корточки, то долетающая вода успевает остыть на несколько градусов — двери постоянно распахнуты и все пронизывается сквозняками.

Вполне возможно намочиться, выскочить, натереться мочалкой, заскочить под струю снова и попытаться смыть.

Гомон стоит страшный. Кто-то на кого-то орет, кто-то ржет и визжит, кто-то петь пытается. Двое не поделили что-то и теперь катаются по полу, пытаясь ухватить друг друга за скользкие руки. Их подбадривают воплями и свистом. В другой стороне играют в "снежки" — швыряются завязанной в узел мокрой мочалкой. Попадет такой "снежок" в пах — мало не покажется.

Шутка — окатить кого-нибудь полной шайкой кипятка или ледяной воды и посмотреть, как жертва дергается.

Желательно не только успеть помыться, но и постираться. Окатываешь разложенную на кафельном выступе форму водой из шайки, проходишь по самым грязным местам — воротник, край рукавов и задняя сторона брюк — огромной намыленной щеткой и быстро споласкиваешь.

На ходу выжимая, бежишь в предбанник, надеясь, что твою подменку — рванье четвертого срока носки — не спиздили или не выбросили куда-нибудь. Иначе будешь в мокром ходить, на себе досушивать.

После бани меня и Черепа назначают пищеносами.

Мы должны забрать из караулки бачки с посудой, принести их в столовую, вымыть, наполнить ужином и отнести обратно.

В караулке нас встречают Соломон, Конюхов и Подкова — плюгавый, губастый хохол из Ивано-Франковска.

Подкова тут же припахивает нас мыть полы.

Начкар, старлей по фамилии Мамлеев, курит и смотрит телевизор. Нас он не замечает.

Возвращается Борода — он в карауле разводящий.

— Так, быстро в столовую, без хавчика нас еще оставите! Через двадцать минут чтоб были здесь, докончите. Съебали!

— Не дай боже, опоздаете! — кричит вслед Соломон.

"Боже" он произносит с ударением на последнем слоге, и через "э" — "божЭ" Задыхаясь, мы с Черепом бежим по холму, кратчайшем путем, в столовую. На дорогу у нас уходит семь минут. Семь минут обратно — итого четырнадцать. Чтобы заполнить бачки — шесть минут.

Должны успеть.

В столовой нас немедленно припахивают повара — грузить какие-то ящики и мыть в разделочной пол. Там же мы встречаем Петручу — Славу Петраченко с нашего призыва.

Петруча учился в кулинарном, и его распределили поваром. Завидовали ему поначалу, да быстро перестали. Он один из поваров молодой. Остальные, четверо, черпаки, лупят его нещадно. Всю пахоту взвалили на него. На Петручу страшно смотреть — бледный, глаза ввалились.

Двигается бочком, вздрагивая от малейшего шума.

Череп пытается объяснить, что нас ждут, и получает по спине веслом — здоровенной палкой для перемешивания пищи.

Один из поваров — молдаванин Гуля — в тапочках, трусах и тельняшке — открывает какой-то кран и на пол льются потоки горячей воды. Все покрывается паром.

— Две минуты! — орет Гуля. — И я удивляюсь — все сухо!

В караулку мы прибегаем с опозданием в полчаса.

Борода оттаскивает от нас Соломона с Подковой и ведет обоих в сушилку.

Мы обреченно заходим.

Сейчас начнется.

Но Борода задумчив и спокоен.

— Вы им сказали, что вас тут ждут? — спрашивает нас.

Киваем.

— И сказали, что Борода вас ждет? — от вкрадчивого голоса сержанта нам не по себе.

Обычно за этим следует вспышка бешеной ярости.

Чем-то это напоминает мне сцену из мультфильма про Маугли, и я решаюсь пойти до конца:

— Гуля сказал, что ему похуй.

"Так ониии назваали меняяя желтой рыыыбойй? — Да, да, Каа! И еще земляным червяком!"

— Так, быстро домывайте и в казарму! — принимает решение Борода. — Завтра я сменяюсь, будем разбираться. Гуля вас пиздил?

Наше молчание Борода принимает как ответ и выходит из сушилки.

— Ну, что скажешь? — спрашиваю Черепа по дороге в казарму.

— Жопа полная! — мрачно отвечает Череп.

Вечером следующего дня Борода подзывает меня к своей койке:

— Через полчаса ужин. Собери всех бойцов взводовских, кто не в наряде. Будет политинформация.

Через несколько минут мы стоим. Я, Череп, Холодец, Паша Секс, Сахнюк и Кица.

Борода садится на кровать по-турецки. Закуривает и оглядывает нас.

На соседних койках лежат Соломон, Дьячко и Подкова.

— Значит, воины, так, — неторопливо начинает Борода. — Вы служите во взводе охраны. Мы — элита части. Мы не стоим на тумбочке и не заступаем в столовую. Вас мало, и на всех не хватит. И ебать вас могут только ваши старые. Ни "мандавохи", ни "буквари", ни повара какие-то сраные. Только мы. Мы не лезем к чужим бойцам, и никто не лезет к нам. Это закон. И он нарушен.

— Кирзач, Череп! Пизды Гуле вкатить сможете? — подает голос Соломон.

Мы переглядываемся.

— Сможем! — решительно говорит Череп.

— Тогда вперед! — Борода легко

вскакивает с койки и влезает в сапоги. — Не зарываться! Скажу — хватит — значит, все! Всосали?! Остальные бойцы остаются на месте! Соломон, Дьяк, Степа — пошли! До построения успеть надо!

Скорым шагом двигаемся к столовой.

— Главное, не бздеть! — говорит нам в спину Соломон. — Если что — мы рядом.

Борода подходит к освещенному окошку поварской комнаты и стучит по стеклу.

— Че нада? — раздается голос.

— Гуля, это Борода. Выйди на секунду. Насчет хавчика базар есть.

Через минуту на пороге появляется Гуля, с сигаретой в зубах.

— Бля, ну че нада, отдохнуть не да...

Череп оказался разрядником-боксером. Серией ударов он отбрасывает Гулю назад. Повар сползает по стене коридорчика.

Соломон и Дьяк оттаскивают Черепа за ворот.

Все впечатлены.

— Теперь ты, — говорит мне Борода.

Мне не хочется бить сидящего на полу молдавана. Тот держится за голову руками и потряхивает ей, не веря случившемуся.

— Да, вроде, хватит с него, — неуверенно говорю я.

— Тогда получишь сам, — отвечает Борода.

Выбор невелик.

Гуля начинает приподниматься.

Я подбегаю и с размаха бью молдавана носком сапога. Попадаю куда-то в мягкое, очевидно, в живот. Повар издает странный звук, словно икает, и снова скрючивается на полу.

На шум выбегают другие. В растерянности замирают в коридоре.

— Так, бойцы! Бегом в казарму! Дяденьки говорить будут! — ухмыляется Борода и стягивает с себя ремень. — Вам еще рано на такое смотреть.

Повара хватают лежащего неподвижно Гулю и втаскивают обратно в поварскую. Запирают за собой дверь.

— Домой! — командует Борода, и, поигрывая бляхой, первым отправляется в казарму.

Мы следуем за ним.

Неожиданно Борода оборачивается и несколько раз охаживает нас ремнем по спине и ногам. Боль жгучая.

— Вы охерели, бойцы, так дедушек бить? — скалит зубы сержант. — Звери растут, Соломон! — обращается он к товарищу.

Тот отвешивает нам по оплеухе:

— Чтобы не борзели у меня, ясно? И ни кому ни слова!

Больше нас в столовой не трогали.
Отыгрались на Петруче.
Выдержал он в столовой месяца три.

Затем сунул левую руку под нож хлеборезки. Остался без большого пальца и двух фаланг указательного.

Петручу увезли в госпиталь в Питер и больше он в часть не вернулся. Пальцы ему спасли, пришили. И комиссовали по инвалидности.

— Помнишь, Паша, про госпиталь мы с тобой мечтали? — спрашиваю я Секса. — Когда по полосе в карантине бегали?

— Помню... — вяло как-то отвечает Паша.

4.

На стодневку старые, по традиции, отдают нам свое масло. Иногда подзывают, но чаще мы, бойцы, шустрим сами.

Два-три дополнительных кусочка масла — и совсем другое ощущение от еды. Забытое чувство сытости.

На ужине подходишь к их столу и говоришь:

— Разрешите доложить, сколько дедушкам служить!

Называешь оставшееся число дней до приказа.

Вижу, как гордому Черепу тяжело себя переломить и нести обязанности счетовода. Пробубнив под нос очередную цифру, он не спеша собирает желтые кружочки в одну миску и несет на наш стол, хмурясь и сердито поглядывая по сторонам.

Старые это тоже видят прекрасно, но лишь ржут и подначивают его. О том, как Череп уделал повара, уже все знают и авторитет его заметно отличается от нашего. Особенно обидно мне — я ведь тоже участвовал в разборке. Но, видать, есть существенная разница — бить первому, или пинать уже упавшего. Впредь мне наука.

Наши взводовские старые — Костя, Старый, Конюхов, Петя Уздечкин, еще несколько человек, — нормальные парни. Отдают масло, иногда и всю пайку, с сахаром вместе, без слов и не унижая.

В роте МТО, их столы рядом с нашими, через проход, Криницына и Ситникова заставили подбирать масло с пола. Сбросили его с тарелок и заставили поднять и на глазах съесть. Криня поднял, а Сито отказался. Его отволокли в мойку и отбили ему там все внутренности раздаточными черпаками. Но отстали после этого надолго.

Патрушеву старые "мандавохи" навалили целую гору масла — паек двадцать. И руками, без хлеба, приказали все съесть. Как всегда, на время.

Патрушева вырвало прямо на стол. Тряпку ему взять не разрешили, и он вытирал все собственной майкой.

По ночам "сушим крокодилов" — ногами упираешься в одну дужку койки, руками — в противоположную. Провисеть так долго невозможно — начинает ломить руки, и все тело ходит ходуном.

Маленький Мишаня Гончаров от спинки до спинки койки не дотягивается, и потому "сушит попугая". Усаживается ногами лишь на одну спинку и держится за нее руками.

Соломон или Подкова, развлекаясь, бьют его со всей силы подушкой, и Мишаня кувырком летит вниз.

"Дембель в опасности!" — обычно орет дурным голосом Конюхов.

Подбегаем к стенам, подпираем их и держим, чтобы те не рухнули.

В нарядах не спим сутками. С поста меняют лишь на полчаса. Бежишь в столовую, запихиваешь в себя сначала второе, потом, если успеваешь, запиваешь холодным супом и бегом обратно, на КПП.

В караул еще не ставят. Сказали, после увольнения осенников заступим.

Жопа. Полная жопа.

Домой за все время написал лишь два письма. Все хорошо. Здоров. Кормят нормально. Водят в кино.

В кино действительно водят. В клуб, по субботам и воскресеньям. Один документальный и один художественный фильм. В субботу почему-то черно-белый, а в воскресенье цветной. Раз в месяц показывают зарубежный, польский или французский, типа "Откройте, полиция!"

На фильмы нам плевать.

Дикий недосып валит с ног, и хотя бы на сеансе мы мечтаем урвать немного. Забыться хоть на полчаса под бубнеж и мельтешение на экране.

Черпаки усаживаются позади нас, и уснуть не дают.

Чуть дернул головой — бьют по ушам резинкой. Боль жгучая, но за ухо взяться, потереть — нельзя. Сиди и смотри.

Облегчение — если вызовут с фильма тащить ужин в караул.

Там, конечно, припашут, заставят все мыть и подметать. Но, по крайней мере, не так дико хочется спать.

Осень заявилась в часть уже в середине августа — половина деревьев желтая, мелкие листья летят по ветру. Дожди каждый день. Тяжелый сырой воздух пахнет гнилью, мокрой землей.

По утрам трясет от недосыпа и холода. Все,

кроме нас, бойцов, натянули под хэбэшки "вшивники" — свитера и вязаные безрукавки.

Но торжественные проводы сезона — строго по календарю.

В последний день августа, ровно в полночь, выгоняли лето из казармы. Бегали по всему помещению, махали полотенцами и шипели: "Кыш-ш! кышш-ш-ш!" Под каждой койкой, под каждой партой в ленинской комнате помахать надо.

Старые, у которых осенью приказ, активно руководят:

— Из сортира лето не выгнали! Там оно спряталось! Гони его на хуй, а то дембель не наступит!

И подбодряют пинками, если вяло полотенцами крутишь.

Вышел, наконец-то, приказ, и через неделю старых начали увольнять.

Первыми, в "нулевке", у нас ушли сержанты — Костя и Старый.

Получили в штабе документы, прослушали инструктаж, попрощались со всеми, посидели на КПП и укатили в Токсово на рейсовом автобусе.

На прощание Костя пожал нам всем руки:

— Давайте, бойцы! Если что не так — без обид! Служите, старейте! И у вас дембель будет! Пока!

Оказывается, Костя умеет говорить. И даже по-русски. А не только "мэнэ нэ ебэ".

Минут через десять к КПП подъезжает такси с ленинградскими номерами.

Из машины выходит миловидная девушка в коротком платье и разглядывает нас.

Мы ее.

Наконец девушка говорит:

— Здрастье, ребята! А я к Сереже Костенко приехала.

Мы переглядываемся.

— К Косте, что ли?

— К Сереже. Костенко его фамилия. Он увольняться на днях должен.

КПП начинает ржать.

Справившись со смехом, кто-то говорит:

— Опоздали вы, девушка! Уволился уже Сережа ваш! Теперь ищите его, ветра в поле!

Девушка хмурит брови:

— Ребята! Вы со мной так не шутите! Я его жена!

Секундная пауза и все бросаются запихивать ее обратно в машину.

— Гони за рейсовым, в Токсово только недавно пошел! Гони, успеете еще! — орут водителю.

Девушка выхватывает из сумки какие-то свертки и протягивает нам:

— Вот, гостинцы тут, поешьте! Спасибо, счастливо!

Такси разворачивается и уезжает.

Прапорщик Кулешов, дежурный по КПП, закатывает глаза:

— Вот Костенко сегодня теплой мандятины нащупается!

Но никто не смеется.

Осень. Осень...

На окрестных болотах начала поспевать клюква.

Выдали всем, кто не в наряде, резиновые бахилы от ОЗК, по паре вещмешков и котелку. Загрузили в автобус, полчаса протрясли по разбитой бетонке и высадили в какой-то уж совсем глухомани.

Утро, холод, туман, по обеим сторонам дороги — моховой ковер с чахлым кустарником. Кое-где виднеются понурые деревья.

Ворон инструктирует:

— Толпой не ходить. Где видите, что топко — не лезть. Держаться на виду друг у друга. Норма с каждого — полтора вещмешка. Выполняем приказ замкомандира полка по тылу — обеспечиваем часть витаминами на зиму. Увижу кто просто так ходит или сидит — пизды дам. Не сачковать. Для себя же стараетесь.

Сам Ворон остается в автобусе.

Старые отходят от дороги подальше,

выбирают местечко посуше и заваливаются спать. Свои вещмешки отдают нам. Теперь мне надо набрать четыре мешка.

Клюкву я никогда в жизни не собирал. На болоте тоже первый раз. "Где топко — не лезть..." Хуй его знает, где топко, а где нет.

С нами отправляются черпаки. Борода делит нас на группы, назначает старших.

Нашей "тройкой" — Костюк, Череп и я — командует Соломон.

— Не дай божэ не соберете норму! Такой пизды вкачу — мало не покажется! — бросает нам свой вещмешок Соломон и закуривает. — Че стоим? Съебали на сбор!

Под ногами чавкает. Сапоги с бахилами норовят соскочить.

В некоторых местах идешь, как по батуту — все под тобой прогибается, колышится, пружинит. Хорошо, что с нами Костюк. Все-таки деревенский, привычный. Я-то дальше дачи под Истрой на природе не был. Череп тоже городской. Соломон — молдаван, этим все сказано.

Клюква — яркая, крупная, влажная и холодная. Технология сбора проста. Ползаешь на карачках по болоту, щиплешь ягоду в котелок, затем ссыпаешь в вещмешок. И по новой: Пальцы быстро коченеют и плохо слушаются. Сунуть руки в карманы и погреть нельзя — получаешь пинок.

Соломон прогибается перед Вороном за отпуск. Устал, сука, служить. Домой, в Молдавию захотелось. Ворон пообещал ему отпуск, как только сбор ягод закончится. Вот он и старается.

Ни покурить, ни просто отдохнуть и разогнуться он нам не дает.

Если Соломону кажется, что собираешь медленно, он бьет ногой по котелку в твоих руках и вся набранная клюква разлетается по болоту. Получая по спине и затылку, собираешь ее и бежишь к следующей кочке.

Часа через два молдавану все же надоело таскаться за нами.

— Чтоб к моему приходу все мешки были полные! — пинает он согнувшегося Костюка. Тот, пытаясь удержаться, по локти увязает в мокром мху.

Соломон уходит на поиски своих дружков.

Череп и я сбрасываем с себя вещмешки и валимся спинами на кочки. Костюк пугливо оглядывается и продолжает щипать ягоды. Хорошо, что с нами он, а не Гитлер-Сахнюк. Тот бы стал визжать, что надо собрать норму, одному ему не справиться, и что мы его подставляем.

Я чувствую, как ткань гимнастерки пропитывается влагой и приятно холодит спину. "А если удастся заболеть, будет совсем хорошо. Воспалением легких, хотя бы..."- мечтательно думаю я.

Череп лежит рядом, закрыв глаза. Губы сжаты в полоску. Лицо бледное-бледное.

Солнца как не было, так и нет. Мокрая дрянь кругом. На мне, подо мной, надо мной.

Бля, только бы завтра в наряд попасть. Хоть караул, хоть КПП... Только не на клюкву эту ебаную. Я же умру тут... Я уже умираю...

Нас расталкивает Костюк.

Издалека доносится сигнал сбора — протяжно гудит автобус.

Норму мы не собрали.

Излюбленный прием Соломона — поставить по стойке смирно и с разбега, как по футбольному мячу, заехать сапогом по голени. "Не дай божэ" попытаешься отскочить.

Голени у нас распухли так, что не пролазили в голенища.

Костюка жалко, ему-то за что.

Но молчал Сашко, ни словом не попрекнул нас.

Возили взвод на клюкву целую неделю.

Соломон теперь на болоте не отходит ни на шаг. Упросил Бороду в наряды меня и Черепа не ставить. Вооружился толстым дрыном ("глубину промеривать" — объяснил Воронцову) и чуть что, пускал его в ход.

— Я вас, блядь, сгною тут на хуй! — в

мутных карих глазах плавает животная злоба.

Костюк вздрагивает и рассыпает ягоды.

Мы с Черепом Соломону верим.

Он нас здесь сгноит.

Или мы его.

Вечером пятого дня подходит Череп:

— Разговор есть. Пойдем в сушилку.

Среди воняющих прелой ватой бушлатов, в свете тусклой лампы, происходит торопливый деловой разговор. Уединиться бойцам непросто, каждая минута на счету.

Начинает Череп:

— Завтра снова повезут. Я — все, пиздец. Больше не могу.

— Саня, я уже давно пиздец как не могу. Сам себе удивляюсь, что еще ползаю...

Череп смотрит пристально.

— Не тяни, — говорю ему. — В первый день еще надо было:

Череп не отводит взгляда:

— Мы об одном и том же говорим?

— Думаю, да.

Кто-то из роты связи заходит в сушилку и долго возится среди сапог. Нам приходится делать вид, что развешиваем бушлаты. Я замечаю, как дрожат мои руки. Наконец "мандавоха" находит свои кирзачи и уходит.

— Только надо без следов, — продолжаю я.

Череп думает.

— Болото — лучшее место. Мордой в воду

его, придавим оба сверху, подержим, — Череп до хруста сжимает пальцы. — И пиздец ему... Упал, захлебнулся...

"Очнулся — гипс", — выплывает откуда-то никулинское, и я произношу это вслух.

Мы нервно ржем и заметно успокаиваемся. Мандраж отходит. Остается отчаянная решимость.

— Жаль, болото не топкое. Хотя можно место найти. Или под мох его...

— Подо мхом найдут быстро. Нужно к топи его вывести. Потом сказать, что ушел, не видели его:

— С Костюком как быть? — неожиданно вспоминает Череп. — Если сдаст?

— Не сдаст. Он в наряде завтра, Секса меняет. К Сексу маманя приехала, завтра в гостиницу Ворон его пускает.

— Ну, значит, сам Бог велел, — заключает Череп.

Дверь сушилки распахивается и на пороге появляется Борода.

Мы замираем.

— Вот они где, родимые! И хули мы тут делаем? — Борода слегка навеселе. — Так, ладно. Ты, Череп, пиздуй к букварям, к каптерщику ихнему, Грищенко, знаешь? Я звонил ему. Возьмешь дипломат и парадку у него, для Соломона. Ты, — тыкает в меня пальцем сержант, — осторожно, используя рельеф местности, летишь в кочегарку, к Грудкину, банщик который. Берешь пузырь и приносишь сюда. Попадешься — вешайся сразу.

Борода улыбается и снисходит до объяснений.

— В отпуск завтра Соломон едет.

Мы выбегаем из сушилки.

— Отвел, значит, Бог, — говорю я у выхода Черепу, и мы разбегаемся.

5.

Небо — сталь, свинец, олово. Солнце — редкое, тусклое — латунь, старая медь. Трава, побитая заморозками — грязное хаки. Черные корявые деревья — разбитые кирзачи. Земля — мокрая гнилая шинель.

В сортире холодно, вместо бумаги — рваные листы газеты. Читаю на одном из них: "В этом сезоне снова в моде стиль и цвета милитари..." Ну до чего же они там, на гражданке, долбоебы...

Уволились последние старики-осенники, опустели многие койки. Строй наш поредел сильно — людей мало, из нарядов не вылазят.

Особых послаблений пока не чувствуем. Как летали, так и продолжаем. Да и старые были, как оказалось, людьми спокойными. С сентября почти и не трогали нас.

Зато теперь разошлись вовсю черпаки, весенники.

Но появилось ощущения чего-то необычного, важного. Полгода за спиной — даже не верится.

Не только смена времени года. Кое-что поважнее.

Иерархическая лестница приходит в движение.

Этой ночью нас будут переводить в шнурки. Шнурков — в черпаки. Черпаков — в старые.

Со дня на день ожидается прибытие нового карантина — духов.

Происходит перевод так.

Нас поднимают где-то через час после отбоя и зовут в сортир.

Холодно, но мы лишь в трусах и майках. Как тогда, во время "присяги".

Но перевод — дело совсем другое. Желанное.

Его проходят все, или почти все.

Больше всего последний месяц мы боялись, что за какую-нибудь провинность оставят без перевода. Тогда все — ты чмо, последний человек, изгой. Любой может тобой помыкать.

Среди шнурковского призыва есть один такой — по кличке Опара, из "букварей". Когда-то он уверовал в слова замполита о том, что необходимо докладывать обо всех случаях неуставщины, и тогда ее возможно искоренить.

Доложил. Двое отправились на "дизель", в дисбат.

Всю службу Опара проходил застегнутый наглухо, бесправный и презираемый. Не слезал с полов — руки его были разъеты цыпками и постоянно гноились.

В глаза он никому не смотрел. Питался объедками с кухни.

Больше всего его гнобил свой же призыв.

У окна стоят Борода, Соломон, Подкова и Аркаша Быстрицкий, тоже черпак, прыщавый весь, с мордой мопса.

Вернее, они уже не черпаки. Старики.

Переводили их мы — били ниткой по положенной на задницу подушке восемнадцать раз и орали со всей дури: "Дедушке больно!" Теперь их черед. Но порядок иной.

— Кто первый? — щелкает в воздухе ремнем Борода.

Блядь, страшно.

— Кирзач, давай ты! — Соломон указывает на ряд умывальников.

Подхожу к умывальникам, вцепляюсь в одну из раковин и наклоняюсь.

— На, сунь в зубы, — Аркаша протягивает с подоконника пилотку.

Пилотка вся влажная и жеваная — до нас здесь переводили шнурков.

Мотаю головой.

Хуже всего ждать.

Смотрю в пожелтевшее нутро раковины и стараюсь не думать ни о чем.

Борода разбегается и...

— РАЗ!

Я еще не успеваю почувствовать боль от ударившей меня бляхи...

— ДВА — это Соломон.

Блядь!

— ТРИ!- Аркашин голос.

Пиздец. Только половина!

— ЧЕТЫРЕ!

Хуй знает, кто это был. Пиздец. Пиздец. Пиздец.

Орать нельзя.

— ПЯТЬ!

Все. Почти все. Суки, давайте... Дергаться нельзя. Нельзя.

Борода медлит, наслаждаясь моментом. Разбегается.

— ШЕСТЬ!

Жмут руку. Пожать в ответ я не могу — пальцы свело, так за раковину цеплялся.

Кивком головы Борода отпускает меня, и, подволакивая ноги, я бегу в тамбур крыльца.

Дневальный у выхода, из "мандавох", отрывается от газеты и понимающе ржет.

В тамбуре темно. Стягиваю с себя трусы и

прижимаю зад к холодному кирпичу.

Бля. Бля. Бля.

Я — шнурок.

Бля.

Влетает Кица и прилепляется к стене рядом со мной. Даже в темноте видно, какое у него белое лицо.

Меня начинает колотить смех:

— Кица, тебе по жопе кистенем молотить надо, чтоб почувствовал что-нибудь!

Кице не до шуток. Смотрит молча и зло.

— Не злись, ладно! — хлопаю его по плечу.

Холод здорово помогает, и когда к нам вбегает Гончаров, Кица вдруг начинает ржать.

Постепенно нами заполняется весь тамбур.

Мы гомоним и машем руками.

Входят старые.

— Э, э! Шнурки! Ну-ка, потише, бля! — Аркаша угощает нас куревом.

Борода объясняет правила:

— Теперь вы не бойцы. Шнурки. Звание не ахти какое, но заслуженное. В столовой и на работах можете расстегивать крючок. За ремнем можете сделать складку — не как у нас, а поменьше. Поскромнее.

— Пока не придут новые бойцы, вы все равно самые младшие. Придут во взвод молодые — вы за них отвечаете. Учите их всему, чему вас учили. Если молодой тормозит — пизды получаете оба. Самим пиздить бойцов вам не положено — если что, обращаться к нам. Особенно вы двое! — кивает на Черепа и меня Борода. — Гулю отмудохали, так он до сих пор вздрагивает, — подмигивает он Соломону.

— Кстати, — говорит Подкова. — Гулю в старые не перевели. За то, что ответ тогда не дал. До бойца свои же опустили. Вот так.

История та, хоть мы с Черепом никому не рассказывали, облетела всю часть и обросла слухами. На нас приходили посмотреть из других рот.

Одобряли далеко не все, даже наезжали. Но Борода нас отстоял.

Боялись в части нашего сержанта. Силы его, хитрости. Непредсказуемости его боялись.

Опасен был Борода, как медведь. Никогда не знаешь, что у него на уме.

Погода портится с каждым днем.

С ужасом думаю о предстоящей зиме. Она не за горами. Заморозки сильные уже. Трава под сапогами хрустит. Лед в лужах не тает до обеда.

В казарме, по утрам особенно, колотун. За ночь по нескольку раз в сортир бегаешь отлить. Вылезать из худо-бедно нагретой койки не хочется, но до подъема не дотерпеть. На утреннем построении стоят, обхватив себя руками для тепла.

Правда, потом так загоняют с зарядкой и

уборкой, что вспотеешь не раз. Особенно хреново, когда в казарме Соломон и Аркаша. Большие любители накидать окурков и объедков под койки, а поутру устроить "зачет по плаванию".

Перешли на зимнюю форму одежды. Получили полушерстяную форму — пэша, кальсоны с нательной рубахой, байковые портянки, шинели и шапки. Новые шапки у нас отобрали, выдав взамен старье. На моей шапке, с внутренней стороны, аж четыре клейма с номерами воинских билетов. Значит, шапке лет восемь. Засалена и выношена до предела.

Надеть ее не решился. Спустился в роту МТО и — удача! — подрезал у них в сушилке почти новую, с одним лишь клеймом. Ловко переправил, аж улыбался от счастья.

Немного совсем надо человеку, подумал еще.

Старые носят шапки "кирпичиком". Уши у такой шапки подрезаются и пришиваются к друг другу. Ничего торчать не должно. Все отгибающиеся части головного убора плотно сшиваются.

Затем шапка надевается на специально изготовленный из фанеры куб и долго, тщательно отпаривается утюгом. Приобретает квадратную форму.

Носится с шиком, на затылке.

Правда, по морозу в такой шапке разве что от казармы до столовой ходить.

А им больше никуда и не надо.

Клеймим спичкой, обмоченной в хлорном растворе, подкладку шинелей и рукавицы.

— Шинель — это великое изобретение человечества! — говорит нам Колбаса.

Колбаса недавно получил лычки младшего, и теперь командует взводом на пару с Бородой. Больше он у него на побегушках не служит.

— Чем же великое? — спрашивает Череп.

— В гармонии с природой — летом в ней жарко, зимой — холодно!

Старые поддевают под пэша вшивники — вязаные безрукавки или свитера.

Нам они еще не положены.

— Хуйня! — говорит Череп. — Полгода прошли, и еще полгода пройдут. Там и возьмем свое.

Я и не сомневаюсь. Уж Череп свое возьмет.

В начале ноября привезли первую партию пополнения. Человек тридцать с Украины и Подмосковья.

Поселили их в той же казарме, где проходили карантин мы. Только командовали ими другие — Рыцк и Зуб ушли на дембель.

А вот офицеры были те же — Щеглов и Цейс.

Выглядели духи испуганно. Неужели и мы так же, полгода назад?

Когда их вели в столовую, из курилок и окон им орали:

— Ду-у-у-ухи-и-и! Вешайте-е-есь!

Особенно усердствовали вчерашние шнурки. Свежие черпаки. Самый злой народ — до хуя прослужили, до хуя еще осталось.

Нам орать не положено. Но слушали крики мы с удовольствием.

Только так и выживешь — сознавая, что кто-то бесправней тебя.

Выпал первый снег.

Дни совсем короткие стали. Все вокруг серо-белое, неживое словно. Солнца недели две не видать уже.

Первый снег не растаял, как ожидалось, а плотно укрыл все вокруг.

Теперь забот прибавилось — утром расчистка территории, потом, в наряде — почти сутки скоблишь снеговой лопатой плац.

Падаешь в короткий сон-забытье на пару часов и даже там, во сне, перед глазами бесконечные дорожки и плац, и все чистишь и чистишь, и скребешь лопатой по заснеженному асфальту...

— Россия — богатейшая страна в мире! И снег — наше основное богатство! — любит говорить Воронцов. — А ну, съебали собирать Родине в закрома!

Раз, в наряде по штабу, под утро почти, закончил расчистку плаца.

Снег шел весь вечер и всю ночь. Не шел даже, а хуячил. Валился с неба с каким-то остервенением. Только закончишь чистить подъездную дорогу — бежишь разгребать плац. Закончишь с плацем — а дорогу словно и не чистил. Снег тяжелый, мокрый. Сраная, сырая оттепель. Уж лучше мороз — снег как пудра тогда.

И вот рассветает. Небо расчищается.
Перекур.
Вдруг со стороны складов — собачий лай.
Ближе и ближе.
Несколько собак — у столовой их всегда целая свора ошивается — гонят прямо на меня зайца.

Никакой он не ушастый и совсем не зимне-белый — раньше я зайца видел только по телику и на картинках — а просто грязная и серая зверюшка с нелепо длинными задними лапами. Но заяц есть заяц. Дичь. Мясо.

Хватаю лопату и приготавливаюсь.

Заяц видит меня, замершего у него на пути, и, взметая снег, разворачивается.

А бежать некуда.

С одной стороны — собаки, с другой — я. Оба хуже, как говорится.

А по бокам высоченные сугробы трапециевидной формы — "гробики". Мною возведенные.

Заяц вновь поворачивается ко мне. Почему-то прыгать через "гробики" не решается.

Смотрит на меня несколько секунд. Отчетливо видна его морда.

Отхожу на три шага.

— Беги! — вдруг ору ему.

Пробежал от меня в полуметре.

Собак, за ним бросившихся, я шуганул лопатой.

По субботам, вместо "Ленина в октябре" или "Судьбы человека" начали вдруг показывать цветные фильмы. Иногда даже зарубежные.

Крутили однажды американскую пляжную комедию. Девки холеные, почти голые. Пальмы. Океан.

В зале свист и гогот стоит.

Меня с сеанса вызывают в пищеносы. Одного. Я единственный из молодых не в наряде.

Затаскиваю термосы на столовскую гору, и останавливаюсь перевести дух.

Закуриваю "Приму". Оглядываюсь.

Луна. Мороз. Ели в снегу.

Какие тебе пальмы и море. Вон, царство льда кругом.

"Неужели где-то есть другой мир? Америка, например... Какая она? Как в кино? Вряд ли... Увижу ли я когда-нибудь это другое?" — я еще раз оглядываюсь, и убеждаюсь в дикости самого предположения.

Ничего нет. Только вот это. Снег, шинель, и термоса с кашей.

Ровно через три года я буду стоять на берегу замерзшего озера Мендоза, штат Висконсин, и курить безфильтровый "кэмэл". Прихлебывать из спрятанной в пакет бутылки мерзкую водку и грустно думать:

"Ну и хули? Вот ты и увидал. Та же жопа. Тот же холод..."

Но я еще этого не знаю, и высадив "Приму" до ожога пальцев, вздыхаю, подхватываю термоса, и, проваливаясь в снегу, бреду дальше.

ЧАСТЬ ТРЕТЬЯ.

ШНУРОВКА

1.

За неделю до Нового года у духов закончился карантин. Присягу принимали они в ангаре — прятались от непогоды. Ветер с Ладоги дует жуткий — пару раз видели, как через плац, визжа и кувыркаясь, летели собаки.

При ветре не особенно сильном у собак отрывается от земли лишь задняя часть и, ловко руля хвостом-парусом, они стремительно проносятся мимо, быстро, по-беличьи, перебирая передними лапами.

Нам приходится хуже: сдует с тебя шапку — бежишь за ней, пригибаясь, через весь плац, а перед лицом хлопают войлочные полы собственной шинели. Натыкаешься на такого же, как ты, бедолагу, схватившего что-то скачущее по снегу, и жмурясь от колючего крошева, орешь на ветру, что это твоя, на хуй, шапка. Добавляешь про маму.

Получаешь за это рукавицей в нос, бьешь

в ответ и вырываешь имущество из рук. Бежишь в строй.

Сапоги скользят по наледи, машешь руками для равновесия, но все равно падаешь. На тебя наваливаются, но ты уже успел сбросить рукавицу и тыкаешь ему голым кулаком в то, что до морозов и ветров было лицом, а сейчас просто кусок мяса. Вскакиваешь, добавляешь сапогом и догоняешь едва различимый уже сквозь метель строй.

И только в казарме, стряхивая снег, замечаешь, что шапка-то и впрямь не твоя.

Во взвод к нам пришли семеро бойцов. Дождались мы все-таки. Вот они, родимые.

Видеть новые лица непривычно. Все разглядывают их, как обезьян в зоопарке.

Выстроили бойцов шеренгой в коридоре. Ворон, здорово датый, представил им сержанта Бороду, навел шороху в спальном расположении, вломил в "душу" дневальному и свалил.

Пакеты с едой, что привезли родители на присягу, конечно же, у бойцов отобрали. Нам, шнуркам, пара банок сгущенки тоже перепала.

На душе — нехорошая, и оттого сладкая радость. Вот те, жизнь которых явно похуже твоей. Кто своим появлением изменил твое положение.

Бойцы робко озираются, сутулясь. Не лица — бледные кляксы.

Из туалета, с полотенцем на плече, выходит только что побрившийся Вася Свищ.

Облик его ужасен. Лучшего кандидата на роль в фильме о Советской угрозе не найти. Грудная клетка — с полковой барабан. Нижняя челюсть — бульдозерный ковш.

Вася с любопытством разглядывает новобранцев. Те притихли и стоят, стараясь не встречаться с ним взглядом.

К Васе подбегает Борода. Делает испуганное лицо, хватает за плечи и уводит в сторону, приговаривая:

— Вася, не сегодня! Я тебя прошу, не сегодня! У людей присяга только прошла! Сегодня не бей никого, ладно? Зачем сразу людей калечить...

Бойцы сникают окончательно.

Окружающие начинают посмеиваться, потом уже, не сдерживаясь, ржут в полный голос.

Вася Свищ за всю службу дрался всего раз, с парнем своего призыва Уколовым. Да и то, драка та еще была. Вся казарма сбежалась смотреть. Поддатый Уколов наскакивал на Васю как болонка на бегемота. Вася лишь выставлял руку и отмахивался от него ладонью. Уколов падал, тряс головой, но с пьяным упорством поднимался и лез снова.

Минут через двадцать выдохся и сдался.

— Вася, дал бы ему в рога разок, и всего делов! — сказал кто-то после их сражения.

Вася удивился:

— Рази можно?.. А убыв бы, тода шо?..

Никого из молодых Вася никогда и ни о чем не просил. Что нужно было, делал сам. Но и не вмешивался, когда кого-то шпыняли.

Самодостаточная единица — Василий Иванович Свищ.

Среди бойцов выделяется Арсен Суншев, кабардинец, призван из Подмосковья.

Сам Арсен ростом чуть больше метра, но фигура ладная, борцовская. Не заискивает, и не выебывается. Веселый и бесхитростный.

Мы с ним сдружились почти сразу. Я чуть не в два раза его выше.

— О, бля, Штепсель и Тарапунька пиздуют! — завидя нас вдвоем, острит взводный.

Мы, шнурки, знакомимся с бойцами. Ближайшие полгода нам шуршать вместе, причем вся черная работа ляжет на них. Правда, если что, отвечать придется всем вместе.

Саню Белкина, спокойного коренастого парня, призвали из подмосковных Электроуглей. Забавное название, раньше не слышал о таком. Вообще, замечаю, что существенно расширил свои познания в географии.

Мищенко и Ткаченко хохлы, причем один обрусевший совершенно, другой, Ткач — полная деревенщина. Оба мелкие, узкоплечие, Трое молдаван, низкорослых и кривоногих, из одного села, названия которого невозможно выговорить. Молдаван среди моего призыва не любит никто — спасибо Бороде и Соломону. "Вешайтесь, твари!" — первое, что говорит им при знакомстве Гончаров. Череп и вовсе замахивается кулаком. Но не бьет — не положено. Молдаване испуганно жмурятся.

С уборкой стало значительно легче. Бойцы вскакивают утром и бегут за швабрами — опередить «мандавох» — инструмента на всех не хватает. Белка и Ткач под моим началом отправляются в военгородок на расчистку территории. Темень, холод, синий снег. Скрежет лопат. Все как раньше, с той лишь разницей, что я не бегаю туда-сюда, а неспеша отбрасываю снег и даже успеваю покурить.

Молдаване таскают бачки в караул, моют там полы и расчищают снег под чутким руководством Черепа.

Никто из нас не собирается огрести от старых, поэтому 'тормозить" бойцам не даем.

Жизнь налаживается. Еще недавно я считал, что само слово «жизнь» применять к тому, где я очутился, неправильно и глупо. Оказалось, был неправ. Уродливая, все еще чуждая мне – но жизнь тут кипит.

В казарме процветает воровство.

Тащат друг у друга все, что плохо лежит. Хлястики с шинелей, значки с кителей, кокарды с шапок снимают. Шарят по тумбочкам. Пропадают часы, конверты, тетради, ручки. Деньги, сигареты по ночам из карманов вытаскивают.

Из каптерки целиком портфели и вещмешки исчезают. Каптерщик лишь разводит руками. Несколько раз его били, но вора так и не нашли.

Дежурному по роте завели особый журнал. В нем ведется опись сданных на ночное время денег и вещей. Желающие подходят перед отбоем и дежурный принимает на хранение.

В наряде. Иду на сон в казарму.

Морозец легкий. Воздух чистый, колючий. Тишина. Свежесть особая, ночная. Скоро утро. Под сапогами снег — скрип-скрип.

Поднимаюсь по лестнице, тяну на себя дверь казармы.

Натыкаюсь на стену тяжелого, спертого воздуха. В казарме сотня с лишним человек.

Четыре часа. Все спят.

Дневальный сонно вскидывает голову. Нехотя отрывает задницу от тумбочки. Гремит ключами, возится с железным ящиком, принимает на хранение штык-нож.

Вспоминаю, что у меня с собой целое богатство — двадцать рублей и две пачки "Космоса". Но возиться со сдачей лень, мы с дневальным вовсю зеваем.

Время — пятый час, до подъема всего ничего, и решаю оставить все при себе. Спят же все. Да и светить лишний раз деньги и курево не хочется.

Раздеваюсь, ныряю в койку. Укрываюсь с головой двумя одеялами и шинелью. Согреваясь, уже почти засыпаю, как внутренний голос говорит: "Хотя бы под матрас сунь, раз сдавать не стал!" Уже становится так тепло и уютно, что снова вылезать из койки нет сил.

"Да ладно, спят же все!" — отвечаю сам себе и проваливаюсь в короткий сон.

На подъеме, ощупывая пустые карманы, качаю головой и ругаюсь сам с собой.

* * *

За годы службы в лесном захолустье многие из офицеров спиваются или начинают чудить.

Начхим части капитан Рома Кушаков — метр шестьдесят ростом, копия разжалованного в капитаны Советской Армии императора Наполеона. Убежденный трезвенник.

Офицеры Рому побаиваются.

Каждого встречного — когда офицеры, едва завидя Рому, стали разворачиваться и убегать, он перешел на безответных солдат, — начхим хватает за пуговицу и принимается посвящать в «теорию жизни».

Суть его идеи такова — нас окружает мир мертвых. Покойники указывают, как нам жить. Мы слушаем музыку, написанную мертвецами, читаем их книги. Видим их на экране. Присваиваем их имена кораблям и народнохозяйственным объектам. И умираем сами.

— А я не умру, — убежденно шепчет капитан химической службы. — Не на того напали! Я просто так не дамся!

Прежде чем взяться за книгу, Кушаков дотошно выясняет, здравствует ли еще автор. Незамедлительно изъял из казармы «букварей» пластинки «Кино», не успела еще страна понять, что Цоя больше нет и кина не будет...

С замполитом на почве своей теории капитан Кушаков имеет немало проблем — упрямо отказывается посещать собрания и не признает тезиса "Ленин жив!" Если ему известно, что хотя бы один из артистов уже умер, о фильме он даже говорить не хочет.

— Только живых! Только живых! Живым — живое искусство!

Как-то вечером его жена звонит в

санчасть и, рыдая в трубку, спрашиает, что делать. Капитан пятый час не выходит из ванной.

Прибежали, выломали дверь. Посиневшего от холодной воды капитана отправили на медицинском уазике в Питер.

Оказалось, через душ он обменивался энергией с инопланетянами.

Из людей попроще примечателен старший лейтенант Колесников, связист. Колесников часто остается ответственным за ночной распорядок в нашей казарме.

Мужик он неплохой, на мелкие нарушения смотрит сквозь пальцы. И покурить, и чай попить, и телевизор посмотреть — все это им не запрещается. Нас, молодых, трогать не разрешает.

У Колесникова родился сын.

Несколько недель он отмечал свое отцовство, но в меру — не на службе и не позоря «высокого звания советского офицера».

В очередное его ночное дежурство по казарме старые нажарили картошки и пригласили старлея на поздний ужин.

— И вот представляете, гугукает, ручки тянет! — делится радостями отцовства Колесников. — Никогда не думал, что так зацепит меня... А Мишуньчик мой, как увидит меня, заулыбается сразу так, ножками засучит:

Хорошо отцом быть, мужики!

— Да ну... — приподняв голову с подушки, вдруг хмыкает Патрушев. — На фиг нужно...

Старые в недоумении замирают.

— Это кто там такой умный? — подает голос один из них.

— Погодь, — кладет ему руку на плечо Колесников, поднимаясь. — Че сказал? — глаза старлея наливаются бешенством.

— Да не, я так... — Патрушев растерянно озирается. — Так просто...

Колесников уже нависает над над его койкой:

— Ты че, падла такая, тут хмыкаешь? А, урод лопоухий?! Вста-а-ать!!! Сорок пять секунд — подъем!

Патрушев вскакивает и мечется среди одежды.

— Гнида! Залупа сраная!- старлей неожиданно бьет его ногой в грудь.

Патрушев отлетает на соседние койки. Оттуда его выталкивают опять к старлею.

Тот добавляет ему кулаком в грудь.

— Товарищ лейтенант, да хуй с ним! — пробуют заступиться старые, но Колесникова уже несет:

— Отбой! Отбой, бля, сказал! Всех касается! Сорок пять секунд! Че непонятно?! Съебали по койкам все!!

Походив еще минут пять по спальному помещению, Колесников, пнув на прощание дневального, уходит из казармы.

Еще через пять минут «мандавохи» почти полным составом встают и окружают койку Патрушева.

Я помню, как скучал он уже в поезде по маме и бабушке, как рассказывал о приготовлении его бабушкой пшенной каши... И мне становится жаль парня до слез.

Но сделать я ничего не могу.

Поэтому просто засыпаю.

Мы в наряде по КПП. Ночь. В литровой банке заваривается чай.

Радио выключено, надоело.

— Вот, смотри что есть! — жестом знатного бая Арсен вываливает на стол колоду карт.

Карты порнографические, цветные.

— Мой гарем! Каждый день новую! — Арсен делает характерный жест правой рукой.

— Пока весь круг пройду — первая опять как новая! На месяц с лишним хватает!

От разглядывания картинок я прихожу в волнение.

— Слышь, Арсен, подари пару штук! Ты же ими все равно не играешь. А в месяце ведь не тридцать шесть дней. Поделись с другом, а?

Арсен с минуту думает, забрав у меня колоду и тасуя ее.

— Тебе, как другу, не жалко! Возьми три штуки! — протягивает карты обратно.

Я выбираю двух лесбиянок, потом пухлую блондинку и напоследок — нимфетку с коротким каре и острыми сисечками. Уже засовываю их под обложку военбилета, как Арсен вдруг просительно произносит:

— Слушай, вместо белой возьми других, пожалуйста, две штуки возьми! — и смущенно добавляет: — Любимая! Люблю вот ее... Очень!

Со временем подаренные Арсеном красотки куда-то делись. Лесбиянок передал Димке Кольцову, тому, что исходил поллюциями на соседней койке в карантине. Другие то ли украдены были, то ли выпали где. И только худенькую девочку с козьей грудкой, бесстыдно раскинувшую голенастые ноги я бережно хранил всю службу.

Серые будни. Тупые, тягучие будни.

Не сдохнуть бы. Не озвереть. Не сойти с ума.

В роте МТО придумана новая шутка. Сортирная.

В сортире всегда кто-нибудь торчит. Кто стирается, кто бреется. Кто просто курит или на гитаре бренькает. Народу полно, так что шутника не найти потом.

Подкарауливается кто-нибудь из засевших в кабинке по большой нужде. Приносится швабра. Один конец ее упирается в дверь кабинки, другой в край сливного отверстия в полу. Дверка заблокирована. Поджигают одновременно несколько листов газеты и через верх забрасывают их сидящему. Пока тот бьется и орет в тесном пространстве, тащат несколько ведер воды и с воплем: «Пожар!» выливают их сверху на несчастного.

Быстро разбегаются и возвращаются к прежним занятиям. Особое удовольствие — наблюдать как наконец освободившийся мечется по казарме в поисках шутников.

Одно из развлечений в столовой — пришедшая первой рота быстро разбирает тарелки с тушеной капустой и сливает жир из них в проход между столами.

Когда запускается следующая рота, впереди со всех ног на раздачу несутся бойцы, чтобы успеть получить свою порцию и съесть ее до того, как их начнут гонять за пайкой и горячим чаем.

Каменный пол, желтые разводы жира и подошвы кирзачей общего языка найти не могут. Даже просто стоять трудно, а уж если человек бежит...

Сначала, взмахнув руками и ногами, падают первые, на них, безуспешно тормозя, налетают следующие...

Подолгу еще барахтаются на полу, пытаясь подняться.

От хохота в столовой звенят стекла.

Жизнь — монотонная, тупая, от подъема до отбоя, от завтрака до ужина, невылазно в нарядах, порождает забавы весьма специфические.

Только что прошел ужин. Тихий, безветренный вечер.

Трое старых, обступив лежащую на асфальте эмалевую кружку, внимательно к чему-то прислушиваются. Лица серьезные, как у врачей на операции.

Невольно остановился рядом.

Кружка издает отчетливый беспрерывный треск. Словно негромкие помехи в радиоэфире.

— Че стал?! Слинял быстро! — шугнул меня один из троицы, оторвавшись от занятия.

Позже я узнал, что если обычную солдатскую кружку положить на бок и ударом каблука немного ее смять, то эмаль внутри начинает трескаться сама по себе, и происходит это довольно долго.

Называется это дело «солдатская погремушка».

Вся жизнь наша солдатская вертится вокруг столовой.

Огромная, гулкая, шумная. С клубами пара, грохотом посуды и неизменным матом старшего по «дискотеке». Наш взвод в наряд по столовой не ставят, лишь иногда, когда людей не хватает, кидают в помощь посудомойщикам.

Это и есть «дискотека».

Мятые, гнутые алюминиевые тарелки. Исцарапанные тысячами ежедневно скребущих их ложек. На некоторых посудинах встречается штамп: «МО СССР 1952 г.».

— Антиквариат! — любуется такими Паша Секс. — Сталинская! Вот вещь, так вещь — сносу нет!

Объедки с тарелок сбрасываются в огромные баки для пищевых отходов. Затем посуда летит на мойку и со страшным грохотом падает в лохань с горячей водой. Голый по пояс в любое время года мойщик, он же "ди-джей", едва различимый сквозь пар, тычет в лохань здоровенным веслом, перемешивая тарелки, поднимая их со дна на поверхность. Там их подхватывает второй «ди-джей», в резиновых перчатках-раструбах и швыряет в соседнюю ванну, где их обдают струей холодной воды из шланга.

«Помойка посуды» закончена. Теперь ее можно сваливать на решетчатые подносы — сушку, и оттуда уже снова тащить на раздачу.

К мытью кружек подходят проще — кидают их в ванну, заполняют ее водой до краев, затем воду спускают.

Ложки моются аналогичным способом. Поэтому, выбрав из груды лежащих на подносе наименее грязную и жирную, ложку все равно следует протереть внутренней стороной полы гимнастерки. Или хотя бы платком.

Смотря что чище.

Одна из стен столовой украшена фотообоями с изображением горы. Череп утверждает, что это Фудзияма.

Так это, или не так, я не знаю. Меня в этой горе привлекает другое.

У самого ее подножия неизвестным художником пририсовано грустное привидение в пилотке и сапогах. Весь склон горы утыкан флажками с цифрами от «1» до «12».

У флажка под номером «6» стоит, обливаясь потом, маленький человечек и в вытянутых перед собой ручках держит длинные шнурки. Глаза человечек скосил вниз, на свои сапоги, и вся его рожица выражает недоумение — на кой хер ему сдались эти шнурки.

На заснеженной вершине, у двенадцатого флажка, машет рукой человечек, опираясь на длинную ручку кухонного черпака. С другой стороны горы посередине склона сидит длиннобородый старичок и то ли рисует, то ли пишет что-то в лежащем на его коленях альбоме.

И наконец, в самом низу горы виден радостно сбегающий с нее молодец-удалец в парадной форме с аксельбантами. Чуть поодаль, явно другой рукой пририсован пассажирский вагон с надписью «ДМБ» и торчащей из окна по пояс голой девкой. Девка радостно улыбается и тянет к удальцу руки, в одной из которых огромная бутылка водки.

Каждый из нас, поедая пайку, ищет взглядом свое место на горе, оценивая уже пройденный и еще оставшийся путь.

Когда в столовой появляются вилки и чайные ложки, а на обед давали котлеты, это верная примета — в часть пожаловала инспекция.

Особенно любит инспектировать нашу службу генерал Чичеватов.

Невысокий, кривоногий, с седым ежиком волос под фуражкой, больше всего он походит на печально известного наркома Ежова. Злобные глазки его придирчиво буравят пространство.

«Чичевато последствиями» — бубнят под нос офицеры и стараются не попадаться ему на пути.

Чичеватов обожает заглядывать в сортиры, рыться в солдатских тумбочках и, подзывая какого-нибудь зазевавшегося бедолагу, проверять свежесть и толщину подшивы.

Если что-то кажется не так, лично отрывает подшиву и пересчитывает количество слоев. Если больше двух — дает трое суток губы, гауптвахты.

Если подшива оказывается в порядке, генерал не ленится пересчитывать стежки.

Сверху их полагается иметь двенадцать, снизу — шесть и по бокам два.

За неправильные стежки, правда, не сажает, а лишь раздает наряды вне очереди.

Генерал, твою мать.

В столовой шарится с белым платком по углам.

Гуливер, начальник столовой, которому Чичеватов не достает и до груди, мрачно взирает на него из под полуприкрытых глаз и довольно внятно матерится.

После очередного разноса, когда генерал наконец отбывает, Гуливер произносит что-нибудь вроде:

— Покатились глаза собачьи, золотыми звездами в снег... Сука, бля...

Достает из шкафчика банку «шила».

Патруль приводится в готовность. С детской площадки военгородка мамаши расхватывают детей.

— А-А-А-А-А-А-А!!! — страшно кричит через полчаса прапорщик, стоя в расстегнутом кителе посреди городка. — Какая-то тля в лампасах! Меня! А-а-а-а-а-а-а-а!

Патруль с опаской наблюдает за ним из-за деревьев.

Надвигаются очередные «есенинские чтения», «губа» приводится в готовность...

2.

С куревом беда полная.

В стране ввели талоны. В чипок не привозят даже "Приму".

Какое-то время стреляли у офицеров, но и у тех скоро все вышло.

Кто-то додумался выломать доски из пола казармы. Там, под ними, оказались залежи закатившихся в щели бычков. Налетели на них, как голодающие Поволжья на хлеб.

Пробуем курить чай, сухие листья дуба.

Если где разживешься целой сигаретой, выкурить ее в одиночку не получится. Табачный дым чуют за километр, бегут на запах табунами.

«Оставишь!» — тянется десяток рук к тлеющему белому столбику.

Блядь, что такое со страной? Ни жратвы, ни даже курева.

Как комендантский взвод, нас иногда привлекают помогать вновь прибывшим офицерам с переездом.

Разгружаем контейнеры с вещами и таскаем в общежитие. Обычно на последний, пятый этаж.

По пути, конечно, вскрываем коробки,

шарим по мешкам. Наворованное, продукты в основном, прячем под лестницей. Потом проносим в часть под бушлатами.

Никогда не знаешь ведь, отблагодарят тебя, или так, на халяву используют.

Иногда офицеры сами одаривают нас консервами, чаем или сигаретами. В такие минуты я всегда испытываю угрызения совести и хочу вернуть украденное. Но никогда не возвращаю Некоторые наливают, грамм по сто, прижав палец к губам. Таких мы уважаем особенно.

Однажды тащили мебель, в том числе и пианино для дочки, новому замполиту, подполковнику Банину. На пианино мы чуть не сдохли. Разделись до исподнего. Переносных ремней к нему нет. Поясницы с руками хрустят и трещат.

— Блядь, ну почему, как Свищ нужен, он всегда в наряде! — ною я на перекуре между первым и вторым этажом.

— Ребята, отблагодарю! — заговорщески подмигивает нам подполковник. — Я ж все понимаю! В долгу не останусь. Будет сюрприз вам! Только между нами!

И так он подмигивает, что мы с Костюком решаем — не меньше пузыря нам обломится.

— Литруху, литруху нам он должен! Два пузыря, меньше не возьму! — хрипит скрывшийся почти за торцом проклятого инструмента Паша Секс.

Как лошади, чующие водопой, обретаем силы и втаскиваем все-таки его бандуру на четвертый этаж. Слава богу, ему выделили квартиру здесь. На пятом селят обычно лейтех с капитанами.

— Садитесь, орлы! — Банин скидывает шинель, китель, снимает галстук. — Я сейчас!

Скрывается в комнате.

Мы сидим на узлах, переглядываемся и потираем руки. Если еще и закусь хорошую организует, вообще мировой мужик, значит...

Выходит Банин.

На груди у него висит новенький баян.

Банин усаживается на стул перед нами. Растягивает меха.

— За то, что вы мне так помогли, ребята, давайте, я вам на баяне сыграю! У нас вся семья музыкальная! И жена, и дочка, и я вот увлекаюсь.

И минут сорок наяривает перед нами на баяне.

Потом пожимает руки и отправляет в казарму.

Паша Секс начинает материться еще в подъезде, и до казармы ни разу не повторяется.

А на следующий день мы ложку только двумя руками можем держать.

Шаэпешь.

Это слово надо произносить с эстонским акцентом, делая ударение на "а" и растягивая слоги — "шаээпешшь".

Автор слова — эстонец Регнер.

Вернее, полунемец-полуэстонец. Каким чудом он попал к нам в часть — неизвестно. Вся подобная братия давно отказалась служить «у русских». Этот же — служил.

Правда, недолго, всего полгода. Потом не выдержал и убежал на родину. Родина его обратно не выдала.

Пример Регнера оказался заразителен. Через полгода после него из части побежали молдаване. А еще через полгода — хохлы-западэнцы.

Поначалу поднимали всех по тревоге, офицеры рыскали по трассе и райцентру.

Кого удавалось отловить — самим или с помощью питерских патрулей, — возвращали в часть, на губу. Но до дембеля их там не продержишь, гауптвахта переполнялась и бегунков становилось все больше и больше.

Теперь лишь посылают телеграмму в военкомат — так, мол, и так, сообщаем, что покинул место службы призванный вами рядовой такой-то.

Те даже ответа не присылают.

Потому как заграницей стали.

Объект постоянных насмешек и

издевательств, Регнер по-русски говорил с большим трудом. Был флегматичен и немногословен.

Обходился в основном двумя – «туртоом» и «шаэпешь».

Если с первым было понятно — дурдом, он и в Африке дурдом, то второе слово вызывало всеобщий интерес.

Регнер уверял, что оно русское, и «отчен хароошее».

Ко мне Регнер относился тепло, после того, как я спас его от двух дневальных-хохлов.

Он имел неосторожность сходить по-большому в только что вымытое «очко», чем просто взбесил дневальных.

На побои прибалт реагировал недоуменным вздрагиванием и повторял, как зацикленный: «Яа тсыфилисофаный шелафек! Кте мне срaать ищио?» Мне удалось оттащить от него хохлов и Регнер, преданно глядя, объявил мне, что я, хоть и русский, — шаэпешь.

Когда его угощали, особенно сгущенкой, Регнер чуть не плакал от радости, и, крутя банку в руках, приговаривал: "Этоо — о, этоо шаэпешь!" — Ребята! — сказал однажды кто-то проницательный. — Да, по-моему, это он наше "заебись" так говорит!..

Спросили прибалта.

Тот закивал головой: «Та, шаэпешь — этоо оотчен хаарошоо! Шаэпешь!» Жаль, что он сбежал. Хороший, в общем-то, парень. Хоть и прибалт.

Одна из обожаемых всеми телепередач — «Утренняя гимнастика и аэробика».

Набиваемся в ленинскую комнату и таращим глаза на девчонок в обтягивающих одеждах.

У каждого — своя любимица. Знаем всех по именам. До хрипоты спорим, чья лучше. «Ебливее», как говорят. У какой из девчонок рот более «рабочий», обсуждаем. Кто ногу в сторону лучше отводит...

Дебаты жаркие. Защищают своих, высмеивают чужих. Когда на экране появлялся парень, дружно орут: "Пидор!!" Наверное, в отместку за то, что он там, а мы — здесь.

Девчонки в "аэробике" на загляденье. Спортивные, грудасто-бедрастые...

Но у самого моего сердца, рядом с комсомольским и военным билетами, лежит распахнувшая свое сокровенное худенькая брюнетка, вызволенная мной из суншевского гарема.

Ее я не собираюсь делить ни с кем.

И уже без усмешки вспоминаю просьбу Арсена оставить ему блондинку, любимую.

О своих подругах, тех, что на гражданке, больше молчат.

Обсуждать их, делиться подробностями — не принято. Не каждому даже показывается фотография.

Их письма носятся в нагрудном кармане. В отличии от писем родителей и друзей — те хранятся в тумбочке.

Им посвящаются трогательные и неумелые четверостишия в дембельских альбомах:

Привет из мест, где нет невест,
Где звезды достают руками,
Где девушек считают за богинь,
И видим мы их только на экране

Иногда кто-нибудь начинает вспоминать, как и в каких позах он имел свою бабу. Слушают такого с удовольствием, поухивая и подначивая. Знают — врет, брешет. Пиздит. Нет у него никакой бабы. Или давно она уже не его.

Ждет ли тебя твоя любимая — тема болезненная. Звучит по-солдатски грубо – «Тебя баба ждет на гражданке-то?»

А ответ дать нелегко.

Два года — срок немалый.

Мрачнеют, задумываются, закуривают и уединяются.

Из духовной пищи — кино, газеты, собрание сочинений В.И. Ленина в 55 томах и музыка.

В казарме, возле тумбочки дневального, проигрыватель «Орфей". Пластинок всего две

— Пугачева и "Ласковый май". Новых винилов замполит не покупает, а у нас самих денег нет. А если и есть, то тратить на духовное рука не поднимается. Пожрать бы пирожков в чипке, и то уже счастье.

От подъема и до отбоя дневальными "мандавохами" заводится сначала одна пластинка, потом вторая – «Миллион-милион-милион а-алых роз!» «Бе-е-елые ро-озы, бе-е-елые ро-озы!» И опять. И снова. И без конца.

В столовой вот уже полгода за завтраком, обедом и ужином крутят "AC/DC". Может, и больше, но я помню это со времени карантина.

Неожиданно появляется ужасного качества запись группы со странным названием «Сектор Газа». Кто солист — неизвестно, мелодии явно стырены у западных групп. Многих слов просто не разобрать. Но юмор и темы приходятся всем по душе.

«Сектор» играет во всех казармах. Какие-то их песни начинают петь на вечерних прогулках, назло замполиту. Играют под гитару после отбоя.

«Любимец армии и народа» — прочту я спустя десять лет о лидере группы Юре Хое в его некрологе.

А написанная им за полгода до смерти «Демобилизация» будет заигрываться до дыр в холодных казармах сжавшейся, развалившейся, но все еще огромной страны

3.

Холод. Минус двадцать восемь. Ночью — за тридцать пять.

Ни рук, ни ног не чувствуешь. Разрешили наконец-то опустить уши шапок. Лица — красные, как ободранные.

Те, кого призвали из Сибири, говорят, что здешние двадцать пять — как у них сорок. Влажность и ветер свое дело делают...

Разводы проходят в убыстренном темпе. Над плацем — рваные клубы пара от дыхания.

Самое плохое — заступить на «нулевку», пост номер ноль. Деревянная такая конура у мостика между частью и военгородком. Стоишь около нее и требуешь от снующих туда-сюда офицеров предъявлять пропуска. Хотя знаешь почти каждого в лицо и по фамилии.

Лезть, расстегивая шинель, во внутренний карман по такому морозу никто не хочет. Как и задерживаться на лишние секунды. В лучшем случае посылают куда подальше. Могут и кулаком пихнуть.

Остается тупо отстаивать смену. И вспоминать подвиг генерала Карбышева.

Заступающий на пост облачается в ватные штаны поверх обычных и всовывает ноги, прямо в сапогах, в огромные серые валенки. Надевает бушлат и сверху — шинель. На шинель — невероятного размера вонючий и засаленный тулуп.

Тулуп и валенки одни на всех, надевают их прямо на посту. Иначе и нельзя — двигаться в них невозможно. Шагу не сделаешь.

Паша Секс решил все-таки немного походить и попрыгать, согреться. Опрокинулся во всем этом облачении на спину и подняться уже не смог. Дело было ночью. Мороз, звезды. Деревья постреливают. Так и лежал, как перевернутый жук, почти полчаса, пока патруль его не заметил.

Отделался Паша легко — только нос обморозил.

После этого случая всех заступивших на пост обязали каждые пять минут по громкой связи связываться с КПП. Докладывать, что жив пока.

Меня на «нулевку» не ставят — мои сапоги не пролазят даже в эти универсальные валенки. Да и с самими сапогами беда — замены на новые не нашлось, донашиваю старые, еще в карантине выданные. Подошва вот-вот отвалится.

Тяжелее всех это переносит Сахнюк:

— Вот так вы всегда, москвичи, суки, откашиваете! А мы, блядь, за вас все делать должны, да?! Я — на мороз, а ты в тепле свою жопу держать!..

— Гитлер, заглохни! — вступается за меня Череп. — Просто повезло чуваку... Не хуя завидовать:

Вздохнув, добавляет:

— Мне бы такие ласты. Тоже в дежурке посидел бы.

Гитлер, хлопнув дверью, убегает на пост менять побелевшего там уже Кицу.

Вечером нас сменяют.

С одной стороны — хорошо. На завтра, по прогнозу, потепление со снегом. А значит — скребок в руки и на плац. И до конца наряда ты с него уже не вылезешь.

С другой стороны, в казарме сегодня тоже не сахар. Из караула должны вернуться Борода с Соломоном. Ладно, если одним только "принеси-подай" обойдется...

Едва заходим, дневальный таращит глаза:

— Борода всех взводовских в каптерку созвал! Дуйте туда живо!..

Нас четверо — Череп, Гитлер, Кица и я. Остальные наши в наряде.

С нехорошим чувством стучим в дверь.

Там человек десять. На тюках с бельем сидят наши старые — Борода, Соломон,

Дьячко, Пеплов и Самохин. Осенники, во главе с Колбасой, стоят вдоль стеллажей.

Тусклая желтая лампа под потолком. Наледь на окне. Накурено.

Не люблю я такие вот сборища.

— Где ходим, воины?! — замахивается на меня кулаком Борода.

Я пытаюсь припомнить, какие сегодня у нас были залеты.

— Сменились только. Вон, штык-ножи еще даже не сдали.

Борода не слушает. Я вижу, что ему не до нас.

Что-то здесь затевается.

Череп глазами показывает на Соломона.

Тот сидит на одном из тюков, ссутулившись и свесив свои обезьяньи руки до полу. Губа его, и без того вечно отвисшая, теперь разбухла и потемнела. Нос тоже разбит, но кровь уже не идет.

Видок у Соломона тот еще.

Борода собран и внешне спокоен. Лишь глаза блестят и прыгают по нашим лицам.

Нам, опоздавшим, кратко объясняется ситуация.

После наряда Соломон зарулил в чипок и застал там бойцов из роты МТО. Попытался пролезть без очереди, но те его послали.

Соломон поднял кипеж, мол, старого не уважают. Подошли старые из роты, одного призыва с Соломоном. Послушали, в чем дело и выкинули его из чайной.

Надавав перед этим по хлебалу.

— Их раза в три больше. И помахаться спецов там хватает. Но ответить мы должны.

Борода прикуривает сигарету и щурится на нас:

— Заставлять никого не буду. Но у нас каждый кулак на счету.

Нам меньше всего охота подписываться на драку с ротой из-за такого пидора, как Соломон.

— Тут не в том дело, что на кого-то конкретного наехали, — подает голос Колбаса. — На весь взвод наехали! Нюх рота потеряла!

Младший сержант Колбасов, по армейскому выражению, вновь "заглядывает в жопу" начальству.

Борода все прекрасно понимает, но одобрительно кивает и демонстративно жмет Колбасе руку.

— Сегодня одного из наших, а завтра всех вас в хуй не будут ставить! — поддерживает Колбасу его кореш Уколов. — Не ссыте, пацаны! За честь взвода охраны!

Я замечаю, что от некоторых, а особенно от Укола, разит бухлом.

Борода встает и хлопает меня по плечу. Оставляет докурить и тычет пальцем в сторону Соломона:

— С виновника вечеринки причитается.

Соломон! Плесни-ка бойцам по чуток для храбрости!..

На долю секунды выражение лица сержанта меняется и я вдруг понимаю, что Соломон ему не больше друг, чем мне. И что Борода всей душой презирает своего земляка.

На хера тогда ему все это сдалось?

Соломон достает из-за тюка, на котором сидит, початую бутылку "Пшеничной" и не глядя на нас, протягивает ее Бороде.

— Я не буду, — тихо произносит вдруг Сахнюк.

Пауза нарушается вкрадчивым голосом Бороды:

— Я не понял, Гитлер, ты не будешь конкретно что? Пить или за взвод махаться? Поясни нам, глупым дядям.

— Махаться, — выдавливает Сахнюк. — И пить тоже не буду.

Губы его подрагивают.

Борода подходит к нему вплотную. Берет одной рукой за ремень, другую протягивает к подбородку Гитлера. Тот часто моргает и пытается отстраниться.

Борода, всем своим видом выражая отвращение, застегивает ему крючок:

— Ты больше не шнурок. До самого моего дембеля бойцом проходишь!

На лице Гитлера ужас от осознания:

— Саня!.. Не надо! Я все понял!

— Я тебе не Саня, а товарищ сержант!

Ремень затяни, воин! — рявкает Борода и оборачивается к осенникам: — Колбаса! Я весной уйду, ты останешься. Проследи, чтоб эта падла в бойцах до осени проходила!

— Слово старого — закон! — отзывается вместо Колбасы Укол, подбегая к Гитлеру.

Не успеваем мы сообразить, что происходит, как Укол несколько раз бьет Гитлера кулаком под дых.

Череп, Кица и я переглядываемся. Никто заступаться не хочет.

Осевшего в углу Гитлера обрабатывают сапогами. Подходят по очереди и пинают. Некоторые, как Уколов или Подкова, делают это артистично, с разбега, взмахивая руками и громко "хэкая".

Дьячко бьет Гитлера несколько раз подряд, метя в лицо.

Гитлер поджимает колени к груди и пытается спрятать голову, выставив вперед локти. При этом он беспрерывно визжит, осекаясь лишь при очередном пинке.

— Дьяк, уймись, ты че, бля! — оттаскивает его за плечи Пепел.

— Теперь вы! — командует нам Борода. — Каждый! По паре раз!

Гитлер мне не земляк, не друг и не товарищ. Моего призыва, и только. В другой ситуации я и сам был бы не прочь навалять ему...

— Саня, хватит с него. Он свое уже получил. Надо будет — и от нас получит... Лично меня он давно достал: Но это — наше. Оставь его нам, мы сами потом решим.

Борода смотрит на меня недоверчиво:

— Бунт на корабле, я так понимаю?

Ситуацию спасает Череп:

— Нам он ничего не сделал. За взвод мы пойдем, а его не трогайте больше.

В каптерке снова повисает пауза.

Череп дожимает:

— Он не виноват ни в чем. Махач — для тех, кто хочет и может. Какой от Сахнюка толк? Он и бабу-то по пизде погладить не сможет толком, не то что въебать кому-то...

— Ведь Свища тоже никто не зовет! — вступает молчавший до этого Кица и каптерка взрывается хохотом.

Действительно, Вася Свищ не в наряде. Но и в каптерке его нет. Сидит себе в бытовке и подшивается.

— Что есть, то есть, — отсмеявшись, говорит Борода. — Толку от Василия Ивановича никакого в таком деле... Бля, какая фактура зря пропадает! Мне бы половину его здоровья!

На этом решено разойтись.

Я и Кица помогаем Гитлеру подняться и тащим его в умывальник. Череп остается в каптерке и что-то негромко говорит Бороде.

Гитлер, беспрестанно всхлипывая, пытается умыться. Его трясет крупной дрожью, и вода расплескивается во все стороны, не попадая ему на лицо. Я хватаю Гитлера за шею и сую его голову под струю. Кица курит и молча наблюдает.

— Оставь на нас тоже, — говорю я ему и вдруг понимаю, что права курить в туалете Гитлер лишился надолго. Если его заловят с этим здесь, будет совсем нехорошо.

Вспоминается солдат по кличке Опара, из "букварей", вечный боец. Повар Гуля, которого из-за нас с Черепом низвели в бойцы...

Гитлер высовывает голову из раковины и, нагнувшись, стряхивает руками воду с волос.

К своему удивлению, обнаруживаю, что мне жаль этого склочного хохла.

Кица протягивает сигарету. Делаю пару глубоких затяжек и передаю ее Гитлеру:

— На, и давай, на очке заныкайся, что ли. Войдет кто-нибудь щас...

Не успеваю закончить, как дверь сортира распахивается и на пороге появляется Борода.

Гитлер прячет руку за спину и роняет бычок на пол.

Борода подходит и оглядывает нас. Останавливается на Гитлере. Мокрый, жалкий, с распухшим носом, тот стоит перед сержантом и снова начинает всхлипывать.

— Прощаю, — Борода протягивает руку к воротнику Гитлера и расстегивает ему крючок.

— Черепу и вот им, — сержант кивает на нас с Кицей, — спасибо скажи. Отмазали тебя. Ты понял, воин?

Гитлер судорожно кивает.

— Ни хуя ты не понял, — с деланной грустью говорит Борода. — Взвод — это сила. Один за всех, все за одного. Что, про мушкетеров не смотрел, что ли?..

Гитлер молчит и уныло смотрит на сержанта.

— Короче, — Борода достает сигареты и угощает нас. — То, что за своего вступились, не зассали — молодцы. Ты, Гитлер, с нами все равно пойдешь. Встанешь на шухер вместе с бойцами. Еще один такой залет — и вообще все вместе с ними делать будешь. Ты понял меня?

— Саня, я все понял. Спасибо! — мгновенно забывший про побои Гитлер торопливо курит предложенную ему сигарету.

Мне кажется, прикажи ему Борода сейчас зарезать меня с Кицей, хохол сделает это не задумываясь. Весь этот цирк с последующим восстановлением в правах был рассчитан именно на это. Зато теперь у Бороды есть преданный исполнитель. И мы теперь знаем, что это может случится с каждым из нас.

Перед самым отбоем, уже в койке, шепотом спрашиваю Черепа:

— Ну и на хера мы подписались на это? Отказались бы все разом... Ничего бы они не сделали.

— Чего же не отказался? — ухмыляется Череп.

— Взвод — это сила. Один за всех, и все за одного. "Мушкетеров" не читал, что ли?

Мы тихо смеемся.

Наши койки стоят изголовьями друг к другу. Разговариваем мы лежа на животах, и лицо Черепа очень близко от моего.

— Пизды-то давать в роте старым будем, да из осенников кому навешаем, если за них поднимутся. Когда еще такой кайф получишь... — шепчет Череп, скаля зубы. — А наши тихо лежать будут. Им-то чего лезть... Цапля там, Сито... Не махаться же со своими. Да там с нашего призыва почти все молдаване, кочегары. Небось, в котельной все сейчас. Да не ссы ты!

— Бля, подставит нас Борода. Как пить дать. Ладно, давай спать. Может, вообще ничего не будет. Кто у нас сегодня ответственный?

— Колесников. Сам видишь, нет его ни хуя в казарме.

— А у роты?

— Не знаю. Только если Борода задумал что, то уж точно сделает. Ну, давай, покемарим пока...

Нас будит Аркаша Быстрицкий.

Самый мелкий и тщедушный из наших

старых, он вечно комплексует и относится к нам хуже всех.

— Че, бля, спим, а? Одеваем штаны с сапогами, и в каптерку быстро! Ремень возьмите. Без кителя, я сказал! И бойцов поднимите!

Мы трясем за плечо бойцов и объявляем им форму одежды.

Бойцы напуганы и одеваются с неохотой.

— Резче, суки, одеваемся! — шипит на них Череп. — Чтоб меня потом за вас ебали, еще не хватало...

Черепа бойцы побаиваются и одеваются живее. Мне они совсем не нравятся, и я не понимаю, зачем их Борода взял в дело. Бойцы — они и есть бойцы. Один среди них нормальный парень — Арсен Суншев. Жаль только, его сегодня в казарме нет — в штабе посыльным стоит, и спать к утру только придет.

Сунув руку под тумбочку, Череп достает оттуда что-то похожее на зубную щетку и прячет в рукав.

Делает он это тайком, даже от меня, поэтому я не показываю, что заметил.

В конце концов, действительно, темно.

В каптерке Борода стоит на табуретке и что-то сбрасывает с верхнего стеллажа.

— Держите, — показывает их нам. — Морды полотенцами обвяжите.

Мы непонимающе смотрим на кучу

полотенец.

Сержант терпеливо объясняет:

— Сначала вообще думали в противогазах пойти, чтоб не узнать было: Да ведь самим не видно ни хуя будет. В темноте-то.

Борода завязывает себе полотенце на затылке и нахлобучивает шапку. Завязывает уши под подбородком.

Его примеру следуют все остальные.

Не было бы мне страшно, сказал бы, что вид у нас смешной. Мудацкий.

— Теперь в сушилке одеваем бушлаты. Берем не наши, а мандавошные. С дневальными все на мази. Стучать не будут. Дальше делаем так...

Тихо спускаемся по темной и холодной лестнице на первый этаж.

У меня, Черепа и Кицы на руку намотаны ремни. Бляху я придерживаю свободной рукой, зачем-то нервно тру пальцем рельефную звезду.

Бойцы — Белкин, Мищенко и Ткач вооружены швабрами.

Осенники и старые идут с пустыми руками.

Останавливаемся перед обледеневшей дверью. Пришли.

Здесь еще холоднее, чем у нас.

Гитлер, единственный без шапки и полотенца на лице, проскальзывает в предбанник. Отворяет наружную дверь и вглядывается в темноту. Машет рукой — все в порядке.

Занимаем позицию.

Сквозь дверные щели виден слабый свет дежурного освещения роты.

Страшно.

— Понеслась! — дергает на себя дверь Борода.

Дневальный роты не успевает даже испугаться. Кто-то из наших бьет его ногой по яйцам. Бойцы подхватывают обмякшего воина под руки и тащат в ленинскую. Там, как и ожидалось, спит на столе дежурный.

Швабрами запираются двери ленинской комнаты и канцелярии. Ткач остается у входной двери и просовывает в ее ручки свое "оружие".

Молча — лишь сапоги гулко стучат по деревянному настилу, — вбегаем в спальное помещение роты.

Казарма — близнец нашей. Такие же стенды, такие же койки. Только фотообои другие. Но сейчас не до них, да и не видно их в темноте.

Борода еще наверху объяснил, где нужные койки. Без труда их находим и встаем к ним спиной. Слева от меня Череп, справа — судя по фигуре — Кица. Наша задача простая — махать бляхой во все стороны и не давать никому пройти.

В роте начинается шевеление. Поднимаются темные кочаны голов. Откидываются одеяла. Никто не может сообразить, что происходит.

Старые с осенниками подбегают к койкам и расхватывают стоящие возле них табуреты.

Форма МТО-шников летит на пол.

Опрокидывается несколько коек.

Череп наотмашь бьет бляхой по чьей-то чубатой голове. Раздается протяжный вопль. Секунду спустя наши начинают молотить табуретами по мечущимся под одеялами фигурам.

Казарма наполняется визгом и криками.

Некоторым удается вскочить и выбежать в проход. Но все табуретки разобраны или выброшены на взлетку нашими. Безоружную мазуту снова настигают удары.

Борода — я узнаю его по характерным выкрикам — орудует двумя табуретами сразу. Кому-то он даже успевает заехать ногой в лицо. Получивший падает на пол и извивается уже под ударами сапог.

Прямо на меня из темноты выпрыгивает кто-то в белом нижнем белье. Я едва успеваю выставить руку. Угол табуретки врезается в мое предплечье и, еще не осознав боли, изо всех сил бью гада ремнем. Бляха заезжает ему по скуле, но он не падает, а лишь замирает на какое-то мгновение. Этого достаточно для

Кицы — тот несколько раз охаживает МТО-шника своим ремнем.

Солдат роняет табурет и, обхватив голову руками, падает на колени. Может, и кричит, но в поднявшемся оре неслышно. .

Толстый рукав бушлата смягчил удар, и левая рука моя почти в рабочем состоянии. Подхватываю табурет и швыряю его в глубь помещения.

Уверен, что в кого-то попал.

Дергаю за бляху, укрепляя на кисти ремень.

Больше желающих пока не находится. Краем глаза замечаю, что слева от меня никого нет. Оглядываюсь на наших, и вовремя — Борода уже стоит на взлетке и машет рукой.

Отходим.

Я вижу как двое наших тащут кого-то долговязого. Без сомнения — Соломона.

Рядом появляется Череп. Без полотенца на лице, со съехавшей на затылок шапкой. Одна из тесемок вырвана "с мясом".

— Уходим! Уходим!! — орет он сквозь шум.

Бежим по взлетке. Вдогонку нам летит несколько табуретов. С грохотом падают позади нас, никого не задев.

Изнутри в дверь канцелярии отчаянно молотит запертый там ответственный по казарме лейтеха. Не повезло ему.

На лестнице мы стягиваем с себя полотенца и каски.

— Что с Соломоном? — орет Борода.

Никто точно не знает. Но у Соломона из бушлата на месте поясницы что-то торчит, какие-то лохмотья.

— Порезали его, — бросает Колбаса на ходу. — Бушлаты в сушилку! И все по койкам!

Дневальный-мандавоха с перекошенным лицом впускает нас. Кивает Бороде и, выглянув на лестницу, закрывает дверь на брусок.

— Все понял? — спрашивает его Борода, стягивая бушлат. — Услышал шум, испугался. Закрыл дверь.

Дневальный кивает, не переставая.

— Звони, вызывай дежурного, — приказывает Борода.

Почти месяц часть шерстили военные дознаватели.

На комполка лица не было.

Замполит Алексеев отменил просмотры кинофильмов и каждый вечер собирал полк в клубе. Читал лекции о воинском долге и дисциплине.

Начмед Рычко старательно опаивал питерских "гостей".

Удивительно, но дело решено было спустить на тормозах. Формально факт драки доказан был — несколько сотрясений и пробитых голов не скроешь. У Соломона — колотая рана, неглубокая, правда.

Предположительно отверткой.

На три недели отправили его в госпиталь, к нашей всеобщей радости.

Порешили на том, что драка возникла внутри самой роты. На почве распития спиртных напитков.

Оказывается, почти все старые в роте той ночью были пьяные в хлам. Не слегка выпившие, как наши, а совсем никакие. Когда прибежал дежурный по части с помощником, а за ними — патруль, никто даже толком не мог рассказать, что произошло.

Много позже, когда Борода уже дембельнулся, я узнал некоторые подробности той операции.

Хитрый Борода через третьи руки загнал в роту банку спирта.

Спирт раздобыли так. Ночью, разумеется, с ведома одного из фельдшеров, влезли в кабинет Рычко. Спирт начмед держал в сейфе, перелитый уже из канистр в стеклянные емкости.

Вскрывать сейф не стали. Просто свалили сейф на тщательно вымытый пол и губкой собрали все вытекшее. Отжали в свою тару, поставили сейф на место и ушли.

Взлом и кражу повесили на роту МТО.

Наказали дневальных, ответственного

офицера, замполита роты и самого ротного. Нарядами, лишением отпуска и выговорами.

Рычко пытался привлечь и фельдшера, но тот в момент взлома в санчасти отсутствовал — был вызван на КПП для оказания медицинской помощи сержанту Деревенко, порезавшему руку о консервную банку.

Таким образом, и Борода вышел из этой истории сухим.

На всякий случай наш взвод решили расформировать. Но потом передумали и просто сократили наполовину, до пятнадцати человек.

Кончилось наше особое положение в части.

Теперь на КПП и в караул стали заступать попеременно с другими ротами Правда, слава "отморозков" за взводом закрепилась окончательно.

Из старых ушли от нас Подкова, Быстрицкий и Супрун. Убрали десяток осенников, раскидав их по разным ротам.

Из моего призыва перевели только одного — Черепа. Причем — в роту МТО. Сказать, что Черепу пришлось там нелегко — значит, ничего не сказать. Странно, что его там вообще не убили.

4.

Вадим Чекунов

Весна все ближе.

Дикие холода позади. Солнце, все еще маленькое и тусклое, теперь показывается чаще. Пару раз случились уже оттепели.

Небо светлеет. Пролежав всю зиму чуть не на крышах казарм, теперь оно поднимается на положенную ему высоту.

Тревога вперемешку с радостью, смутные надежды и тянущая тоска — все это приносит в душу еще не сама весна, но ее предчувствие.

Весна поменяет многое в нашей жизни. Главное — чтобы она настала.

Для этого имеется ряд мероприятий.

Одно из них — выгон зимы из казармы — успешно выполняют бойцы. Машут полотенцами по всей казарме и гонят зиму к выходу.

Уколов заставляет их не просто махать под койками, а ползти под ними и кричать "Кыш!"

Бойцов, как водится, подбодряют пинками.

Нас уже к этому не привлекают. На нашем счету выгоны лета и осени. Теперь мы лишь наблюдаем. Я волнуюсь за друга Арсена — как отнесется к этому маленький горец?

Но Арсен воспринимает все на удивление легко. Скалит белые зубы и крутит полотенце, как пропеллер.

Завтра — первое марта. До приказа

наших старых — шестнадцать дней.

Скорее бы.

Потом еще месяц — другой, и их, наконец, в части не будет. А мы, сидя в столовой, посмотрим на вершину горы, где машет нам рукой маленький человечек, опираясь на длинный черпак.

Но до этого надо еще дожить.

Еще одно сезонное мероприятие носит официальный характер. К нему привлекается весь сержантско-рядовой состав.

Имеется даже название — "приближение весны".

Сигнал к действию — появление грачей. По мотивам картины — уже не помню кого — "Грачи прилетели".

Всем выдаются ломы и штыковые лопаты. На ближайшие несколько дней часть превращается в какой-то странный прииск. Кипит работа. Повсюду тюкают ломы, взметается грязно-серое крошево льда. Лопаты вгрызаются в слежавшуюся по обочинам дорог снежно-льдистую массу. Куски голубоватого снега выбрасываются на асфальт, рубятся, растаптываются сапогами.

От работы не увильнуть никому — руководят командиры подразделений. Никаких тебе перекуров. По дорожкам снует неутомимый Геббельс, он же замполка подполковник Порошенко.

Даже Борода держит одной рукой лопату и тычет ей в снег, ковыряя ямку.

Мне работа нравится. В отличие от чистки снега, этого мартышкиного труда, когда ты оглядываешься на только что проделанную скребком полосу и видишь, как ее на глазах вновь засыпает снегом. А полос таких тебе проделать надо не меньше полусотни. А из приоткрытой двери КПП на тебя уже орет дежурный, и ты понимаешь, что снег будет валить всю ночь, и что ты, наверное, сдохнешь к утру прямо на плацу...

Удивительно, но ты не сдыхаешь, и вечером сменяешься, а весь следующий день, до нового заступления, чистишь закрепленную за взводом территорию части. А потом снова сутки в наряде, и пальцы привычно обхватывают ручки скребка:

"Приближение весны" — совсем другое дело.

Здесь ты уничтожаешь врага навсегда. Колешь, рубишь его, швыряешь.

Чтоб больше уже не прикоснуться к нему никогда.

Конечно, снег выпадет следующей осенью и пролежит опять больше полугода. И вновь будут скрестись плацы и возводиться огромные снежные "гробики".

Но уже не нами.

Со страной происходит беда.

Страна решила узнать у самой себя, оставаться ли ей в живых.

Новое, незнакомое многим слово — "референдум".

В курилках закипели споры.

Хохлы-западэнцы торжествуют. Те хохлы, что с Восточной Украины, поумнее, больше молчат или слушают других: Многие растеряны.

Вот и дожили.

Молдаване — все как один за выход из Союза.

Немногочисленные кавказцы — азера и армяне, лишь качают головами.

Замполит полка подполковник Алексеев собрал всех в клубе. Объясняет суть референдума и правила голосования.

Фельдшер Кучер, хоть сам из Львовской области, угрюмо слушает замполита. Наклоняется к моему уху:

— Я тебе одного теперь пожелать хочу — дембельнуться раньше, чем война в стране начнется. Я-то осенью уйду, а тебе до следующей весны тянуть:

— Да брось ты, Игорек. Какая, на хер, война...

Кучер взглядом показывает на кучку сидящих неподалеку молдаван-кочегаров:

— Вот они-то и начнут одни из первых.

На вечернем построении в казарме, после переклички, назначения нарядов и уборщиков, появляется замполит мандавох старший лейтенант Сайгаров.

— У меня объявление. Товарищи! В связи с проводимым завтра референдумом командование части решило объявить завтрашний день Днем демократии.

Строй недоуменно смотрит на замполита.

— Поясняю, — поправляет фуражку Сайгаров. — Объясняю, растолковываю. Подъема завтра не будет.

Строй начинает радостно гудеть.

— Минуточку! Секундочку! — Сайгаров поднимает руку. — Подъем, безусловно и конечно, будет. Но! Подъем будет неофициальный, без команды. Проснетесь, встанете, умоетесь. Завтра у вас по плану — свободный день. Завтрак, просмотр телепрограмм. После обеда — спортивный праздник...

— Вот те нате, бля!.. — роняет кто-то в строю.

Все смеются.

— Отставить смех!- командует Сайгаров, но его мало слушают. — Товарищи, товарищи! Сейчас самое главное. Ключевое, так сказать, мероприятие завтрашнего дня. Каждый из вас завтра должен найти время для исполнения своего гражданского сознания. И долга. И того и другого, одним словом. Вернее, несколькими словами.

Кличек у Сайгарова две. Одна просто от фамилии — Сайгак. Другая, более меткая, за должность и внешность — Дуремар.

— В спортивном зале клуба будут расположены, установлены и расставлены голосовательные урны. Каждый из вас получит, так сказать, на руки голосовательный бюллетень. Как его заполнять, где и какую ставить галочку, вам уже было подробно рассказано на политинформации. Кто забыл, запамятовал или, там, не помнит, обратитесь ко мне. С этими вот самыми бюллет... — запинается вдруг Дуремар, но быстро находит выход: — С этими бюллетнями вы пройдете в голосовательные кабинки. Или кабинки для голосования. Так даже лучше сказать! — совсем доволен собой замполит.

— Бюллетни следует заполнять... — продолжает было он, но кто-то из строя отчетливо, по слогам, произносит:

— Бюл-ле-те-ни! Бюл-ле-тени! Дуремар, сука-бля.

Сайгаров идет пятнами. Пересиливает себя и скомкав объяснения, командует "Вольно!" Строй расходится.

Удивительные вещи начинают случаться, думаю я.

Ночь проходит спокойно. Ни нас, ни бойцов никто не тревожит.

Просыпаюсь за пять минут до подъема. Сегодня он на полчаса позже — воскресенье.

Вспоминаю вчерашние слова замполита. Значит, "Подъем!" командовать не будут. Тогда что?.. Не может такого быть: чтоб до завтрака, и в койке, да еще с разрешения командования:

Бойцы проснулись все до одного и негромко переговариваются между собой на койках.

Арсен машет мне рукой.

Я показываю ему жестом — спи!

Семь часов. Дневальный молчит.

Из наших проснулись Кица и Костюк. Мишаня Гончаров спит возле меня. Рот его полуоткрыт, на подушке — пятно от слюней.

Гитлер в наряде, уже оделся и ушел к дневальному за штык-ножом.

Некоторые из старых ворочаются, приподнимают всклоченные головы и ложатся снова.

Пепел мычит что-то из-под подушки.

Бойцы не выдерживают, встают и начинают одеваться.

Борода лежит на спине. Трет лицо руками и открывает один глаз:

— Че за возня? Сказано — демократия, значит — выполнять! Всем по койкам!

Минут через пятнадцать в спальном помещении появляется Сайгаров. За ним растерянно топает дежурный по роте.

— Тащ сташ литинат, тащ сташ литинат! — скороговоркой бормочет дежурный. — Вы же говорили, команду не подавать...

Сайгак хмурится из-под козырька фуражки. Принимается расхаживать между рядов и трясти спящих за плечи.

— Вставайте, вставайте! Голосование необходимо провести организованно, до завтрака! Втавайте! Дежурный, командуйте!

— Ну, подъем, — вяло и негромко произносит дежурный и после паузы добавляет: — Чего тогда надо было про демократию мутить.

— Ты мне поразглагольствуй тут!.. — заводится старлей.

Народ начинает просыпаться от затеянной перепалки и, приподнявшись на локте, с интересом следить за развитием. Раздаются комментарии:

— Вот тебе и "найдите время..." — Сами не знают, бля, чего хочут!

— Без меня меня женили!

— Да здравствует День демократии! Ура, товарищи! Вставай и пиздуй голосуй!

— Голосуй, не голосуй...

— Все равно получишь...

— ХУЙ!!!

Последняя реплика выкрикивается чуть ли не хором.

По лицу Сайгака видно, что он уже не раз пожалел о затеянном.

— Смирна-а-а! — вдруг раздается вопль дневального.

Дежурный срывается с места в сторону выхода. За ним семенит Сайгаров.

Пришел ротный, майор Парахин. Огромный, как мамонт. Человек-трехстворчатый шкаф. Киборг-убийца в шинели.

Некоторые, от греха подальше, встают и начинают одеваться.

Парахин, тяжело ступая, проходит по взлетке и останавливается на ее середине.

Тяжелым взглядом окидывает казарму.

— Не встают! — выныривает из-за его спины Сайгаров. — Я им говорю, а они — не встают!

Майор не удостаивает его ответом.

Ну просто тигр Шерхан и шакал Тобакки. Странно — не в первый раз я вспоминаю мультик про Маугли: Что-то такое в нем все-таки есть:

Ротный неподвижен, как скала..

— Рота связи, взвод охраны! Сорок пять секунд! ПА-А-ДЪЕ-О-О-О-М!

Парахин орет так зычно, что мандавохи, а следом и мы, без возражений вскакиваем и напяливаем форму.

Бойцы прибегают из сушилки с ворохом шинелей.

— Построение на этаже в две шеренги! — уже обычным, но оттого не менее внушительным голосом командует ротный. — Через туалет на выход — шагом марш! Построение внизу в колонну по трое!

Кулак у Парахина здоровенный и твердый. Когда он попадает им по затылку замешкавшегося в дверях Костюка, с того слетает шапка и катится вниз по лестнице.

Строимся возле казармы.

На крыльцо выходит Парахин. Закуривает.

Сизое облачко дыма плывет по влажному мартовскому воздуху.

— Рота, взвод! В направлении клуба! С места! С песней! Шаг-о-о-ом: Марш!

Бух-бух-бух! — печатают шаг сапоги.

Навстречу робким солнечным лучам летит залихвацкая, исковерканная местными талантами песня:

До нас пехо-ота! Хуй! Дойдет!
И бронепо-о-о-езд! Не! Домчится!
Тяжелый танк! Не доползет!
И заебется да-а-аже птица!

Парахину песня нравится. Он идет сбоку, покуривая и улыбаясь.

Из-под наших сапог летят грязные брызги.

День демократии заканчивается, не успев начаться.

5.

Спортивный праздник, как и обещано, после обеда. Многое отдал бы, чтобы взглянуть в глаза человеку, придумавшему такое название.

Праздников как таковых в армии, конечно, нет и быть не может. Праздник — для праздности. Для отдыха, ничегонеделания. Для гражданских, одним словом.

У нас подобного никогда не случается.

"Солдат должен заебаться" — главный закон, и он должен быть исполнен.

Воронцов так объясняет взводу:
— Праздники? Хуяздники. Есть подготовка к праздничным мероприятиям, их проведение, и устранение замечаний. Взвоо-о-о-од!

Согнув руки в локтях, готовимся выполнять команду "Бегом! Марш!"

В направлении спортгородка.

Сегодня — воскресенье.

Спортивные праздники назначается обычно на этот день.

После утреннего развода роты отправляются на стадион или спортгородок.

Соревнуются в беге на длинную и короткую дистанции, количестве подтягиваний, подъемов с переворотом или отжиманий на брусьях.

Но сегодня, в честь несостоявшегося Дня демократии, до обеда нас продержали в казарме. Наводили порядок в расположении — подбирали раскиданные Воронцовым вещи, поднимали и выравнивали опрокинутые им тумбочки и койки. Тупо шарились вдоль рядов, разглаживая и "пробивая" одеяла. Ворон вооружился одной из дощечек для пробивки и ловко припечатывал любого подвернувшегося. Досталось даже нескольким "мандавохам".

К обеду заеблись настолько, что чуть не с радостью уже отправились на стадион.

Самое поганое во всем этом — что только вчера был банный день. Только одну ночь и одно утро и походил в чистом.

А теперь пропотевшее белье смогу поменять только в следующую субботу.

— А ну-ка, кони, веселей поскакали! — бежит чуть позади строя Воронцов. — Задорно бежим! Радостно попердывая!

Мы уже знаем, что делать. Просунув язык между зубов, изображаем пердеж. Особенно громко получается у толстого Кицы — оказывается, на гражданке он играл на трубе.

Пара встречных офицеров — не наших, пришлых, с Можайки — останавливается, разинув рот.

— Не слышу ржания! — кричит перешедший на шаг грузный прапор.

— Иго-го-бля! — отзывается взвод.

"Можайские" смеются, один из них крутит пальцем у фуражки.

Знай наших, бля. Взвод охраны бежит. Кони скачут.

Вбегаем по лестнице на стадион. Старые тут же лезут, давя жесткий наст, ближе к кустам и закуривают. Воздух чистый, лесной. По нему отчетливо плывет запах "шмали".

От кучки старых отделяются Борода и Пепел и идут к нам, чтобы мы не заскучали.

"Рукоход" — длинные, метров десять, наверное, брусья — самый нелюбимый снаряд у Кицы и Гончарова. Первый слишком толстый, второй слишком дохлый. Оба срываются с брусьев, не пройдя и пары метров. Пепел пинает их по задницам и отправляет в начало. Кица, багровея, выжимает себя на брусьях, передвигает одну руку, пытается перехватиться другой и соскакивает. Получает сапогом и вновь пытается залезть на брусья, но уже не может и этого.

Я "рукоходы" — как нижний, брусья, так и верхний — лесенка-лазилка метрах в трех от земли — прохожу легко. Единственная проблема — ломит пальцы от холодного железа.

Бойцы — Белкин и Мищенко — тоже

справляются с рукоходами без труда. Чувствуется школа Цейса, не зря его на карантины ставят.

А вот турник мне совсем не нравится. Подтянуться раз пять у меня еще получается, но подъем с переворотом — никак.

От пинков Бороды и Пепла меня спасает добравшийся, наконец, до стадиона Ворон.

— Поохуевали, зайчики? — интересуется взводный и гонит к турнику всех остальных.

Старые норовят ограничиться "коронным" номером — "дембельским оленем". Виснут на турнике, отводя вперед и назад согнутые в коленях ноги.

Ворон кроет их матом, впрочем, беззлобно совсем.

Наши взводовские "физкультурники" — Пепел и Дьяк — вообще отказываются подходить к перекладине:

— Тяжелее сигареты нам поднимать нельзя. Мы уже старенькие: Ну-ка, бойцы, сделали за дедушек по пятнадцать подъемов!

Ворон неожиданно выходит из себя и отвешивает Дьяку знатного "лося".

— Съебали на круг все! Двадцать кругов вокруг стадиона! На время! Время пошло!

Никакого времени, конечно, он не засекает, и мы неспеша месим сапогами чавкающую весеннюю землю.

Солнца нет, сыро, пасмурно, но все равно — весна. Я бегу, и прислушиваюсь к чавканью под ногами — вес! — опускается сапог в грязь — на! — вырывается из нее. Вес! На! Вес! На! Вес! На!..

Ворон куда-то пропадает, и старые тут же останавливаются. Разворачиваются и бредут к сидящим на перекладине для прокачки пресса "мандавохам".

Мы с Кицей и Бурым снижаем темп. Бежим вместе с бойцами. Нас догоняют ребята из второй роты, наш призыв. Подтягиваются буквари.

Теперь нас целая толпа, и мы круг за кругом наматываем вокруг покрытого снегом футбольного поля. Когда мы пробегаем мимо старых, они ободряюще свистят нам.

Но есть и среди них любители физкультуры — старшина второй роты молдаванин Модвал, или тихий, спокойный Саня Скакун, качок, чемпион-юниор Винницы.

Скакун, несмотря на фамилию, служит не у нас во взводе, а у "мандавох".

Не слишком высокий, с широченной спиной, бугристый весь даже под формой, Саня — добрейший и умный парень, — кумир всех "мандавошных" бойцов. Единственный во всей роте, кто ни разу даже пальцем не тронул их.

Но в чем он непреклонен с молодыми —

закаливание и спорт.

Есть у "мандавох" и водные процедуры, и обтирание снегом, и накачка мускулатуры. Дни здоровья каждый день. Поблажки Скакун не дает никому.

Сам отремонтировал заброшенную щитовую казарму, приготовленную было к сносу. Оборудовал там спортзал с самодельными штангами и блочными тренажерами. Уговорил Геббельса купить в Питере набор гирь и организовал секцию гиревого спорта.

Саня требователен и к самому себе.

Совершенно не умея ездить на лыжах, веселит народ на лыжных кроссах. Проходит пару шагов и заваливался, медленно, как могучее дерево, на бок. Встает, обругивает себя вслух и упрямо прет дальше. Падает, встает, ругается и одолевает еще несколько метров.

Пока не доберется до финиша — а это занимает не один час — отказывается сойти с лыжни.

И его ждут.

Саню любят и уважают.
Достаточно сказать, что во всех казармах на стендах возле тумбочки дневального висят фотографии Скакуна. Его атлетическая фигура демонстрирует разные формы одежды.

Особенно эффектно Саня смотрится в майке и трусах.

Со Скакуном я познакомился в начале зимы, когда слег в санчасть с бронхитом. Саня лежал там же, с жуткой ангиной. Кроме нас, в палате был завсегдатай санчасти Криня, из роты МТО. Тот самый, что огреб еще в первый день в части, за вещи в бане.

Криня давно ходит в чмошниках, я с ним не общаюсь еще после нашей драки в карантине. Скакун тоже не высказывал никакого к нему интереса.

Саня целыми днями читал, одалживая книги у фельдшера Кучера. Иногда просил принести что-нибудь из библиотеки. Как-то сказал мне, что стоя в нарядах, от скуки прочитал все тома Ленина.

Узнав, что у меня день рождения, сходил куда-то и принес небольшой кулек карамелек. Формально он был моим старым, на год старше по призыву. Кучер, в бокс к которому мы ходили по вечерам — осенник, старше меня на полгода. Никого из нас это не беспокоило.

С Саней мы играли в шахматы и беседовали. О наших городах и республиках, о жизни на гражданке и здесь. О спорте, конечно.

Именно Саня приучил меня к нему.

Служба останется позади.

Но не раз, ощущая ладонями шероховатость грифа, выжимая штангу с груди и переводя дыхание между подходами, я вспоминаю армейского друга — Саню Скакуна.

Солдата, атлета и отличного парня.

Сегодня — последний день "стодневки" наших старых. Завтра выходит приказ.

Приказ Министра обороны публикуют во всех центральных газетах. Наш полковой почтальон ефрейтор Пичуль притаскивает в такой день целый ворох "Известий" и "Правды". Газеты тут же расходятся по рукам, нетерпеливо листаются. По несколько человек склоняются над каждой. В найденное, наконец, заветное место жадно впиваются глазами. Читают вслух, сначала сами, смакуя каждое слово. Потом дневальный, из бойцов, залезает на табурет посреди взлетки и, с выражением, торжественно зачитывает приказ всем присутствующим.

Ко мне и всему моему призыву нынешний приказ тоже имеет свое отношение.

Увольняются те, кто были нашими старыми весь этот долгий год. Еще совсем немного — и Соломон с Бородой, Пепел, Дьяк — все они станут кошмарным сном, который попытаемся поскорее забыть.

И призываются те, для кого уже кошмаром будем мы.

Наши будущие бойцы, еще лохматые и непуганные, где-то бродят еще, пьют водку и тискают баб. И всего через несколько месяцев уже будут стоять перед нами, затравленно озираясь: А здесь их ждут не дождутся злющие черпаки Костюк и Кица, Бурый и Гитлер, Секс и:

Жду ли своих бойцов я?
Да. Жду.

К вечеру все принесенные в часть газеты будут валяться на полу ленинских комнат. Приказ об увольнении из них вырежут и вклеят в дембельские альбомы.

Но это все будет завтра. А сегодня, похоже, нас ждет веселая ночь.

Прошлой осенью, когда на дембель уходили Костенко и Старый, в казарме в ночь перед выходом приказа был жуткий бардак.

Ответственного за порядок лейтенанта еще до отбоя напоили и уложили в канцелярии.

Нас, бойцов, гоняли по различным поручениям то в столовую, то в соседние роты — готовился праздничный ужин.

Пили и курили в открытую, сидя на койках. Пять-шесть гитар по разным местам:

Я на гитаре взял аккорд в последний раз.
Салаги, встаньте! Эта песня — не для вас!
И пусть стучит осенний дождь по

мостово-о-о-й,
Я уезжаю в первой партии домой!..

Кроме традиционного "дембель в опасности!" и держания стен, Конюхов организовал особое развлечение.

Играли в "дембельский поезд".

Наша казарма в то время была на ремонте, и разместили нас в старой щитовой, тесной, низкой. Койки в два яруса, посреди взлетки столбы, подпирающие крышу. Барак, одним словом.

Две стоящие рядом двухъярусные койки — готовое купе. На них развалились пассажиры-дембеля. Из полотенец, развешанных на веревках, соорудили занавески.

"Внимание, внимание! Поезд "ДМБ-90 Осень" отправляется со второго пути! Повторяю! Поезд "ДМБ-90:" — гундосил Паша Секс голосом громкоговорителя.

На Кицу надели фуражку — он изображал проводника, разносил чай на подносе и поздравлял пассажиров с дембелем. Гитлер и Бурый махали за занавеской желтыми березовыми ветками — это проносящийся за окном пейзаж.

Мы с Черепом лежали под койками на полу, грохоча по доскам чугунными гантелями — были ответственны за стук колес и чучуханье поезда.

Удивительно — никого из нас тогда не тронули. Не пнули, не пробили фанеру и не навешали фофанов. Выспаться, конечно, не дали, но под утро, когда самих уже разморило, угостили куревом с чаем и отправили в койки.

В целом же, те осенники, хоть и не давали нам житья, и получали мы от них часто, были как-то справедливее, что ли: Добрее, если так можно сказать: Человечнее, в общем:

В отличие от наших нынешних старых.

Мне не повезло — отстояв в штабе двое суток подряд посыльным, я расчитывал остаться еще и на эту ночь. Но после развода появляется Кица.

Лицо у него мрачное, хотя и видно, что он доволен заступлением в наряд.

После обеда посыпал вдруг густой снег, и, похоже, будет идти еще долго. Вот тебе и весна, блядь. Но провести ночь на плацу, со скребком в руках, намного лучше, чем в казарме. Особенно сегодня.

— Как там? — я снимаю с руки повязку и протягиваю ее Кице.

Мы курим в туалете на первом этаже штаба.

— Хуево, — Кица выпускает дым в зарешеченное стекло. — Соломон с Бородой вжэ бухые. Хытлеру пызды за шо-то вкатылы... У мэнэ усе забралы:

— Много? — желая выразить сочувствие,

интересуюсь я.

* * *

У меня денег нет давно — на выдаваемые мне Родиной гроши сильно не разбежишься. Хорошие деньги — и потратить легко, и отберут если — не сильно жалко. Вот когда мама перевод прислала — целый четвертной, тогда обидно было. Только расписаться за получение и дали. Суки, все забрали. Не деньги жалко было — труда материного...

Пришлось написать домой, что денег хватает, и тратить их тут в лесу не на что...

Хохлам же переводы шлют часто, и посылки им приходят чуть не два раза в месяц.

При известной расторопности — а она у наших хохлов, особенно у Костюка, немалая, — можно даже что-то из полученного сохранить. Если посылка пришла не тебе — тоже есть шанс чем-нибудь разжиться.

Главное — твердость, быстрота реакций и наглость.

И, конечно, связи.

Выдаются посылки в штабе, в почтовом отделении. Ефрейтор Пичуль привозит их из районного центра Токсово, складывает в своей каморке и составляет список получателей.

Затем начинает обзванивать дневальных казарм. Диктует им фамилии счастливцев и назначает время получения.

Долговязый и сутулый почтальон имеет пунктик на пунктуальности, как говорит о нем Кучер. Каждому получателю назначается свое время, с интервалом в пять минут, во избежание толчеи, если верить объяснению самого Пичуля.

Приди ты хотя бы на несколько минут раньше или позже указанного им срока, будешь или ждать своего времени, переминаясь у барьера, или униженно клянчить, объясняя причину задержки.

С почтальоном стараются не связываться и отношения не портить — мало ли что: Перестанет твоя любимая письма получать от тебя, или сама замолчит на месяцы... Ну его на хер...

Первый солдат приходит ровно в шестнадцать ноль-ноль, расписывается в журнале и в присутствии дежурного по части или его помощника посылка вскрывается.

Дежурный проверяет ее на наличие спиртного и других неразрешенных уставом вещей. Как правило, на носки и всевозможные "вшивники" внимание дежурного не распространяется. Но у южан — а у нас служат несколько чурок и кавказцев — особо ретивые офицеры могут распотрошить, например, пачки с чаем в поисках наркоты.

И часто не без успеха.

За всем, конечно, им не углядеть, и всего не проверить.

Арсену анаша приходит в запаянных целлофановых пакетах, погруженных в банки с вишневым вареньем.

"Ай, хорошо!" — смеется маленький кабардинец, угощая косяком. "И пыхнуть можно, и на хавчик если пробьет — покушать есть! Умный у меня дядя, да?"

Спиртное, если имеется в посылке, изымается на месте.

Памятен единственный случай, когда присланный кому-то из хохлов отменный самогон, литра четыре, был вылит дежурным по части капитаном Потаповым в раковину умывальника. Пахло так хорошо и сильно, что даже из строевой и секретки вылезли, поводя носами, писаря и женщины-прапорщики.

Раковину эту еще полдня ходили нюхать все, кому не лень.

Каждый добавлял от себя лично что-нибудь новое в адрес дежурного.

"Ну, не мог я по-другому — Батя в дежурке находился, из Питера ему звонили!.." — оправдывался потом Потапов. Слушатели сочувственно кивали, улыбаясь. "Ну нельзя было иначе, неужели не ясно?!" — почти в отчаянии спасал свою репутацию капитан.

Обычно же спиртное изымается "на экспертизу", как говорит наш взводный. Воронцов настоял на введении в журнале выдачи посылок графы "командир подразделения". "В целях предотвращения хищений и злоупотреблений со стороны старослужащих", как объяснил он замкомандиру полка Геббельсу необходимость своего личного присутствия и контроля.

Тот, твердый борец с любой неуставщиной, легко согласился.

Эффект не заставил себя ждать. Старые действительно перестали кружить у почтового окна в день выдачи посылок.

Теперь первым расхищает и злоупотребляет сам взводный. Часто на пару с каким-нибудь лейтехой, помощником дежурного. Роются в солдатских посылках, ковыряются в них, потрошат: Бутылки, грелки, подозрительного вида банки — ничто не минует пристрастного ока.

В стране где на водку введены талоны, каждый грамм особенно ценен.

Вид у "экспертов" на следующий день обычно какой-то болезненный.

Главное при получении посылки тут же заныкать самое ценное — курево и часть жратвы.

Для этого лучше всего иметь знакомых среди штабных писарей — из строевой и секретной частей, из автомобильного управления и отдела ГСМ. За пару пачек чая, печенья или сигарет они с готовностью возьмут твой ящик на хранение. На худой конец можно попросить посыльного по штабу — а это всегда кто-нибудь из молодых нашего взвода — спрятать все до поры до времени где-нибудь в подвале.

Можно договориться и с самим почтальоном, но тот жадный, сука, и капризный. Выйдет дороже, да еще и упрашивать долго придется, унижаться.

Правда, однажды, еще в бытность во взводе Черепа, нам с ним пришлось обратиться к Пичулю, тогда еще не в конец оборзевшему и даже еще не ефрейтору.

Дело было под Новый год. Мы с Черепом в очередной раз тащили бачок с термосами в караулку. У глухих высоких ворот с "колючкой" поверху остановились, как и всегда, перекурить.

Череп рассказал о письме от брата. Тот написал, что вскоре Черепу придут посылки — целых три. С хавчиком, куревом хорошим и бухлом — "кониной".

"С коньяком, то есть", — объяснил Череп. "Че делать-то? Поможешь — бери че и скока хочешь: Для тебя — не жалко. Главное — чтоб этим пидорам не досталось!.."

С Пичулем мы лично знакомы не были, да и общаться с бойцами он скорее всего посчитал бы ниже своего достоинства.

Без представления кем-нибудь авторитетным и весомым было не обойтись.

Попросил об этом Кучера — единственного моего друга из влиятельных и могущественных людей части.

Кучеру я доверяю на все сто. К тому же, несмотря на небольшой срок службы, он, как работник санчасти и экстрасенс, имеет обширные связи и незыблемый авторитет.

Ключевые люди части — лица, наделенные определенной властью и ответственностью, располагающие разнообразными льготами и благами. Штабные, клубники, повара, хлеборезы, каптерщики, банщики, водители командирских машин, фельдшера — важнейшая солдатская каста. Люди, повязанные друг с другом деловыми отношениями и круговой порукой. "Скованные одной цепью, связанные одной целью", как поет "Наутилус-Помпилиус".

Если с ними в хороших отношениях — служба идет как надо.

Многие из них суки еще те, но надо отдать им должное — все до одного люди практичные, хваткие и сметливые, знающие цену себе и другим. Внимательные и серьезные.

Протекция Кучера не прошла незамеченной — ко мне стали относится теплее.

Чистое и по росту подходящее белье, лишний кусок белого хлеба в пайке, выполненная просьба купить что-нибудь в городе или врученное лично в руки письмо — все это вовсе не мелочи. Это здорово скрашивает жизнь.

"Ключевыми" же эти люди являются и в прямом смысле слова — у каждого из этой касты имеются символы успеха и власти — ключ и железная печать для оттисков.

Своего рода держава и скипетр. Только более практичные.

Ключ и печать носятся на узком и длинном кожаном ремешке, прикрепленному, в свою очередь, к поясному ремню на брюках. Время от времени, в минуты скуки и раздумий, символы извлекаются из кармана и раскручиваются в воздухе, то наматываясь на палец, то разматываясь с него с легким посвистом.

Искусство вращения ключами к концу срока службы достигает своего совершенства.

Кучер, местный интеллектуал, в шутку ли, всерьез, поделился как-то очередной своей теорией.

— Это достаточно просто, — разглядывая свою связку, говорит Кучер. — Ключ, по

Фрейду, безусловно, представляет собой ярко выраженный фаллический символ. Отечественная наука с этим не согласна, но и черт с ней. В армии отечественной науке все равно места нет. Демонстрация же собственного фаллоса или предметов, его заменяющих, с целью заявления собственной значимости характерна для всех примитивных культур. Смотри:

Кучер показывает мне журнал "Вокруг света".

На обложке — разрисованный какой-то белой грязью чумазый дикарь в особенной набедренной повязке — член вставлен в длинный, на подвязках, деревянный чехол.

— Длина строго регламентирована, — продолжает Кучер. — Грубо говоря, кто круче, у того и длиннее. Чтобы уважали.

Кучер задумывается.

— Надо будет провести исследование у нас тут. Замерить длину ремешков и учесть количество и размер ключей. Да, и не забыть про печати — круглый женский символ. Соединение двух начал. Обладание и демонстрация… — собирает на лбу складки Кучер, бормоча все более неразборчиво и помечая что-то в тетради. — Амплитуда раскачивания как заявка на прилегающее пространство: Позвякивание, как звуковое извещение:

Я думаю о Воронцове, нашем взводном и по совместительству — коменданте штаба. Ключей у него на разного вида кольцах — штук тридцать — сорок.

"Ключи от женских сердец!" — потрясая связкой, игриво говорит Ворон штабным дамам.

Этой же связкой он ловко орудует, проходя вдоль шеренги, выстроенной по команде "смирно!" и норовя попасть по яйцам.

У простого служивого никаких ключей нет и быть не может. Казарма, твой дом родной на целых два года, всегда открыта.

Ходи, куда прикажут, и исполняй, что скажут.

После представления одному из ключевых — почтальону, вопрос с посылками Черепа решился без особых проблем.

План наш был простой.

С почтальоном пришлось поделиться. Пичуль, шнурок, только назначенный тогда на должность, был труслив, но жаден.

Согласился он легко — куш был хороший. Армянский коньяк, блок "Мальборо", и куча домашних консервов.

Привезя в штаб посылки Черепа, почтальон аккуратно вскрыл их у себя в каморке и спрятал все ценное в шкаф. Посылки же набил до отказа принесенными мной из чипка сушками — килограммов шесть ушло.

Так же аккуратно посылки были закрыты и даже залеплены сургучом.

В назначенное время Череп в сопровождении Воронцова и дежурного по части явился в штаб.

Дождался своей очереди.

Пичуль с невозмутимой рожей поддел гвоздодером крышку первой коробки, затем второй и третьей.

Воронцов непонимающе порылся в сушках и переглянулся с дежурным. Тот порылся тоже, и даже попробовал одну сушку на вкус.

— Че за херня, а? Солдат? Тут, что ли, говна этого купить не можешь? Или у вас там в Хохляндии больше нету ничего? — дежурный был явно удручен.

Череп, закрывая посылки и ставя их одну на одну, покачал головой:

— Главное, товарищ капитан, для солдата — простое человеческое внимание из дома. Сушки есть — и на том спасибо.

Только разве что не подмигнул им обоим.

Кица забирает у меня повязку и мы идем на доклад к дежурному по части, дэчэ. В «аквариуме» куча народа – сам Батя инструктирует офицеров. Ночь сегодня предстоит трудная, судя по всему.

— Наряд принял? Никуда не уходил чтоб. Ночью тут будешь, — отмахивается от Кицы новый дэче.

Кица счастлив.

Нехотя возвращаюсь в казарму.

Но, оказывается, до меня никому нет дела.

В казарме — событие. Причем такое, что затмевает собой даже готовящуюся пьянку по случаю приказа.

Поймали вора.

Слава богу, вор оказался не из наших, взводовских, а «мандавошный». Саша Черникин, моего призыва. Щуплый, мелкий, с по-детски плаксивым почему-то всегда лицом. Размер сапог у него — тридцать шестой. Однажды дневальным пришла идея поменять ночью наши сапоги, и на подъеме вся казарма веселилась от души, глядя, как я бегу на построение в одних портянках, а Черникин, с трудом переставляя ноги, утопает в моих кирзачах чуть не по пояс.

Своей детской внешностью Черникин умело пользовался всю духанку. Многие старые опекали его — брали под свою защиту и даже подкармливали чем-нибудь из чипка.

Попался он случайно.

Одна из точек, куда заступают в наряд

«мандавохи» — так называемая техничка — серое здание возле склада ГСМ, напичканное аппаратурой связи и слежения. Из Питера, из института имени Можайского, к нам часто присылают офицеров для повышения квалификации. В этой самой техничке у них и проходят занятия. «Мандавохи» же заступают туда в наряд — по двое дневальных на этаж.

В техничке имеется подвал, который сегодня затопило из-за лопнувшей трубы. И при аварийных работах МТОшниками была обнаружена чья-то нычка. Под обычным для подвала хламом, среди ящиков и кусков фанеры лежали два вещмешка. А в них — штук десять наручных часов, ручки, блокноты, несколько электробрит, уйма хлястиков от шинелей, значки, пара кожаных ремней: Денег почти сто пятьдесят рублей — в основном трешками и пятерками. И пачка писем от родителей и девушки Оли на имя Черникина Александра.

После памятной драки отношения между ротой и взводом, как ни странно, нормализовались. Те не только принесли в нашу казарму мешки, но и не заныкали по пути почти ничего. Скорее всего, их самих «крысятничество» достало не меньше нашего.

Отпирался Черникин недолго. Мигом лишившись покровителей — а их вещей в нычке обнаружилось немало, сник и теперь стоит перед "советом стаи". Человек десять старых — среди них и наш Борода, закрылись в каптерке уже минут двадцать назад.

Те, кто опознал свое имущество, получили его назад. С остальным, а также с судьбой вора - «крысы», — разбираются.

Я и Паша Секс курим в сушилке. Паша разглядывает свои часы:

— Вот падла какая! Я уж попрощался с ними давно: Сука, без часов меня оставил на два месяца почти!.. А новые на что я куплю?..

— Хуйня, Паша! Через месяд-другой эти суки на дембель уйдут. Тогда и деньги у нас будут:

Паша пристально смотрит на меня.

— Хочешь сказать, у бойцов будешь отбирать? Как эти у нас?

Я докуриваю и выбрасываю бычок в окно:

— Я, Паша, хочу сказать, что у нас никто больше ничего не заберет. А будем ли мы забирать — время покажет.

Паша усмехается:

— В армии не время показывает. Люди показывают. Как в зеркале все. Какой ты есть на самом деле.

Обдумываю его слова. Вообще, Паша в последнее время стал склонен к философии. Не иначе, как Кучера влияние.

— Может, и так, — говорю. — Может, и зеркало. Только кривое. Помнишь, в парках такой аттракцион был? Видишь себя и думаешь — ну и урод, бля:

— И не смешно совсем, — соглашается Паша и выбрасывает свой окурок. — Пошли, посмотрим, кажется, Чернику вывели.

Торопливо выходим из сушилки и видим, как двое старых, подхватив с обеих сторон Черникина за руки, волокут его по взлетке в спальное помещение.

Ноги его скользят по доскам пола, голова болтается из стороны в сторону.

— Ну и отмудохали чувака!.. — говорит Паша, впрочем, без особой жалости.

Черникова оттаскивают в самй конец казармы и бросают на пол в проходе между койками. Вокруг собирается целая толпа. Никто не произносит ни слова. Лишь Черникин что-то невнятно мычит, и мы понимаем вдруг, что он не избитый, а просто вдребадан пьяный.

В недоумении переглядываемся. Это что, старые налили ему в честь приказа?

Из толпы выныривает наш Борода.

— Открывай! — командует Борода кому-то из мандавох.

Распахиваются обе створки окна.

Ближайшую к окну койку придвигают вплотную к проему.

Несколько человек хватают Черникова за руки и ноги и влезают на койку. Обмякшее тело вора висит почти на уровне подоконника.

Его начинают раскачивать под дружный счет присутствующих.

На счет «три!» Черникин вылетает в темноту и падает под окна роты МТО.

— Всем ясно? Напился боец, где — непонятно. Открыл окно и выпал неосторожно, — объявляет Борода. — Все, концерт окончен! Дневальный, звони в медпункт и дежурному.

— Бля, Борода, а нельзя было до завтра подождать, а?! — шипит Соломон. — Это же залет на всю часть, бля! Как приказ отмечать будем? Ты об этом подумал?

Борода невозмутим:

— Наказание должно быть скорым и неотвратимым. А за крысятничество — тем более. Не ссы, к ночи успокоится все.

К ночи не успокоилось ничего. Наоборот, прибыл командир роты Парахин, за ним наш Воронцов. Замполит с дежурным по части бегали по казарме, как угорелые. Парахин орал что-то про дисбат и бил дневальных кулаком в грудь. Дежурный по части, пожилой старлей, то и дело подбегал к окну, из которого выпал Черникин, свешивался из него по пояс, и, вглядываясь в темноту, причитал: «Суки! Ну, суки! Ну почему всегда в мое дежурство, а? То повесится какая-нибудь сука, то в окно выпадет, то вообще съебется — ищи потом! Суки, ну просто суки!» Всех выстроили на этаже. Поочередно вызывают в канцелярию —

где был, что делал, что видел или слышал.

Простояли почти три часа.

Черникина не жаль никому. Все как один повторяют: пришел пьяный, буянил, хотел блевануть в окно и выпал. Виноваты, не успели задержать. Обещаем исправиться.

Версия всех устроила. Тем более, что Черникин не умер, высота не та. Отделался лишь сотрясением мозга и что-то сломал себе. Ему могло бы повезти больше, попадись он на прошлой неделе — под окнами тогда лежали здоровенные сугробы. Но позавчера в части проходило «приближение весны», и теперь повсюду только мерзлая земля.

«Крысу» отправили в питерский госпиталь. Там он пролежал несколько месяцев, и в часть возвращаться наотрез отказался, устроившись в обслугу.

— Слушай, там просто какой-то отстойник для чмырей — то Холодец там зависнет, то вот этот теперь! — ухмыляется Паша Секс. — А мы туда с тобой попасть мечтали!.. На хуй, на хуй!..

Через год почти, ближе к весне, из Питера дошли до нашей глухомани слухи, что Черникин попался на краже и там. Но уже по-крупному — десятки комплектов белья, пижам, хозпринадлежностей, кучу лекарств — все это он загонял тамошним скупщикам, но кто-то стуканул и его взяли.

Так как хитрый и осторожный Черника связывался теперь исключительно с казенным имуществом, на этот раз никто его из окна не выкидывал. Его, кажется, судили, но чем дело кончилось, мы не узнали — ушли на дембель.

Приказ же свой наши старые обмывали на рассвете, по-тихому довольно. Без развлечений обычных — помдеж каждые полчаса в казарму заглядывал.

Повезло нам.

6.

Старые хлопают друг друга по плечам, спине, орут что-то радостное и подбрасывают в сырое небо шапки.

Приказ. Наконец-то. Мы ждали его не меньше. Дождались, бля. Теперь совсем немного осталось. "Чуть-чуть — и все!" — радуется Паша Секс. "Ага, чуть-чуть... Годик всего..." — отвечаю ему.

Хотя понимаю, о чем он.

Ходят слухи, что "нулевка" — самая первая партия дембелей — будет чуть не завтра-послезавтра.

Старые притихли. Разом все, как-то непривычно даже.

Доводят альбомы, готовят последние штрихи парадки.

Так же странно видеть их в подменке, чумазых, вкалывающих на "дембельском аккорде".

Смысл аккорда — задать дембелю нехилый объем работы без обозначения срока. Закончишь завтра — езжай домой послезавтра. Если аккорд примут, конечно.

Аккорды бывают индивидуальными или групповыми. Ремонтные работы, стройка, иногда — подготовка замены, обучение младшего призыва.

Водилы из роты МТО чинят и "пидорасят" технику. Мандавохи целыми днями роют траншеи под кабель и не вылезают с техничек. Мазута облагораживает спортгородок и укрепляет полосу препятствий. Повара штукатурят и белят столовую. Подсобники строят теплицы и латают крышу коровника. Даже писаря носятся по штабу и усиленно шелестят бумагами.

Наши ремонтируют крыльцо КПП. Самоху, Дьяка и Пепла взводный озадачил ремонтом караулки и губы.

Бойцы под руководством Бороды учат наизусть «Устав гарнизонной и караульной службы» и сдают нормативы.

То и дело схватывают «лосей» и в «фанеру». Совсем как мы полгода назад.

За выполнением дембелями аккорда следят пристально. Припахивать молодых не дают.

Но нас все равно припахивают.

Правда, по мелочам и урывками — Ворон обещал конец июня, если зажопит.

Дембеля не то, чтобы с душой работают, но и не косят. Некоторые даже входят в азарт, мало понятный нам, молодым.

Чем-то напоминают они мне персонажей "Мертвого дома". Там тоже люди стремились аккорд получить, "уроком" называли его. Правда, всего лишь на день он выдавался. А пообещай им свободу — тайгу бы всю спилили. Горы свернули бы.

Но горы горами, а дел хватает у них и в казарме.

Альбомы делают не все, но большинство. Изготовление альбома негласно поощряется командованием — лишь бы солдат был занят чем-нибудь. Работать дембель все равно не будет, на всех аккордов не сделаешь. А так хоть не мается от безделья. Творит, можно сказать.

Бывает, правда, придираются к фоткам —

снимать что-либо в части запрещено.

Часто ротный или наш взводный крушат все в спальном помещении, срывают белье и переворачивают койки, выбрасывают все содержимое тумбочек в проход. Это называется "наведением порядка". Единственная вещь, которую они не тронут, не растопчут и не выбросят, а прикажут лишь сдать в каптерку — дембельский альбом.

Святая для солдата вещь. В нее он вложил всю душу, весь талант, что имел. А если не имел, то развил. А если и этого не смог, то сумел договориться с полковыми мастерами, проставился на курево, хавчик... Разыскал талант среди молодых и опекал его, не давал в обиду.

Короче, лучше — не трогать.

Художники, такие как Вовка Чурюкин, в большом почете. Стенгазеты, плакаты и боевые листки — лишь антураж. Художники заняты настоящим делом. Они создают вещь, которая делает воспоминания о службе приятными.

Дембельский альбом — вещь гламурная. В нем нет места говну первого года. Все возвышенно и пафосно, до уровня кича. Как того и требует простая солдатская душа.

Мы слышали, в соседних частях, в Гарболово, тамошние ВДВэшники вклеивают в свои альбомы фотографии, где они развлекаются с молодыми. Отрабатывают на них удары, выстраивают голыми на подоконниках:

"Это, блядь, пидорство какое-то!.." — плюется Борода. "Уроды. Это они кому — папе с мамой покажут? Или друзьям? Да со мной собаки в Бендерах здороваться перестанут!"

Альбом — дело кропотливое. Времени на него уходит немало. Но это скорее плюс, чем минус.

Прежде всего, покупается большого размера альбом для фотографий. Обычно альбомы привозят из Питера водилы из роты МТО или почтальон. Надо лишь договориться и подогнать пачку сигарет с фильтром.

Можно альбом получить и бесплатно, но это дольше, и не каждый может. Есть перечень награждений за отличную службу. Отпуск на родину, фотография с оружием на фоне Боевого Знамени части. Еще какая-то срань, типа грамот. Есть и «награждение ценным подарком». Обычно это дешевые наручные часы, электробритва, или невообразимо вонючий одеколон «Фор Мэн».

Одеколон дарить перестали после частых случаев распития этой жидкости «для мужчин» — одного фунфыря хватало как раз на троих. И тогда парфюмерию решили заменить фотоальбомами.

Подарок пришелся как нельзя кстати,

особенно для солдат-отличников из «колхарей». Прижимистые дети крестьян избавлялись таким образом от переговоров с ушлыми водилами и дополнительных трат.

Листы из альбома аккуратно вынимаются и «тушуются». Нужно достать через художников или штабных несколько пузырьков черной туши. Специальной кисточкой, или просто куском ваты, тушь равномерно наносится на обе стороны листа. Особое умение требуется при просушке листов — чтобы они не покоробились, и тушь с них не посыпалась.

Обложку же упрочняют и утолщают при помощи плотного картона. Затем обтягивают тканью — красным плюшем. Его обычно или покупают, или отрезают от клубных штор. Мечта каждого — заделать обложку из знамени части. Так как штор на всех не хватает, а знамя под охраной, то имеется другой вариант — шинельное сукно. Смотрится аскетичнее, но имеет свой брутальный шик. Не везет лишь тем, от полы чьей шинели ночью отхватывают необходимое количество.

Когда листы высохли, начинается их художественное оформление. Нанесение текстов, рисунков и просто «забрызга». Последнее действо открыло мне тайну постоянных пропаж зубных щеток из тумбочек.

Мыло, зубная паста, даже бритва — это я понять мог, но кто и зачем упорно пиздит зубную щетку — оставалось загадкой, пока не увидел процесс «забрызги».

В баночку с гуашью — синей, желтой, красной — опускается зубная щетка. Затем ее извлекают и аккуратно стряхивают лишнее. Держа инструмент под особым углом к листу, художник проводит пальцем по щетине бывшего предмета гигиены. Сотни мелких брызг слетают на затушеванный лист, образуя млечные пути, разрывы салюта, и просто красивые узоры. Места, где будут наносится тексты и рисунки, прикрываются бумагой.

Из этой же бумаги можно вырезать какой-нибудь силуэт — от голой бабы до стоящего на посту солдата, наложить на лист и забрызгать все остальное. После бумага убирается, и ты видишь черную фигуру на фоне звездного неба или северного сияния.

Красиво. Только щетку надо новую теперь где-то достать.

Следующий этап — рисунки и тексты. Чаще всего художник не ломает себе голову, а переводит рисунок с имеющегося у него образца. Такие образцы хранятся на кальке. Обычно это всевозможные ордена, георгиевские ленты, розы, «калашниковы», геральдические щиты и все в таком роде.

Выдавленный на черный ватманский лист рисунок раскрашивается затем гуашью.

Некоторые хотят, чтобы альбом был настоящим произведением искусства, то есть отличался от всех остальных. Происходит настоящий интеллектуальный поиск. В сезоны массового оформления дембельских альбомов особенно страдает полковая библиотека. Все журналы и книги перелопачиваются пытливыми умами.

Заинтересовавшие читателя картинки выдираются и относятся на консультацию к художнику.

Хоть я и далек от рисования, но опыт в живописи уже имею. С осени еще, по духанке.

Конюхов — мордатый здоровенный осенник, был известным "мастером фофанов". Отвешивал их по любому поводу, часто и без. Пальцы толстые, мясистые. Если влепит больше десяти — голова полдня гудит.

Свою фотографию в парадке с аксельбантом, тельняшке и иконостасом на груди он затеял поместить в начале альбома, но маялся по поводу оформления. Не хотелось ему ничего из набора местных художников.

"А ты возьми вон, с сигарет. Переведи и увеличь", — посоветовал ему я.

Конюхов внимательно изучил рисунок на пачке. Лев и единорог держат увитый лентами щит. "А в центре фотку свою поместишь," — добавил я и тут же пожалел.

Инициатива наказуема исполнением.

Конюхов сжимает мое плечо и заглядывает в лицо. «Тайком сможешь сделать? Для меня? Чтоб никто не узнал, а? А то идею спиздят...» «Не, я не умею...» — пробую выкрутиться.

«Пизды дам!» — подкрепляет просьбу Конюхов. «А так — завтра в наряд вместе заступим, за ночь сможешь сделать? Ты ж студент, уметь должен. А то как вот этими...» — Конюхов растопыривает толстенные пальцы и шевелит ими, с сожалением рассматривая. «Слышь, боец, ну сделай, а?» Я впервые вижу просящего, да еще с жалостным лицом, Конюхова. Искусство облагораживает человека.

Я в жизни не держал в руках пера для рисования и никогда не имел дела с гуашью. И в школе по «изо» у меня всегда был трояк с натяжкой.

«А снег чистить кто будет?» — делаю еще одну попытку.

«Я почищу», — быстро отвечает Конюхов. Опешив, поправляется: — Бойцов вызовем!»

«Ладно», — сам себе не веря, отвечаю я. «Попробуем».

В голове у меня вертится бессмертное: «Киса, я хочу вас спросить, как художник художника...» Хотя Остапу-то что — его просто с парохода ссадили. Фофанов ведь ему никто не вешал.

Не ожидал, но — получилось. И свести рисунок, и увеличить его, и перевести на ватман, и даже раскрасить желтой гуашью.

Конюхов был счастлив, как ребенок. Не тронул меня ни разу больше, до самого дембеля.

Замечаю — чем здоровее и брутальнее человек в форме, тем быстрее и легче он впадает в детскую радость от какой-нибудь незатейливой херни. Светлеет лицом, преображается. И наоборот, такие доходяги как Мишаня Гончаров или Гитлер будут недовольны всегда и всем, даже собственным дембелем. Для них есть особое выражение – «злоебучие».

Среди людей действительно сильных таких я не встречал.

Когда с рисунками покончено, приходит черед каллиграфии. Пишутся тексты.

На странице, куда потом будет вклеена повестка о призыве — если ее не сохранил, то пойдет и вырезанный из газеты приказ — пишется старославянским, реже — готическим шрифтом, что «Воевода Всея Руси Димитрий Язов указом своим призывает добра-молодца такого-то на службу ратную, для свершения подвигов доблестных и защиты Отечества от щит. "А в центре фотку свою поместишь," — добавил я и тут же пожалел.

Инициатива наказуема исполнением.
Конюхов сжимает мое плечо и заглядывает в лицо. «Тайком сможешь сделать? Для меня? Чтоб никто не узнал, а? А то идею спиздят...» «Не, я не умею...» — пробую выкрутиться.

«Пизды дам!» — подкрепляет просьбу Конюхов. «А так — завтра в наряд вместе заступим, за ночь сможешь сделать? Ты ж студент, уметь должен. А то как вот этими...» — Конюхов растопыривает толстенные пальцы и шевелит ими, с сожалением рассматривая. «Слышь, боец, ну сделай, а?» Я впервые вижу просящего, да еще с жалостным лицом, Конюхова. Искусство облагораживает человека.

Я в жизни не держал в руках пера для рисования и никогда не имел дела с гуашью. И в школе по «изо» у меня всегда был трояк с натяжкой.

«А снег чистить кто будет?» — делаю еще одну попытку.

«Я почищу», — быстро отвечает Конюхов. Опешив, поправляется: — Бойцов вызовем!»

«Ладно», — сам себе не веря, отвечаю я. «Попробуем».

В голове у меня вертится бессмертное: «Киса, я хочу вас спросить, как художник художника...» Хотя Остапу-то что — его просто с парохода ссадили. Фофанов ведь ему никто не вешал.

Не ожидал, но — получилось. И свести рисунок, и увеличить его, и перевести на ватман, и даже раскрасить желтой гуашью.

Конюхов был счастлив, как ребенок. Не тронул меня ни разу больше, до самого дембеля.

Замечаю — чем здоровее и брутальнее человек в форме, тем быстрее и легче он впадает в детскую радость от какой-нибудь незатейливой херни. Светлеет лицом, преображается. И наоборот, такие доходяги как Мишаня Гончаров или Гитлер будут недовольны всегда и всем, даже собственным дембелем. Для них есть особое выражение – «злоебучие».

Среди людей действительно сильных таких я не встречал.

Когда с рисунками покончено, приходит черед каллиграфии. Пишутся тексты.

На странице, куда потом будет вклеена повестка о призыве — если ее не сохранил, то пойдет и вырезанный из газеты приказ — пишется старославянским, реже — готическим шрифтом, что «Воевода Всея Руси Димитрий Язов указом своим призывает добра-молодца такого-то на службу ратную, для свершения подвигов доблестных и защиты Отечества от врагов окаянных...» Особенно смешно, когда это видишь в альбоме писаря, кочегара или хлебореза.

Примерно такой же текст, где воевода Язов благодарит богатыря за службу и сулит ему кучу благ, помещается в конце альбома, рядом с приказом об увольнении в запас.

На некоторых листах названия: «Друзья-однополчане», «Адреса друзей», «Казарма — дом родной».

Желтыми затейливыми буковками выводятся четверостишия о трудной, но доблестной службе и радостях дембеля. «И будут нам светить издалека / Не звезды на погонах у комбата, / А звезды на бутылках коньяка!»

Наступает самый ответственный момент. Все, что предполагалось изобразить, изображено. Теперь листы альбома нужно «залачить» — покрыть лаком.

Здесь главное — уверенная рука и чувство меры. Переборщишь — запорешь работу художника. Залачишь неравномерно — рисунки изменят свой цвет, будут бледные, или наоборот, ненужно яркие.

Часто сами проделывать эту сложную и нудную работу не решаются. Поручают ее своего рода специалистам. В каждой роте есть такие — лакировщики листов.

Листы затем вновь приходится сушить, и

сохнут они гораздо дольше, чем когда их затушевывали. Сушат листы обычно в каптерке, время от времени заботливо переворачивая, как хорошая наседка свои яйца.

Когда листы, наконец, высохли, желательно по их краям сделать из плотной фольги «кантик». Над цветом кантика подолгу размышляют, консультируясь с художниками. Золотой или серебряный? Иногда достают зеленую фольгу. Она почему-то ценится особо.

Теперь можно вклеивать фотографии, в заранее запланированные места.

«Самоделки» и студийные — когда в часть заезжал фотограф. Портретные и групповые.

Особая вещь — так называемые «кальки». Листы полупрозрачной бумаги, которыми проложены страницы альбома. Некоторые их оставляют чистыми. Но большинство предпочитает разрисовать. По традиции, на кальки наносятся карикатуры на армейскую жизнь. Пузатые генералы, лопоухие первогодки, мордатые и чубатые дембеля, голые бабы, военврачи, прапора-ворюги и многие другие в разных забавных ситуациях.

Листы собираются снова вместе, прокладываются калькой, склеиваются и соединяются с обложкой. Обложка украшается кокардой с фуражки, иногда, скромно —

генеральскими «листьями» по краям. Некоторые, на манер старинной книги, делают массивные застежки — из армейских ремней, кожаных, конечно. Бляхи для такой цели шлифуются сначала шкуркой, затем иголкой, после войлоком, потом бархоткой: У каждого свой метод.

Наконец, сзади, в левом верхнем углу, там, где на книгах указывается цена, можно проставить свою. Небольшими буковками, вырезанными из фольги, указать: «Цена — 2 года». Альбом готов.

Не меньше сил тратится и на то, в чем предстоит увольняться.

Парадка.

Здесь все зависит от сезона. Осенникам сложнее — приходится работать и над шинелью. Правильным образом подрезать ее, начесывать для придания особого ворса, пришивать офицерские пуговицы, зашивать заднюю складку, подклеивать к шевронам твердую основу, делать вставки под погоны и обшивать их белым кантом:

Тоже и с шапкой — уши ее подрезаются, сшиваются вместе. Сама шапка натягивается на специальный деревянный куб и тщательно отпаривается утюгом — для принятия формы "кирпичика".

Я так понимаю, чтобы подчеркнуть схожесть кирпича и головы.

Шапка, конечно, должна быть нулевой, то есть новой. Желательно — офицерской. Шинель — ни в коем случае не та, в которой ты таскался в наряды и под которой спал, где только придется. Тоже — только нулевая.

Китель и брюки относят в клуб или баню — где служат люди, наделенные портняжным талантом, свободным временем и местом для работы. Там проходят многочисленные примерки и подгонки парадной формы по фигуре. Нашиваются опять же уплотненные шевроны и особой, выгнутой формы погоны, с обязательным белым кантом. Сержантские лычки изготавливают из жести. Под значки — комсомольский или "Воин-спортсмен" — делают подкладки из красной пласмассы. Поэтому незадолго до этого из тумбочек изчезают все мыльницы красного цвета. Из всеми правдами-неправдами добытых парашютных строп плетутся аксельбанты.

Ранты ботинок обрезаются, каблуку придается скошенная форма — "рюмочкой". Если человек решает увольняться в сапогах, то их голенища подрезаются на треть почти, сминаются "гармошкой" и долгое время держатся под прессом, для закрепления. Некоторые идут дальше — приделывают на сапоги мини-аксельбанты, такие кисточки по бокам. Удивительно, что никто еще не додумался до шпор.

Козырек фуражки отпарывается и пришивается снова, но уже с большим углублением, для уменьшения его общей площади. Солдатская кокарда заменяется на офицерскую. В обязательном порядке на тулью приделываются наши ВВСные "крылышки". Из самой тульи вынимается придающий ей круглую форму обруч, внутрь набивается бумага и вставляется черенок от ложки. По бокам края головного убора прижимаются к его основанию. В идеале фуражка должна походить на немецкую, времен Великой Отечественной.

На груди дембеля должен имеется иконостас — от значка "Классность" до "Отличника БПП". "Классность", как и "Воин-спортсмен", он же "бегунок" — только первой степени. Хорошо бы еще добыть знак "Гвардия".

Основное правило — значков должно быть много. Кашу маслом не испортишь.

Те, кому их все же мало, разыскивают в городе по киоскам любые похожие на медали значки — к юбилею Ленина или съезда ВЛКСМ, например. В особой чести — полагающийся только офицерам нагрудный знак "Военно-космические силы" — те же крылья, на фоне взмывающей в небо ракеты. Такой знак прячется в укромном месте до дня увольнения. Похвастаешь раньше положенного — непременно спиздят.

Усовершенствованную парадку необходимо тщательно прятать, так как, в отличие от альбома, командование этого не одобряет.

Воронцов просто рвет ее в клочья сам, или заставляет сделать это хозяина формы. Более утонченный майор Парахин вешает обычно три наряда за порчу казенного имущества.

Все дембеля в день увольнения проходят обязательный инструктаж с осмотром внешнего вида у начальника штаба. Поэтому настоящая парадка прячется в военгородке в надежном месте, а для осмотра надевается форма самая обычная, кого-нибудь из молодых.

Потом происходит переодевание и отъезд. Только вот молодым их парадка не возвращается обычно, а просто скидывается в кучу где-нибудь за сараями.

Ходи потом и ищи.

Обижаться нечего — через полтора года ты сделаешь так же.

Редко, очень редко попадаются те, кто решает ехать на дембель в "гражданке" — обычной, цивильной одежде по сезону. Формально это не разрешено — до тех пор, пока ты не прибыл по месту приписки и не встал на учет в военкомате, ты — военнообязанный. А значит, должен носить форму.

Главное — не нарваться на патруль в Питере. Хоть ты и в гражданке, но ты уязвим. Обычно патрули пасут солдат в людных местах, например, на Невском, и конечно, на вокзалах. Вот там-то, возле воинских касс, где по выписанному в строевой части квитку ты получаешь билет до дома, тебя и могут повязать.

Странно, но к дембелям в неуставной форме патруль относится более снисходительно, чем если они вообще без формы.

7.

Через месяц, в середине апреля уже, начали увольнять наших старых.

Борода, как сержант, ушел в «нулевке».

Соломон страшно переживал, что он сам остается в части на неопределенное время. Борода пообещал ему не уезжать, а поселиться в гостинице военгородка и дождаться. «Только на день в Питер съезжу, затарюсь чем надо», — подмигнул Борода другу и больше в части не появился.

Соломон ходил черный от злости. Страшно поносил бывшего друга и достал всех.

Но его уже никто не слушает. Костюк и

Кица открыто пригрозили дать пизды. Соломон кинулся к Дьяку и Пеплу, те лишь отмахнулись.

Следом за нулевой партией идет первая — в ней уходят ефрейтора и отличники БПП. На нее и рассчитывают Пеплов и Дьячко, и связываться из-за какого-то молдавана им неохота.

Обычная угроза ротных дембелям-залетчикам, завсегдатаям "губы" — уволить их как можно позже, в конце июня. Мало кому нравится.

Остаться в меньшинстве, а то и один на один с людьми, над которыми ты целый год измывался — никого не радует. Случаи, когда вместо дома засидевшихся в части дембелей отправляли в госпиталь, говорят, бывали.

Шеренги на построениях редеют на глазах. Все больше и больше опустевших, незаправленных коек.

Становится как-то даже легче дышать.

Хотя служить стало труднее.

Мы не вылезаем из нарядов — людей стало меньше, менять нас некому. Я и Мишаня Гончаров не сменялись с КПП уже пять дней.

— Теперь, пока молодое пополнение не придет, не обучится, будете в нарядах, как говорится, не вынимая, — радует нас Воронцов.

— Духи придут, я их, блядь, за одну ночь

всему обучу!.. — шипит Бурый и даже щурится: — Ох, мама, они у меня попляшут!..

Дежурный по КПП прапорщик протягивает мне телефонную трубку:
— Тебя, из роты связи кто-то.

Звонит Скакун, сообщает, что его аккорд принят — он обустраивал спортзал. Завтра оформляют его документы.

Утром отпрашиваюсь у дежурного и иду к штабу. В принципе, автобус будет проезжать через ворота КПП и я увижу Скакуна по любому, но останавливаться они не будут. А я хочу пожать ему на прощанье руку.

Кроме того, есть еще одна причина. В партии с Саней Скакуном увольняется Соломон. Такое пропустить я позволить себе не могу.

У штаба уже стоит автобус. В нем несколько дембелей из "букварей" и "мазуты".

У дверей автобуса курит Соломон. Мне даже не верится, что через несколько минут он покинет нашу часть навсегда. И больше я никогда эту мразь не увижу.

Я еще не знаю, что ровно через десять лет я встречу его в Москве, на Каширском дворе. Еще более худого и сильно облысевшего, в ряду таких же, как он, молдаван-гастарбайтеров, с табличкой "Плитка. Паркет" в руках...

Меня Соломон не узнает, а я пройду мимо.

Соломон затаптывает сигарету и протягивает мне руку:

— Ну, давай пять! Уезжаю я!

Иду к дверям штаба.

— Э, я не понял, воин!.. — раздается мне вслед.

Останавливаюсь. А если навалять ему прямо под окнами штаба и дембельского автобуса...

Никто из дембелей за это чмо не вступится, я уверен.

Из штаба выходит Саня Скакун и еще пара увольняющихся «мандавох». В руках у них черные "дипломаты".

— Саня! — подбегаю к другу и мы обнимаемся.

Соломон затыкается и влезает в автобус.

— Держи, на память! — Скакун протягивает мне какую-то бумажку. — Писарь из строевой подарил. Я тебе на обороте адрес написал. Приезжай в Винницу — не пожалеешь!

Верчу в руках Санину фотографию — на ней он совершенно лысый, с вытаращенными глазами. Такие снимки делают всем в карантине и прикрепляют к личной карточке.

Сзади надпись: "Весна ДМБ-91 — весна ДМБ-92!" И адрес.

— Спасибо! — обнимаю снова друга. —

Удачи тебе!

— Спорт не бросай! И учебу! — хлопает меня по спине мощной рукой Скакун. — Помни: знание — сила!

— А сила есть — ума не надо! — говорим мы одновременно и смеемся.

Саня влезает в автобус и оборачивается:

— Кучера держись. С ним не пропадешь. Да, с другой стороны — ты сам на днях старым станешь! Но все равно — Кучеру привет большой передавай!

Машу ему рукой, и чувствую, как собирается под ребрами тяжелый ком. Тоска, тоска подбирается: А через полгода мне провожать Кучера:

Водила закрывает дверь и заводит мотор.

Скакун подмигивает мне сквозь стекло.

Где-то в конце салона виднеются знакомые очертания Соломоновой рожи.

Так и уедет ведь, не узнав...

Стучу по стеклу водительской кабины и показываю — открой дверь!

С шипением дверь открывается.

Запрыгиваю на ступеньку и кричу в салон:

— Соломон, сука! Помнишь, как ты меня за водой все время гонял, самому впадлу сходить было?

Все поворачиваются к Соломону. Тот, отвесив губу, непонимающе смотрит то на меня, то на остальных.

— Так знай, козел, что я тебе все время из параши черпал, — уже спокойно говорю я и спускаюсь на асфальт. — Все, езжайте! — говорю водиле.

Соломон вскакивает с места и бежит к выходу. Я вижу, как Скакун, не вставая, хватает его за шиворот кителя и отбрасывает назад. Из-за мотора не слышно, но по лицам дембелей видно, что они смеются. Машут мне рукой, некоторые показывают большой палец.

Автобус делает полукруг по штабному плацу и выезжает на дорогу, ведущую к КПП.

Только что нашу вэ-чэ покинули два настолько разных человека, что душа просто рвется от тоски и радости. Я не знаю, что мне делать. Смеяться или плакать, как говорил поэт:

Задумываюсь. Действительно так говорил поэт? Если да, то какой? Когда, где?

Не помню. Может, и не говорил он так... Ну и да хер с ним...

Мне пора на пост.

Прошла неделя.

Сегодня заступаем на КПП. Со мной идет Паша Секс и Колбаса — сержант Колбасов.

Колбаса спит на своей койке.

Мы с Сексом подшиваемся в бытовке.

— Лариска должна зайти, — говорит Паша.

Лариска — местная проблядь из военгородка, дочь прапорщика Кулакова со склада ГСМ. Двадцати лет бабе нет, а выглядит как за тридцать. Но сиськи большие. И жопа есть.

Нам она нравится. Добрая, веселая. И выпить — местного самогону, и курево, и хавчик всегда с собой приносит. Нас угощает, не жадная.

— К Колбасе, что ли? — спрашиваю Пашу.

— Сегодня Укол с ней добазарился. Опять набухаются ночью... А знаешь, кто дежурным по части заступит? Парахин, блядь! Точно говорю — припрется с проверкой к нам. Залетим!

На КПП имеется комната для свиданий. Со столиком и лавками. Фикус в кадке в углу. Занавески синие. Фотообои на стенах — березовая роща.

Там-то Лариску и ебут, кто с ней договорится. Берет она немного — четвертной. Учитывая, зто выпивку и закусь покупает сама, вообще хорошо.

— Паш, а ты-то как, с Лариской, не хочешь? А то кликуха-то у тебя вон боевая какая! Оправдывать надо!..

Паша откладывает китель и вздыхая, смотрит в окно.

— Ты ж знаешь, я Ксюху свою люблю...

Берет китель и вновь откладывает. Мечтательно улыбается:

— А вообще, хоть Лариска и блядь, а есть

в ней что-то такое. Солдату нужное... Простое и надежное.

— Как сапог кирзовый, да? — говорю я. Оба смеемся.

В бытовку, приоткрыв дверь, заглядывает Вася Свищ и тут же исчезает.

— Чего это он? — спрашиваю я.

Паша пожимает плечами. Вновь принимается за подшиву.

— А ты бы с Лариской смог? — говорит он, продевая иголку.

— Не знаю. Чего тут не мочь — гондон одевай, и вперед. Будут деньги лишние, посмотрим: Меня на гражданке никто не ждет.

— Чего так? Тебе же писала какая-то. Жанна, что ли?

— Яна. Яна Пережогина. Русская, но из Таллина. В общаге живет, на Вернадского. Ох и зависал я у нее, Паш! На дембель приду когда, она уж пятый курс закончит. Может, и не увидимся с ней. Да и не надо. Мне пацаны с курса писали, она с другим давно. Там, в общаге, знаешь какой бордель — мама, не горюй!

— Мои сочувствия! — говорит Паша. — Солдату, хоть и нужна блядь, но — здесь нужна. А дома чтобы настоящая девчонка ждала.

— Кому как. Вон посмотри, сколько чуваков маются. Ждет — не ждет, пишет — не пишет: А мне — по барабану. На филфаке девок много. Вернусь — один не останусь. А так — спокойнее.

Дверь бытовки снова приоткрывается и теперь заглядывает проснувшийся уже Колбаса:

— Подшиваетесь? Ну-ну. Не спешите особо. В ленинскую зайдите оба.

Колбаса исчезает.

Мы с Пашей переглядываемся.

— Я так понимаю... — говорит Паша.

— И я так понимаю, — отвечаю я. — Пошли.

В ленинской комнате никого, кроме Колбасы и Свища. Ремни у них сняты, концами намотаны на руки. Оба ухмыляются и помахивают бляхами.

Нас будут переводить в черпаки.

— Ну что, кто первый и смелый? — гогочет Колбаса и вдруг со всего размаху лупит ремнем об стол. Мы с Пашей вздрагиваем. Звук получается эффектный.

— Иди ты! — подталкивает меня в бок Паша.

Оно и к лучшему — быстрее отделаюсь.

— Что делать-то? — спрашиваю я.

— Ляхай на стол, — широко улыбается Вася, растягивая ремень.

— И считай. Сам, чтоб мы не ошиблись! — добавляет Колбаса.

Я укладываюсь на стол, хватаюсь за края

и поворачиваю голову к Свищу:

— Слышь, ты только полегче там! Силы-то у тебя:

Я не успеваю договорить — мою задницу припечатывает бляха Колбасы.

Больно — пиздец!

— Раз! — кричу я.

Еще удар.

— Два!

На пятом боль становится ровной — лишь слышу звучные шлепки и Васино мясницкое «хыканье».

Продолжаю считать:

— Десять! Одиннадцать! Двенадцать!

Все. Двенадцать раз по жопе. По числу отслуженных месяцев.

Все. Я — черпак.

Скатившись со стола, натягиваю штаны. Это зимой, став шнурками, мы бежали прислониться к холодной стене. Черпак боль переносит стойко.

— Молодец, — Колбаса раскуривает сигарету и передает мне. — Держи, помогает. Секс, давай на стол!

Пашка укладывается, и начинает считать удары.

Колбаса и Свищ лупят со всей силы, и мне даже не верится, что только что через это прошел я, и вот теперь почти спокойно курю и наблюдаю за другом.

Наверное, я становлюсь настоящим солдатом.

— Двенадцать! Все! — кричит Паша и живо вскакивает, застегивая штаны. — Бля, Вася, ты зверюга!

Паша осторожно ощупывает свой зад.

— На, — протягиваю я ему сигарету. — Добей, Колбаса сказал, помогает!

Мы все смеемся.

— Я думал, хуже будет. А так — ничего даже пока не чувствую, — говорит Паша, торопливо затягиваясь.

Мы опять смеемся.

Своей собственной задницы я тоже не чувствую.

Вася и Колбаса пожимают нам руки и выходят из ленинской. На пороге Колбаса оборачивается и говорит:

— Теперь можете подшиваться по-черпаковски.

Значит, в несколько слоев, с одним «флажком» по краям — как отслужившим один год.

Сами Вася и Колбаса со вчерашнего дня старые, они подшиваются с двумя «флажками».

И это совсем не мелочь.

И мы, и они — старослужащие.

Мы с Пашей снова в бытовке. Стоя, прилаживаем к воротникам подшиву. Старую, по-шнурковски пришитую было, мы отодрали.

— А кстати, та девчонка, ну, Яна Пережогина... — я продеваю нитку в игольное ушко. — Мне ребята написали, она теперь с парнем одним, с младшего курса. Знаешь, какая фамилия у парня? Не поверишь — Недопекин! Кулинары, бля!

Пашка запрокидывает голову и раскатисто смеется.

У меня то ли дрожат руки, то ли мешает смех — роняю китель на пол и смеюсь вместе с другом.

Все — хуйня.

Главное — худшее позади.

Мы — черпаки.

ЧАСТЬ ЧЕТВЕРТАЯ.
ЧЕРПАЧЕСТВО

1.

Сегодня — трудный день. Не КПП, а проходной двор. Дверь хлопает ежеминутно. Куча гражданских снует туда-сюда. Целый день стреляем у них сигареты и жратву. С каждым рейсовым автобусом приваливает целая толпа новых. Папы, мамы, девки иногда, даже бабушки и дедушки.

В части — событие. Молодое пополнение принимает присягу.

Кончился духовский карантин.

Оттопало их стадо по плацу у клуба, под ругань Арсена — тот лычки младшего получил и у духов отделением командовал. Отбегали они свое на полигон и спортгородок.

Кончилась их халява.

На нашем столе — гора печенья, куча банок сгущенки, несколько батонов полукопченой колбасы. Под столом, за ящиком

— пара пузырей водки.

Сала нет — в этом году с Украины никого не набрали. Не дает больше самостийная держава своих граждан нам, москалям. Весь призыв с Урала и Поволжья.

Раньше мне казалось, что на Урале живут крепкие, могучие люди. Закаленные суровым климатом и жизнью. Но взглянул на марширующую в столовку карантинную роту, и стало ясно — если на Урале богатыри и есть, то в армию они почему-то идти не спешат. Духи, как один — тощие, маломерные. Плечи узкие, шейки тоненькие. Про таких говорят — соплей перешибешь.

Я вспоминаю гигантов Рыцка и Зуба, толстого и сильного Конюхова, от чьих фофанов гудела голова, сержанта Костенко с фактурой племенного быка, культуриста Саню Скакуна, и даже нашего некрупного, но жилисто-мускулистого Бороду. Могучий Вася Свищ дослуживает последние полгода. Да и у нас в призыве хватает впечатляющих людей — Сито и Череп из роты МТО, или вон Костюк наш как заматерел, черпаком став. Кица, тот тоже, похудев поначалу, опять в толщину пошел.

Может, и эти откормятся, когда послужат немного?..

Хотя вряд ли. Со жрачкой у нас херово. В апреле вообще кормили одной квашеной капустой и хлебом. На завтрак капусту подавали обычную, на обед — вареную, а на ужин, ее же, капусту, только жареную. Из хлеба пару недель вообще одну чернуху жрали. Воротили морды поначалу, потом точили, куда денешься.

Удивляют солдаты, которых переводят иногда к нам с Байконура. Те не только капусту уминают, а еще и за добавкой бегут. Едят они странно — наклонясь над тарелкой, быстро-быстро черпая ложкой. Левой рукой огораживают тарелку, словно боясь, что отнимут.

Их там, у казахов, похоже, вообще не кормили.

В чипке голяк полный, даже пересохшие «полоски» раскупили давно, а завоза все нет.

Спасает одно — хозяйственный сектор в военгородке, «шанхай». Куча сарайчиков и гаражей с погребами.

Осторожно подворовываем оттуда по ночам, не наглея. Если есть деньги, а с уходом старых они появились, просим водил закупиться в Токсово или Питере.

Подсобники из полковых чухарей-чумаходов сделались важными людьми, блатными.

Повара-шнурки, вчерашние духи, в силу вошли, ведут себя борзо, наглеют. Могут послать и старых своих — дело неслыханное раньше.

Сам о себе не позаботишься — на казенном харче долго не протянешь. Не самый хороший год для страны. Девяносто первый.

Кица заваривает в банке чай.
— Бля, даже не верится! — говорит он, откусывая прямо от батона колбасы. — Прикинь, мы с наряда сменимся, а в казарме — наши бойцы! Наши!

За окном КПП — яркое солнце. Зеленая ветвь березы, покачиваясь на ветру, шуршит по стеклу.

Настроение у нас приподнятое.
— Кица, ты бойцов будешь ебать? — спрашиваю я друга, открывая банку сгущенки.

Перестав жевать, Кица смотрит на меня несколько секунд.
— Ох, как буду! — наконец, отвечает. — Как и меня в свое время, так и я их. А ты что, нет?

Мотаю головой:
— Не, я не буду. У меня на мужской пол не встает!

Кица замахивается на меня батоном:
— Да пошел ты!..

Смеемся и смотрим на часы. До сдачи наряда — два с половиной часа.

Лето. Нежаркое в этом году, недождливое.

На майские щедро раздавали лычки. Арсен получил младшего, Колбаса стал старшим. Мне и двум хохлам — Свищу и Костюку — повесили по сопле на погон. Дочери у моих родителей нет, так что будет сын ефрейтор.

Из новшеств — весной всех переодели в "афганку", и теперь нас трудно отличить от курсантов Можайки, наезжающих в часть на "войнушку". Но тем вскоре приказали нашить на погоны полоски и буквы "К", чтоб отличать все же.

Смешно — на мой взгляд, солдата по роже всегда видно.

Что злит — нам пришлось проходить полгода застегнутыми на крючок под горлом. В "афганке" крючка нет, и духам неслыханно повезло. Многие наши уже призадумались — как компенсировать несправедливость.

Вторая досада — в новой форме плоские пластиковые пуговицы. "Орден дурака" с пары раз не набьешь, как Роман у нас в карантине умел.

Кто-то в шутку предложил заставить духов пришить пуговицу от пэша — все равно все скрыто тканью. Посмеялись и снова задумались.

Седьмой час.

Наряд принимают шнурки — Белкин и Мищенко с Ткачом. Старшими у них Мишаня Гончаров и Сахнюк.

Сахнюк, как всегда, долго и нудно проверяет каждый закуток. Жадно поглядывает на свертки с хавчиком.

Оставляем смене половину раздобытого.

Сменившись, идем в казарму. Кепки у нас сдвинуты на затылок, на ремнях болтаются штык-ножи. Форма белесая, застиранная. Каждую неделю драили, с хлоркой.

Мы — черпаки. Бывалые солдаты.

И духи, в новеньких парадках гуляющие по части со своими родителями, это прекрасно видят. Смотрят на нас пугливо. Кто-то из них попадет к нам во взвод.

После ужина я, Паша Секс и Кица заруливаем в курилку. Там на лавочке небрежно сидит Череп, расстегнутый почти до пупа. На его погонах — сержантские лычки. Череп недавно вернулся из учебки.

— Ваши уже пришли? — пожимая нам руки, спрашивает Череп.

— Хер знает, наверное, пришли: — Паша кивает в сторону входа в казарму. — Вон, видал — Костюк утерпеть не смог, уже поперся "бачиты-шукаты".

Череп длинно сплевывает в сторону.

— Я своих уже видел. Чмошники одни: Одному даже въебать пришлось — тормозит, сука: Курить будете?

Череп протягивает пачку "Мальборо".

Под дружное "О-о-ооо!" угощаемся и усаживаемся рядом.

— Ты не круто начал, Санек, случайно? — говорю я Черепу. — Их родаки еще не все уехали. Потом, у людей присяга только прошла. Не порть им праздник. Помнишь, нас в первые дни ведь не трогали.

Череп резко разворачивается ко мне:

— Я случайно ничего не начинаю, понял? Или ты думаешь, я их конфетками угощать буду, да?

— Меня Скакун угощал. И ничего, не переломился.

Череп встряхивает челкой:

— Меня не ебет никакой там Скакун! У меня в роте будет по моим правилам! А этим чмырям только на пользу пойдет! Как там нас заставляли говорить, помнишь?

— "Нас ебут, а мы крепчаем", — киваю. — Такое не забывается.

— Вот и я о том же, — Череп встает. — Ладно, пора мне! — машет он нам рукой и направляется к казарме.

Дверь за ним захлопывается, и до нас доносится его зычный голос:

— Ду-ухи-и! Ве-е-шайте-е-есь!

Докуриваем и поднимаемся.

— Ну что, пошли и мы тоже? — подмигивает Кица.

В казарме нас встречает Костюк. Рот у него до ушей. Вид — самый счастливый.

— Ты тилькы подывысь! Це наши бойцы! — радостно гогочет Костюк и тычет пальцем в стекло бытовки. — Пидшэваются! Можэ, и наши нехай пидишьють?

Сашко возбужден.

Это — переломный момент в нашей службе. Мы — самый злой народ в армии. До хуя прослужили, до хуя осталось.

А это — наши бойцы. Вешайтесь, духи:

— Пойдем, Сашко. Пощупаем братву.

Заходим в бытовку.

Бойцы, как один, откладывают кителя и встают.

Лица — рыхлые, бледные и настороженные. Какая-то угодливость в их глазах. Блядь, неужели, мы такими же были год назад?.. Быть такого не может.

Может. Так оно и было.

Они не лучше и не хуже. Они — бывшие мы.

Именно за это начинаешь ненавидеть их.

Вид у меня правильный. «Афганка» расстегнута на три пуговицы. Ремень, где ему и положено. Надраенная и сточенная до гладкости бляха загнута по-черпаковски. На сапогах — подковки. Ими-то я и царапаю паркет бытовки, проходя к окну.

Взгляды бойцов прикованы к моим сапогам.

«Нехуево таким по ебалу получить!» — как говорил Вовка Чурюкин в первую нашу ночь в этой ебаной части.

Ну, посмотрим, кто вы, да что вы:

— Здорово, пацаны! — улыбаясь, присаживаюсь на подоконник.

Бойцы переглядываются и нестройно отвечают:

— Здравия желаем, товарищ ефрейтор!

Вспоминаю сержанта Рыцка и выдаю бойцам:

— Я. Вам. Не ефрейтор. Я. Товарищ черпак. И я. Вас. Буду ебать. Сигарету.

Четверо суетливо вынимают из карманов пачки сигарет и протягивают их мне.

"Ява", "Космос", "Родопи", "Полет".

— Ты подъебал меня, воин, что ли, со своим "Полетом"? Дедушке своему без фильтра хуйню подгоняешь?

Сам себе не верю. Мне через год на гражданку. В универ опять. Меня же не примут обратно. Я же по-другому уже общаться не смогу. Как я декану скажу — "не понял, блядь, где приказ о моем зачислении? Минута времени — курю, удивляюсь — я снова зачислен! Время пошло, родимый!"

Но это будет лишь через год — срок огромный. До этого еще надо дожить. А пока...

Отбираю у бойца всю пачку "Космоса" и подмигиваю:

— Откуда сами будете?

Бойцы — их всего семь человек — наперебой отвечают:

— С Челябинска... Пермь... Свердловские...

Двое оказываются из Московской области. Один из Люберец, другой из Пушкина. Земляки почти.

— А, Люберцы... — киваю. — Слыхали, слыхали... Хорошо вы Москву держали раньше! Правильно. Москвичи — народ говеный. Здесь их никто не любит. Считайте, повезло вам, что никого с Москвы нет.

Тот, что из Люберец, клюет на это:

— У меня много пацанов на Арбат и в Горького на махач ездили! И я пару раз за город с ними в Москву выходил. А то живут там, суки...

Оглядываю его. Парень не качок, но и не хилый совсем чтобы уж. Хоть кто-то нормальный в призыве есть:

— Как фамилия? — спрашиваю его.

— Рядовой Кувшинкин! — по-уставному отвечает боец. — Товарищ черпак, а вы сами откуда?

— Я-то?.. Я, ребятки, как раз оттуда, где живут они, суки.

Кувшинкин сглатывает и оторопело смотрит на меня.

— Что? — усмехаюсь. — Ну, пойдем, земеля.

— Куда?.. — упавшим голосом спрашивает боец.

— За мной, куда же еще, — подхожу к двери.

Мы с Кувшинкиным выходим и я веду его в спальное помещение.

Костюк, Кица и Секс остаются в бытовке. "Как служба?" — слышу голос Кицы.

Кувшинкин следует за мной и пытается объясниться:

— Товарищ черпак! Товарищ черпак! Вы меня не так поняли... Я...

Поднимаю руку:

— Спокойно, зема! Солдат ребенка не обидит!

Проходим между койками и останавливаемся возле моей.

— Вот эта, — показываю на соседнюю койку, — ничья, пустая. Раньше на ней Пепел спал. На дембель ушел весной этой. Теперь — твоя будет. Рядом со мной. Вот наша тумбочка. Понял?

Боец кивает.

Сажусь на свою койку. Смотрю на

напряженное лицо Кувшинкина.

— Ставлю тебе первую боевую задачу!

Боец — весь внимание.

— Завтра же найдешь текст стихотворения «Москва! Как много в этом звуке...» Помнишь такое, нет? Лермонтова, «Бородино» читал? В школе плохо учился? Уроки прогуливал, в Москву подраться ездил, да?

Боец молчит.

— Так вот. Найдешь текст и выучишь. Наизусть. И мне будешь перед отбоем рассказывать. Понял? Вместо этой сказочки мудацкой, что в карантине учил. Учил ведь сказочку?

— Да. Так точно.

— Ну, значит, и про Москву выучишь. Будем прививать тебе любовь к столице нашей великой Родины через искусство. Съебал!

Кувшинкин убегает.

Сбрасываю сапоги и заваливаюсь на койку. Закрываю глаза. Мне кажется, что я вижу свое отражение в одном из кривых зеркал дурацкой комнаты смеха, куда все мы попали бесплатно и на два года.

Отражение мне совсем не нравится.

И здесь, как заметил когда-то Паша Секс, далеко не смешно.

Бойцов к нам пришло всего шесть человек.

Кроме виденных мной четверых, на следующее утро к построению прибыли еще двое — Новиков и Максимов.

Такое бывает, если приехавшие на присягу родители останавливаются в гостинице военгородка на несколько дней. Командование разрешает солдату проводить время с ними, но обязывает являться на построения.

Максимов родом из Челябинска, высокий и ширококостный, с приплюснутым боксерским носом и накачанной шеей. Это радует — все же не весь призыв плюгавым оказался.

Максимов держится спокойно, приветливо. Сообщает нам свою кликуху — Макс. Спрашиваем его — действительно, боксер, кандидат в мастера.

— Тогда не Макс будешь, а Тайсон! — решаем мы.

Паша Секс радуется:

— Наконец-то дождался! У нас спортзал есть, от Скакуна остался, был тут у нас гигант один: Две груши висят. Сходим как-нибудь, поспарингуем.

Я смеюсь. Паша, хоть и коренастый, ниже Тайсона чуть не вполовину.

Новиков — пермяк, маленький и лопоухий. Впрочем, после карантинской стрижки наголо все обычно лопоухие. Новиков притащил в казарму два огромных пакета с едой.

Костюк протягивает к ним руку, но его вдруг отстраняет Колбаса. Колбаса старше нас по призыву на полгода.

— Съеби, тебе не положено, — небрежно роняет Колбаса, роясь в пакете. — Сначала всегда старый! — поучительным тоном обращается он к бойцу.

Костюк смотрит на меня.

Я оглядываюсь. Из офицеров — никого. Парахин и Воронцов должны явиться с минуты на минуту, но пока все чисто.

Киваю Костюку.

Тот молча бьет Колбасу кулаком в лицо и тут же добавляет ногой. Носок его сапога попадает Колбасе точно в пах, и сержант, выронив пакет, приседает, а затем и валится на пол.

Боец перепуган происходящим.

Вижу, как из-за его спины появляется двое осенников — Укол и Гунько.

— Ты охуел, что ли?! — орет Уколов. — Ты на сержанта руку поднял!

Подхватываю табурет и встаю рядом с Костюком. К нам бегут Кица и Секс.

Колбаса все еще на полу, рядом с пакетом. Поджав колени к груди, перекатывается с боку на бок, беззвучно раззявив рот.

Здорово ему Костюк заехал.

— Рот закрой! Уставник хуев нашелся! Сейчас рядом с ним ляжешь! — говорю я, надвигаясь на Укола.

Подбежавшие Кица и Паша, с ремнями в руках, встают сзади осенников. Гунько озирается по сторонам и понимает — заступиться за них некому. Все другие из их призыва в наряде.

Мандавохи лишь наблюдают за нами со стороны, в наши взводовские дела не лезут. Да и Колбаса, это все понимают, был не прав.

Не надо выебываться, как говорится.

— Я так розумию, це все ж мойе... — Костюк поднимает пакет и передает его Кице.

Конфликт исчерпан.

Гунько и Укол помогают Колбасе подняться и ведут его в сортир.

Паша Секс подходит к посеревшему лицом Новикову и хлопает его по плечу.

— Я надеюсь, ты и все остальные, кто с тобой, поняли, кто ваши настоящие дедушки?

Боец часто-часто кивает.

Осенники просто так власть не сдадут, это ясно. Теперь за каждым шагом следить надо. Это только начало.

Не нравится мне это все. Даже наши старые за нас с дембелями не пиздились.

После отбоя в казарму заваливают сменившие нас на КПП Гитлер и Бурый.

— Ну, че, бля, — с ходу начинает Бурый. — Сейчас посмотрим, чему вас в духанке учили.

Бойцы уже лежат под одеялами и внимательно наблюдают за ним.

Мишаня выдерживает паузу и вдруг орет на всю казарму:

— Сорок пять секунд — подъем!

Бойцы вскакивают и, натыкаясь друг на друга, судорожно одеваются.

Гитлер пинает никак не могущего справиться с брючным ремнем Новикова:

— Воин, резче давай!

От пинка Новиков падает на прикроватные тумбочки. Одна из них опрокидывается и из нее вылетают во все стороны мыльно-рыльные принадлежности.

Это тумбочка Кицы. Толстый хохол мрачнеет:

— Э, Хытлер, полехче там!

Сахнюк взвивается:

— Я тебе не Гитлер, ты понял?! Еще раз назовет кто так:

— То шо? — спокойно спрашивает Кица.

Мелкий, плюгавый Сахнюк молчит.

Все-таки есть в его внешности что-то такое: Ему бы в кино играть. Особенно в старых, черно-белых фильмах про войну. Если не Гитлера, то полицая, старосту-холуя, или просто предателя, провокатора.

— Боец на хавчик проставился, не трогай его, — говорю я Сахнюку.

Бойцы, одетые уже, стоят по стойке смирно.

— Слушай сюда! — командует Гончаров. — Крокодилов сушить умеем?

Бойцы переглядываются.

— Я не понял, воины!.. — Гончаров подпрыгивает к одному из них — Кувшинкину — и бьет его кулаком в живот.

Боец морщится, но удар держит.

Гончаров оглядывается на нас:

— А вы хуль сидите — не видите, службу воины ни хуя не шарят!

К стоящим навытяжку бойцам, закусив губу, подходит Сахнюк и начинает пинать их по голеням, одного за другим. Достается и здоровому Максимову, но тот понимает, что рыпаться нельзя.

Я ухожу в сортир умыться и покурить.

Стоя у окна, разглядываю свое отражение. Мыслей у меня в голове нет никаких.

Когда возвращаюсь, бойцы уже «сушат крокодилов».

Максимова, как самого рослого, заставили

растянуться над проходом. Пальцами ног он едва держится за дужку верхней койки одного ряда, а вытянутыми руками уцепился за спинку койки другого.

От напряжения его уже начинает трясти. Спинки коек ходят ходуном. Еще минута — и Макс упадет.

Сахнюк вдруг расцветает улыбкой. Вынимает из ножен не сданный еще штык-нож, встает на колено чуть сбоку от висящего над ним Максимова. Устанавливает нож на полу острием вверх.

— А теперь попробуй, ебнись! — Гитлер аж светится от удачной шутки.

Через несколько секунд Макс действительно падает, но Сахнюк успевает убрать нож.

Тщедушного Надеждина посадили на одну лишь перекладину — как Мишаню в свое время. Надеждин сидит с багровым — видно даже в темноте — лицом и неудержимо заваливается вперед.

Гончаров бьет его со всей силы подушкой по лицу и тот падает, задрав ноги, на койку.

— Скажи спасибо, я добрый сегодня, — комментирует Гончаров, закуривая. — Ебнул бы сзади тебе, щас бы на полу с еблом разбитым лежал.

На Мишаню накатывает великодушие.

— Ладно, на первый раз хорош будет.

Сорок пять секунд отбой!

Бойцы шустро раздеваются и прыгают в койки.
— Бойцы-ы! — ревет вдруг медведем Костюк.
— Мы-ы-ы-ы! — отвечают духи.
Правила им известны.
— Спать хотим? — включаюсь в игру я.
— Не-е-е-ет!
— А что будем делать? — Паша Секс.
— Спа-а-а-ать!
Ну и правильно. Спите пока.
— Спокойной ночи! — ухмыляется Гончаров.

— Завтра присягу принимать будут, — подмигивает мне Кица. — Чайку попьем?
— Давай, — достаю из своей тумбочки кружку.
— Э, воин! — Кица пинает сапогом соседнюю койку.
Кувшинкин вскакивает и замирает по стойке «смирно».
— Взял кружку, вторую — мне найди где хочешь — и съебал за водой! Минута времени! Время пошло! — рычит Кица страшным голосом. Пытается подкрепить слова пинком, но шустрый боец уже убегает.
— Шарит! — одобрительно роняет Кица и усаживается на койку. — Ну шо там поисть у

нас?

Достаю кульки и кладу на одеяло. Из кармана на рукаве выуживаю кипятильник из лезвий.

— Завтра, бля буду, на зарядку с духами побегу. На озеро погоню.

Боец приносит кружки.

Прежде чем кипятить, подозрительно принюхиваюсь к воде.

Вроде не из параши.

2.

Утром Колбаса решает показать власть.

— Подъем, взвод охраны! — орет он, дублируя дневального.

Духи выпрыгивают из коек и суетятся возле табуреток с одеждой.

Шнурки одеваются чуть медленнее. Арсен, как сержант, сидит на койке и растирает опухшее со сна лицо.

— Суншев, подъем, команда была! — орет ему Колбаса. — Кому не ясно, щас объясню! Постарел невъебенно, что ли?

Арсен командовал духами в карантине, но сейчас, во взводе, Колбаса — его старый. Вчерашний случай сильно уронил Колбасу в его глазах.

Арсен молча одевается и идет в сортир.

Духи и шнурки уже выстроились в

коридоре,.

Осенники, поддерживая власть сержанта, суют ноги в сапоги и смотрят на нас. Укол и Гунько злые, рожи у них кривятся. После отбоя их долго не было в казарме, где-то они шарились почти всю ночь.

Чувство у меня нехорошее, что все еще только впереди.

Кица и Костюк о чем-то переговариваются, но все же встают и начинают рыться в сложенной на табуретках форме.

В сортире, едва успеваю отлить, сталкиваюсь с Уколом и Гунько.

— Базар есть, — делает шаг и оказывается почти вплотную возле меня Укол.

Внутри нехорошо екает. Не готов к драке совсем. И Арсена что-то не видать.

— Короче, слушай сюда. Колбаса вчера датый был. Косяк спорол, хуле спорить. Это ваши бойцы, вам ебать их год целый. Бля, но мы — старше. Вам это всосать надо, если мирно жить хотите. И еще раз такая хуйня будет — бля буду, утром мертвыми проснетесь.

Укол понтуется, даже не замечая, какой бред он несет. Но главное ясно — осенники включили задний ход и предлагают забыть вчерашнее.

Это хорошо, что драки не будет.

Теперь моя очередь понтоваться:

— Ни и какого хуя надо было быковать... Хавки — хоть жопой жуй. На всех ведь принесли... Ладно, проехали. Со своими поговорю.

Руки друг другу не жмем, но угощаем друг друга сигаретами.

Прав был Кучер, сравнивая армию с племенами Гвинеи. Все один в один.

Макса и Нового назначают уборщиками. Молдаван Потоску, шнурок, у них за старшего. После уборки Колбаса разрешает им пойти в гостиницу к родакам.

— Это если убраться сумеете! — рычит на них молдаван. — Где швабры, бля? Меня ебет, что нету? С ночи надо под кровать прятать. Пиздуйте к мандавохам, как хотите, чтобы швабры были. Минута времени, съебали!

Подмигиваю Кице:

— Олег, помнишь, как нам Старый с Костей «зачеты по плаванию» устраивал? Когда в щитовой жили? Повезло нашим духам...

После ремонта казармы пол в ней сделали паркетный. Ротный связистов Парахин обещал лично пристрелить любого, кто «по-морскому» полы мыть будет.

Теперь только влажной тряпкой елозить разрешается.

— А мне по хуй, — отвечает Кица. — Хуево уберут — будут "плавать" и на паркете.

— Ага, как там Костя любил говорить: "А мэнэ цэ ебэ? Мэнэ це нэ ебэ!" — говорю я интонацией Костенко.

Кица не улыбается.

— Ты мне про него даже не напоминай, — мрачно отвечает.

— Через туалет на выход шагом марш! — орет старшина "мандавох".

Связисты, кашляя и поругиваясь, тянутся к двери. Своих бойцов, кстати, этой ночью они не трогали. Выдерживают положенные три дня, так понимаю.

Строимся на улице.

Утро прохладное пока, без майки зябковато. Ржем над Васей Свищем — у того на загорелом теле белый отпечаток майки.

— Васыль, было ж сказано — голый торс форма одежды. А ну, сымай!

На подначки Вася отвечает, по обыкновению, простодушной ухмылкой.

Всю прошлую неделю он вкалывал на огороде у штабного прапора Мартына из секретной части. За ударный труд тот обещал ему отпуск. Вася, себя не жалея, с радостью взялся за привычное дело и пахал как трактор. Прапор слово сдержал. Договорился с Вороном и Вася послезавтра едет к себе на хутор. Десять дней плюс дорога.

Васю хоть и подкалывают, но любят и уважают.

Парадку готовили ему всем взводом. У кого что получше — все несли на примерку. Я отдал Васе свои нулевые ботинки сорок пятого размера. Все равно не могу в них влезть, а Васе даже чуток свободны.

— Взво-о-од! Бего-о-ом! Марш! — командует Колбаса.

— Поскакали, кони! — добавляет Паша Секс.

— Иго-го, бля! — орут наученные уже шнурками духи.

Бежим по дороге мимо спортгородка, мимо клуба и штаба, сворачиваем к ГСМ, пробегаем через автопарк и влетаем в лес.

За год настолько привык бегать, что начинаю получать удовольствие от пробежек, особенно когда больше никто не пинает тебя. Ноги легкие, сапоги как кроссовки, удобные, привычные. Грудь дышит ровно, ловит утренний воздух — чистый, вкусный, прохладный. Прибежишь обратно, умоешься, курнешь, полежишь на койке, а там и завтрак.

Можно жить, можно.

Давно разогрелись уже, ломим мощно, не трусцой. Задор в душе играет. Поглядываем на духов. Те сосредоточенно бегут, экономя дыхалку. Колбаса ухмыляется на бегу и командует:

— Взвод, стой!

Останавливаемся и отходим на обочину, все, кроме духов и шнурков.

Шнуркам Колбаса выделяет Арсена и те бегут дальше. К ним присоединяется и Свищ, под наши шуточки и свист.

Мы остаемся.

— На месте бегом марш! — говорит

Колбаса.

Четверо бойцов начинают стучать сапогами.

— Шо за хуй пойми? — деланно удивляется Кица. — Резче бежим, зайчики ебанные!

Духи изо всех сил мельтешат ногами.

Усмехаюсь — нет ничего нелепее бегущего на месте человека. Только тут, в армии, в здравом уме можно приказывать людям совершать полную бессмыслицу. И только тут эту бессмыслицу будут исполнять. Прав наш взводный – «солдат обязан не думать, а тупо исполнять приказания».

Кица и Костюк закуривают. Колбаса морщится, но ничего не говорит — его дружки Укол и Гуня тоже лезут за сигаретами.

Я курить на зарядке не люблю, натощак вообще не в кайф. К тому же — воздух такой... Солнце, птицы, озеро рядом.

Бойцам не до романтики.

— Упор лежа принять! Тридцать раз отжались!

Мой знакомец Кувшин отжимается неплохо, быстро сгибает-разгибает руки, резко и негромко выдыхая воздух. Гудков и Славин на третьем десятке сбавляют темп, за что получают от Кицы сапогом по ногам.

Осенники лишь поглядывают молча и курят.

— Кувшин! Тебе лично еще двадцать, в

честь Москвы-матушки! — говорю я.

— И за Винницу ще столько же! — подхватывает Кица.

— Ливны город маленький, но двадцатку за них сделаешь тоже! — смеется Паша Секс.

— Мы тебя родину любить научим, не ссы. Армия — крепкая семья народов. Правильно я говорю?

— Так точно... Товарищ... Черпак... — сипло говорит Кувшинкин, вставляя слова между отжиманий.

Самый дохлый из молодняка — Надеждин. Не добив и двадцатки, упирается коленями в землю.

Вот это не дело.

— Э, воин! — присаживаюсь перед ним на корточки. — Ты не охуел, часом?

Надеждин молчит.

— Я не понял, боец. Тебя твой старый спрашивает, а ты молчишь. Ты в хуй не ставишь старых своих, что ли?

Надеждин пытается еще несколько раз отжаться. Опять же молча, лишь кряхтит в ответ.

Колбаса демонстративно отворачивается.

— Встал! — командую бойцу.

Поднимаются все четверо.

— А вы какого хуя? — ржет Паша Секс. — Упор лежа принять!

Бойцы падают на землю.

— Встать!- командует Паша. — Че не

резко? Будем тренироваться, если так. Упор лежа принять! Отставить! Встать! Лечь! Встать! Лечь! Лечь. Какого хуя встали — команды не было. Тормоза, бля... Вспышка с тылу! Вот так лучше будет. Упор лежа принять! Делай раз! Ниже, суки, ниже! Жопу опусти, как тебя, Славин! Делай два. Раз! Два! Полтора! Полтора, я сказал, Гудок, не тормози, блядь! Два-а! Полтора! Полтора держим!

Передо мной стоит Надеждин. Тощая шея, острые ключицы, при этом — какой-то рыхлый, выдающийся вперед живот. Обритая налысо голова, острый подбородок, низкий лоб и густые, мохнатые брови. Под ними часто моргают испуганные серые глаза, которые он скашивает на замерших в позиции "полтора" товарищей.

— На меня смотри, воин, — тыкаю Надеждина кулаком в живот. — Не дергайся, стой нормально.

Бойцы в упоре лежа кряхтят. Над их спинами суетятся радостно-встревоженные комары. Вспоминаю свою вечно искусанную лысину прошлым летом.

— Так охуел или как? — спрашиваю снова Надеждина.

— Нет, — выдавливает боец.

— Что нет?

Один из духов, Гудков, не выдерживает и опускает колени на землю.

— Давай, говори яснее. Видишь,

товарищи страдают! — киваю на Гудка.

— Я не охуел.

— Тогда упор лежа принял резче, сука! — замахиваюсь на бойца. — Гудок, коленки-то подними, форму нехуя пачкать. Взвод охраны — лицо части. Чуханов у нас не держат. Надя, упор лежа, я сказал!

Надеждин кидается вниз.

— Я не Надя...- не поднимая головы, вдруг говорит он.

Тихо так говорит.

Но все слышат.

— О, хлопчик, да ты, я вижу, бурый у нас? — радостно поднимает брови Кица. — Уже есть один Бурый, второго на хуй не надо...

Надеждина спасает сержант.

Колбаса отходит от своих и нависает над духами:

— Хорош, все. Подъем.

Бойцы с облегчением поднимаются, но не тут-то было.

Колбаса заставляет их делать "слоников" — садиться на корточки и выпрыгивать высоко вверх, хлопая над головой в ладоши. Дыхалка сбивается быстро, и как только они начинают хрипеть, сержант командует "бегом марш!" Бежим к озеру через лес. В просвете видна заброшенная спортплощадка.

— Сворачиваем туда! — командует Колбаса.

На площадке видим сидящих на бетонных

плитах шнурков и Васю Свища.

— Э, бойцы, не рано расселись, а? — оттопырив губу, цедит Уколов. — Съебали на брусья!

Шнурки с явной неохотой поднимаются. Понимаю их прекрасно — им даже хуже, чем духам сейчас. Тем нечего терять, кроме здоровья, и нечего ловить, кроме пиздюлей. Шнурки, как никак, заслужили право на большее.

Укол сознательно унижает их, свидетелей вчерашнего позора старых. Отыгрывается, как всегда, на безответных.

Впрочем, тот же Арсен таким не кажется. Вижу, как он едва сдерживается, подходя к ржавой перекладине.

Помочь Арсену я ничем не могу — им командует старший по званию и призыву Колбаса.

Достаю из кармана отобранные вчера у бойцов сигареты, усаживаюсь на перекладину для пресса и закуриваю. Ебись он, этот свежий воздух.

Первая затяжка слегка кружит голову, по пальцем пробегает приятное покалывание. Нет, курить в армии бросать смысла нет никакого.

Арсен командует духами и своим призывом. Укол пытается загнать на турник и его самого, но вмешивается сержант. Все же Колбаса не такой мудак, каким вчера был, многое сечет правильно. До Бороды ему как до

Луны, конечно, но Арсена лишний раз напрягать он не хочет.

Задрав голову, выпускаю дым. Слежу за летящим облачком и вспоминаю прошедшую зиму...

Совсем недавно ведь было. Неужели?..

Февраль. Сизые холодные сумерки. Захожу с черного входа на пищеблок. Обещал начальнику столовой принести что-нибудь почитать. Гордый, что раскопал в библиотеке прозу Есенина.

Гулливер недоверчиво листает книгу:

— Быть такого не может!.. Он же поэт! А тут — гляди-ка — рассказы!.. Хотя... — мосластой ногой в блестящем сапоге Гулливер пинает зазевавшегося бойца из наряда. Боец, хватаясь за задницу, скрывается на мойке. — Вот Пастернак, бля, тот стихи и романы ведь писал. Но Есенин чтобы... — прапорщик качает головой и, на ходу листая книгу, отправляется на склад.

Справа от двери замечаю несколько поставленных друг на друга коробок.

Нижняя слегка порвалась и просела. Сквозь прореху призывно блестят масляными боками банки тушенки.

Вокруг никого нет.

Блядь, ну не позволяет душа взять и украсть. Гулливер не друг мне, конечно. Но все же доверяет...

Закуриваю и выхожу, от греха, наружу.

Нос к носу сталкиваюсь с идущим на обед Пашей Сексом. Паша неделю уже не вылезает с наряда по КПП. От постоянно болтающегося при нем штык-ножа пола его шинели приобрела заметную рыжую вытертость.

— Курить есть? — здоровается со мной Паша.

Сую ему свою сигарету, и пока он докуривает, ненароком роняю:

— Там у Гулливера коробки какие-то у двери стоят...

Паша ныряет в пищеблок.

Через пару минут вываливается, весь раздувшийся и бугристый. На лице — смесь настороженности и счастья.

— Съебываем! — не оборачиваясь, говорит Паша и колобком-мутантом скатывается по тропинке в сторону клуба.

Консервы, дюжину банок, мы сдаем на хранение клубнику Витьке — парню с чудинкой, религиозному слегка.

Тот долго артачится, не желая связываться с ворованным, но в конце концов сдается.

Смешно — всего неделю назад я поспорил как раз с Витьком насчет правила "не укради". Утверждал, что легко можно прожить, не нарушая. Даже в армии. Утверждал, что готов доказать личным примером. Спорили на пачку "с фильтром".

— Нет, ну фактически — я не украл.

Просто сообщил Паше информацию. Даже не намекал. Так что ничего я не проиграл тебе.

После ужина мы — я, Паша, Витька и Арсен Суншев отправляемся к Кучеру в санчасть. Банки разделили между собой поровну, и под шинелями их не видать. Витька свою долю взять отказался.

— Все равно, содействовал краже. Значит, гони пачку! — Витька непреклонен.

— Вот к Кучеру придем сейчас, он рассудит! — не сдаюсь я.

— Совсем себе башки заморочили — украл, не украл! Какая разница?.. Главное — сейчас похаваем хорошо! — смеется Арсен.

— Арсен, ты ж мусульманин! Как свиную тушенку есть будешь? — подначивает Паша.

— Э, — машет рукой Суншев. — Аллах далеко, там, в Кабарде. Как узнает?

И то верно.

Кучер выслушивает нас, разогревая тушенку на плитке.

Забирает у меня спорную пачку и кладет к себе в карман.

— Солдат не может красть, — наконец изрекает он. — Это его обкрадывают со всех сторон. А солдат лишь пытается возвратить себе маленькую толику того, что ему положено.

Мы с аппетитом жуем, думая каждый о своем.

— А скажи, Кучер, — я отпиваю из горячей кружки крепкий и сладкий чай. — Вот мои сигареты — ты с ними что сейчас сделал?

Кучер поднимает указательный палец:

— Кражей называется тайное хищение чужого имущества. У нас же с тобой все общее и к тому же я внаглую, открыто сунул пачку себе в карман. Какая же это кража?

Вечером — неприятность. Залет.

Кто-то стуканул нашим старым о тушенке. Кто — нет смысла выяснять. В части сотни глаз и ушей, ты всегда на виду.

Пашке и Витьке повезло — они заступили в караул. Остались я и Арсен.

После отбоя нас поднимают и подзывают к себе.

Больше всех кипишует Соломон:

— Суки, голодаем, да? Не наедаемся, падлы? — все это под методичные удары в грудь и по голени. — Нет, Борода, ты прикинь, какие бойцы пошли!

Рябоконь отвешивает нам фофаны:

— Надо старых уважать! Старых надо угощать!

Борода лениво щурится с койки:

— Сколько банок спиздили?

Строптивый Арсен огрызается:

— Сколько надо, столько и спиздили!.. Все наши...

Через полчаса в туалете я помогаю Арсену умыться и остановить кровь.

— Я его, суку, зарежу! — цедит сквозь

зубы Арсен, промывая нос. — Я не я буду, если не зарежу!

Почти не сомневаюсь в этом. Сам готовился с Черепом утопить в болоте падлу. Но Арсен — другое дело. Такие редко отступаются.

Дверь распахивается и на пороге возникает дневальный:

— Соломон зовет. Обоих.

Старые готовятся варить чай, разматывают провод кипятильника.

— Где лазите, бля? Я че, вас ждать должен? — начинает заводить себя по новой Соломон. — Взяли, нашли две кружки и бегом воды принесли!

В другом конце казармы, у тумбочки дневального, стоит бачок с питьевой водой.

Мы с Арсеном, переглянувшись, пробегаем мимо.

Убедившись, что в туалете никого нет, склоняемся над одним из очков и в несколько приемов начерпываем обе кружки.

Арсен предлагает еще и поссать туда, но вода и так подозрительно темная.

Моем руки и несем воду Соломону.

Поили мы таким образом старых еще много раз — и для чая им носили, и просто сырую они пили.

Никто из них не сдох. Даже не заболел.

Суншев и зарезал бы Соломона, как пить дать, но судьба опять вмешалась и отвела. Сначала Соломон лежал в госпитале с дыркой в спине после драки, потом Арсен отправился в сержантскую учебку...

Удивительно, до чего везет некоторым...

...Но воду лучше буду теперь наливать себе сам...

...Сигарета истлевает наполовину. Оглядываюсь по сторонам, щурясь от теплого уже солнца, все еще находясь там, по ту сторону. Забудется это когда-нибудь, или так и будет вязко шевелиться на дне памяти?..

Шнуркам, наконец, разрешили отойти поссать. Духи вновь отжимаются под счет. На этот раз считает Арсен, под наблюдением Колбасы. Проходит науку "ебать личный состав".

Теперь начинаю понимать "доброту" тех осенников-дембелей, что встретили нас во взводе в прошлом году. Основную грязь они просто свалили на черпаков и шнурков. Те и ебли нас, каждый в меру положенного по призыву.

Бежим обратно. На сегодня хватит, завтра — Гора Смерти, или Ебун-гора, как ее называют курсанты.

Бойцы топают впереди, размахивая локтями.

Я смотрю в спину Надеждина. Злости у

меня к нему никакой нет. Парень физически дохлый, но с характером. Сглупил он или все же смелый?

Вот вопрос — надолго ли его хватит... У нас ведь не забалуешь, это уже всем ясно, даже нам самим.

— Резче шевелимся, кони, бля! — кричит Кица. — Надя, тебя особенно это касается.

Надеждин прибавляет ходу.

Интересно, сказал Надеждин сейчас что-нибудь, или смолчал.

За топотом ведь не слышно. Но ничего, зато ночи тут — светлые и тихие. Посмотрим и послушаем еще. Времени у нас — целый год.

3.

Солнечные лучи бьют в окна казармы, почти горизонтально. В них густо золотится поднятая уборщиками пыль. Гул голосов, стук швабр, топот ног, грохот сдвигаемых коек. Кашель, ругань, смех и просто животные вопли. Из ленинской комнаты доносится хрип телевизора.

Замполит Сайгак на политинформацию не пришёл, и народ мается от счастья.

Времени до завтрака много.

Сержант из роты связи орёт на уборщиков казармы:

— Это, блядь, что за рубчики?! Где, на хуй,

кантики на одеялах?

Уборщики суетливо хлопают по койкам палками для пробивки. Одеяла ветхие, койки продавленные, но кантик должен быть.

— По пизде так бабу свою хлопать будешь, военный! – не унимается сержант. - Блядь, три минуты времени – и на всех койках чтоб комар яйца обрезал! Прихожу и удивляюсь! Зубами у меня эти кантики наводить щас будете! Хуль стоим, время идёт!

Сержант – тот самый Димка Кольцов, что спал на соседней со мной койке в карантине и давился чёрной тоской перед присягой.

Сейчас он стоит на манер киношного фрица, широко расставив ноги. Руки большими пальцами зацеплены за ремень.

— Э, военные, да вы поохуевали, я вижу, — Димка отвешивает смачный пендаль бойцу, что ближе всех.

Боец тыкается лицом в только что разглаженное одеяло и сминает всю красоту.

— Ты — охуе-е-ел... - утвердительно тянет сержант и нехорошо улыбается.

Раздаётся крик дневального. Зовут дежурного по роте.

Димка поправляет повязку, застёгивает ворот хэбэшки и вразвалку идёт к выходу.

— Две минуты, суки! - оборачивается он на ходу.

Интересно, помнит ли он, как сравнивал присягу с прощанием в морге...

Лето в разгаре. Вчера получил из дому письмо. Батя с братом на даче, строят опять что-то. Мать в отпуск не идёт – боится, обратно не возьмут уже. Закроется скоро её институт, не нужны стране доктора и мэнээсы. Что-то происходит там, за забором части. Зреет, нависает тучей. Другая, совсем другая жизнь.

Не знаю, буду ли восстанавливаться в универ. Нужен ли он мне, нужен ли я там... За год отупел сильно. Ещё год впереди.

Нужен ли я здесь...

С трудом сдвигаю нижний шпингалет на оконной раме и распахиваю её. Воздух вливается прохладным хрусталём, после казарменной духоты. Листья небольшой рощицы за казармой изумрудно-свежие, влажные. Всю ночь шёл дождь, а теперь вот – буйство начищеной бляхи солнца.

Начало дня. Ещё одного.

Бля.

Взвод строится на этаже. Утренний осмотр.

Проводит его Колбаса.

Его призыва в строю вообще нет – курят в сортире. Из наших – я и Костюк. Стоим небрежно, расстёгнутые, руки в карманах. Костюк учит меня выговаривать слово «паляныця» без москальского акцента. Колбаса бегло осматривает нас, не говоря ни слова, и переходит к бойцам.

У Нади опять залёт — не побрился. Брить там нечего, но Колбаса разглядел пару волосков.

— Схватил полотенце, съебал... Стой! Укола позови!

Надя бежит в сортир. Мы с Костюком переглядываемся. Кажется, Надя ещё не понял, что с ним сейчас будет. Рано или поздно, всё равно это случилось бы.

Колбаса продолжает осмотр.

— Предъявить содержимое карманов!

Духи уже опытные, ничего запрещенного у них нет. Военник, ручка, платок, расчёска.

Последний предмет удивлял меня ещё в карантине. Зачем, если всё равно лысый...

Теперь знаю — чтобы нам подать, если свои мы проебали.

Колбаса проявляет дотошность и заставляет вывернуть карманы. Духи складывают кепки, в которых лежат их вещи, к ногам и выполняют команду.

Пошла их вторая неделя во взводе. Игры кончились, началась служба.

И на этот раз всё в порядке — ничего не заныкано. Колбаса собирается уже всех распустить, как вдруг останавливается напротив Славина — высокого парня из

Челябинска по кличке Трактор.

— Воин, это что такое, а?

Трактор беззвучно шевелит губами, бледнея на глазах.

Залёт, вот что это. Причём залёт нехороший. Хлебные крошки в кармане.

— Что, Трактор, голодняк ебёт? Да?

Колбаса неуловимым движением пробивает духу "солнышко". Тот силится стоять прямо, хватая ртом воздух.

— Между прочим, ваш молодой... – говорит нам сержант. – Хуёво смотрите. У нас такого не было.

Не может удержаться, чтобы своё превосходство лишний раз не показать.

Пока думаю, как лучше ответить, появляется Надя с толпой осенников позади.

Колбаса командует «разойтись!»

Кувшина и Макса назначают на сегодня пищеносами в караул. Завтракать, наверное, тоже будут там – пока не перемоют всё помещение.

— Кувшин! – окликаю бойца уже на выходе. – Ну-ка, для поднятия духа!.. Я не понял... Ты чё морду кривишь, воин?! Охуел, что ли?

Кувшин начинает маршировать на месте, задрав голову вверх.

Звонким голосом начинает орать в потолок:

*Я по свету немало хаживал.
Жил в землянках, окопах, тайге!*

Во время пения Кувшин руками изображает поочерёдно то землянку, то окоп, то таёжные деревья. Весьма абстрактно, конечно.

Поёт он громко, соблюдая ключевое правило – рот раскрывается на ширину приклада.

Вокруг мгновенно собираются благодарные зрители, в основном – "мандавохи"-связисты. Все уже в курсе проводимой воспитательной работы. О подмосковных Люберцах наслышаны все. И о залёте бойца в первый день во взводе тоже.

*Похоронен был дважды заживо,
Знал разлуку, любил в тоске.*

Показав два пальца и сложив руки на груди, Кувшин характерным жестом правой руки изображает «тоскливую любовь».

Публика, хотя видела номер уже не раз, веселится. Димка Кольцов, сам из Подмосковья, хлопает себя по коленям, сгибаясь от смеха.

Кувшин принимает стойку смирно и заканчивает почти криком:

Но Москвой я привык гордиться,

И везде повторял слова:
Дорогая моя столица!
Золотая моя Москва!

Отсмеявшись, народ расходится. Скоро построение на завтрак. Надо успеть перекурить и отлить.

Кувшин стоит, не глядя на меня. Вижу, как сжаты его челюсти и кулаки. Бледное лицо покрыто пятнами.

— Что, боец, не нравится? - участливо спрашиваю.

Молчит.

— А ведь я тебе ни разу даже не вломил ещё... Ты-то, наверное, в Москву с друзьями ездил не на карусельке в Сокольниках покататься, да?

Вновь молчит.

— Съебал на кухню! - замахиваюсь на него кулаком.

В умывальнике ко мне подходит Патрушев. Его, к моему удивлению, всё же перевели в черпаки, хотя залётов у него было немеряно. Тот самый домашний Патрушев, что грустил всё время по маме и бабушке, в карантине каждый день получал от сержанта Романа орден дурака и не раз схватывал уже в роте связи.

Прошедший год Патрушева не изменил нисколько. Всё то же мягкое, безвольное лицо.

Всё те же глаза "срущей собаки", по выражению того же Романа. Лишь ремень приспущен и хэбэ расстёгнуто, вот и всё.

— Слышь, Кирзач... - смотрит на меня Патрушев. - Тебе вот не западло всё это?

Только мозгоёбства с утра не хватало. Да ещё от кого...

Высмаркиваюсь в раковину и неторопливо промываю нос отдающей железом ледяной водой.

Патрушев молча ждёт.

Выпрямляюсь.

— Серёжа, — говорю ему миролюбиво. - Если тебе не хуй делать и ты решил поиграть в «доброго дедушку» - флаг тебе в руки. Делай в роте что хочешь. А взвод как-нибудь без этого обойдётся.

— Я тоже москвич. Но мне вот неприятно, как ты человека унижаешь.

— Да неужели? А ты спроси тех, кого он гасить ездил ещё весной этой. Жаль, тебе в бубен не насовал он в своё время.

— Я от люберецких получил однажды. Сильно причём. На дискотеке. В училище наше они приезжали. И что теперь - всех ненавидеть за это?

— Серёжа, послушай. Отъебись от меня со своей толстовщиной. Сидели бы мы с тобой сейчас на «сачке» в универе, под пивко... Покалякал бы с удовольствием на тему эту.

Патрушев не сдаётся:

— Ну вот Скакуна помнишь? Ведь не трогал никого. Не унижал, хотя бы. Или Свищ ваш – тоже ведь спокойный «дед».

О, кстати... Свищ завтра вернуться из отпуска должен. Главное – вовремя на КПП его встретить, пока другие не растрясли все его ништяки.

Всё, достал меня земляк.

— Короче, зёма. Чтоб быть, как Скакун, надо сначала Скакуном стать. Он же раза в три тебя шире...

«И умнее», — хочу добавить, но лишь машу рукой, стряхивая воду.

Разговор окончен.

В сортир заглядывает Костюк:

— Пишлы, швыдче! Надя рушныком броется!

Патрушев фыркает и картинно разводит руками.

Мы с Костюком подходим к каптёрке. Стучим условным стуком. Дверь открывает Гунько, молча впускает.

Мы пришли к концу действа.

Надя сидит на табуретке. С двух сторон его держат за голову. Укол, стоя на табуретке, коленом упирается Наде в спину и быстро водит туда-сюда ему по подбородку натянутым полотенцем.

Надя взвизгивает, мычит, пытается

вырваться. За что тут же получает по голени от держащих его.

— Всё, свободен! — говорит раскрасневшийся от усилий Укол и спрыгивает вниз. – Вот так-то. Теперь долго можешь не бриться!

Осенники смеются.

Надя пробует держаться за лицо, но ему дико больно. Он то и дело отдергивает ладони, будто обжигает их. Кожа и в самом деле у него сейчас должна гореть. Завтра-послезавтра покроется струпьями, еще через несколько дней – изойдёт чирьями.

Я вдруг замечаю, что у Укола стоит. Явственно так топорщится под ширинкой.

Укол и сам это чувствует и быстро суёт руки в карманы. Пробегает взглядом по лицам.

Не знаю, заметил ли кто ещё, но чувствую едва не тошноту.

— Иди, холодной водой умойся! - говорю Наде.

Когда он проходит мимо меня, неожиданно, закусив губу, со всей силы пинаю его.

— Чмо, блядь, — говорю ему вслед.

Надя выбегает из каптёрки.

* * *

На прошлой неделе молодые приняли «другую»

присягу. Как положено, с текстом и целованием швабр, под руководством Гитлера. Я и Секс на зрелище не пошли, пили чай в углу у осенников. Доедали остатки духовских передачек, совместно.

Драка с сержантом Колбасой, как ни странно, оказалась весьма кстати. Отношения между нашими призывами стали ровнее, спокойнее. Восстановился баланс. Так, наверное, подчёркнуто вежливо пили виски парни в салунах Дикого Запада, поглаживая свои кольты.

Присягу приняли все, кроме боксёра Макса. Парень оказался что надо, со стержнем. Сильный и телом, и духом. Спортсмен, настоящий.

Не в пример Холодцу, с которым я, лысый салабон, стоял год назад в холодном сортире, боясь обмочиться. Тот, бугай-борец, судьбу искушать не стал тогда. Не быть ему чемпионом. Никогда. Да и Череп это наглядно доказал, отправив Холодца в питерский госпиталь ещё прошлым летом.

Череп, Череп... Вот уж к кому не хотел бы духом попасть. Где-то там, под нами, на первом этаже, лютует в роте МТО сержант Чередниченко.

Тот самый, кого пинал на болоте на пару со мной Соломон.

А и хорошо, что его в роту сослали из

взвода. Не ужились бы мы с ним.

Разный взгляд на духов у нас.

Взять того же Макса...

...Макс за отказ от ночной «присяги» попал под сильную раздачу. По полной программе. Здоровому и спокойному бойцу сильно досталось от наших мелких Бурого и Гитлера. «Лося» или «фанеру» те пробить ему не могут, как надо, здоровья не хватает. А голень – она и есть голень. К тому же Бурый пару раз херачил Максу по сапогам дужкой от койки, но остановили осенники.

Видел – ещё немного, и парень не выдержит. Не так, как Надя – тот, после двух ночей беспрерывных «фанер», отжиманий и «крокодильчиков» был поставлен на табурет и оттуда громко признал свою кличку.

Били мы Надю сильно, помня усвоенные по духанке уроки. Отлетев от очередного удара, Надя впечатался в стену головой и едва не снёс стенд «мандавох». Дневальный нервно кашлял и делал вид, что читает инструкции. Покосившийся стенд поправили, Надю отвели в сушилку и продолжили.

То, что удар тот был мой, обрадовало и испугало одновременно. Обрадовало – удар видели остальные. Будут иметь в виду. Испугало – словно не человека бил, а грушу с опилками. Не дрогнуло ничего внутри. Мало того, сам вид бойца — худого, жалкого, с дрожащей нижней губой — вызывал непреодолимое желание вмазать ему ещё раз, и ещё...

На гражданке читал в «Новом мире» повесть про зону для малолеток. Об одном из персонажей говорилось, что от жалости его хотелось ударить, избить. Не понял тогда столь странного желания, лишь хмыкнул. И забыл на время.

За год с небольшим здесь увидел достаточно. Если и не понять, то принять как должное. Даже местного изгоя из первой роты с удивительно схожей кличкой — Опара...

Сломался Надя легко, не пройдя даже «воспитания через коллектив». Имя своё не отстоял, зря только залупнулся в самом начале. В шнурки осенью его уже решено не переводить.

Ещё один вечный дух. Позор взвода.

Другое дело — Макс. Этот если не выдержит, мало не покажется. Искалечит или убьёт. И тогда полная жопа всему взводу и ему лично.

Позвал его после отбоя в сортир.

В умывальнике распахнуты окна – чтобы меньше воняло хлоркой. Дневальный мандавоха полощет в раковине тряпку. Прошу его выйти на минуту. Дневальный, шнурок, бормочет что-то под нос. Выказывает бурость, но выходит.

Сажусь на подоконник. Макс стоит рядом, ждёт.

— Держи, — протягиваю ему сигарету.

Курить в сортире, да ещё в умывальнике, бойцам не положено. Макс нерешительно оглядывается на дверь.

— Кури, раз старый твой разрешает.

Закуриваем.

— Заебал тебя Гитлер? – решаю не тянуть.

— Да не, нормально, — отмахивается Макс.

— Я нормального ничего не вижу. Короче, слушай сюда. Разрешаю тебе дать пизды ему. Только чтоб тихо.

Макс ошарашен.

— Как же...

— Да как хочешь. Хоть сегодня, он как раз спать с КПП придёт, в час примерно. Ты ж всё равно подшиваться будешь, гладиться там, туда-сюда... Веди в сортир и ебошь, но не насмерть, понял? Без следов чтобы тоже.

Макс делает несколько затяжек подряд.

Подмигиваю ему:

— С Сексом и хохлами я договорюсь, если что. Они не тронут. Бурый в одиночку на тебя не полезет.

Макс внимательно смотрит прямо мне в глаза.

— Не бойся, Макс, всё без подъёбки! - хлопаю его по плечу. - Действуй смело. За

Гитлера никто не впряжётся, я тебе отвечаю.

Никто и не впрягся.

От Макса Гитлер отстал. Третий день уже, будто не замечает. Нам почему-то ничего не сказал.

А Максу я и Секс лишь ремнём по заднице пару раз отвесили, чтобы не борзел слишком сильно.

Старых-то своих дубасить...

Строимся на улице. Задача – прийти на завтрак раньше "мандавох". Иначе придётся ждать, пока их всех пропустит в столовую дежурный по части.

На завтрак к "дробь-16" и пайке выдали по варёному яйцу. Уже хорошо, уже радость. Перловку ведь никто кроме молодых и Васи Свища есть не может.

Кица молча собирает с тарелок духов яйца и кладёт на наш стол.

— Нехай трохи послужат ще, — объясняет он нам.

Никто не возражает. На нашу духанку приходилось одно яйцо в неделю, по воскресеньям. Теперь стали давать через день, как в санатории. Все согласны, что это несправедливо.

Я сижу и рассматриваю столовские фотообои. Вон она, гора наша. Подъём пройден, мы на вершине. Да уже вниз пошли, потихоньку. Меньше чем через год меня здесь не будет точно. Год прошёл, и второй пройдёт.

Паша Секс чистит очередное яйцо. Недавно он начал качаться, не вылезает теперь из щитовой казармы, где спортзал. Поэтому к питанию Паша относится внимательно.

Заглянув в кружку, оборачивается к столу духов:

— Слышь, Гудок. Не в падлу если, чаю принеси пару кружек. И сахару у поваров спроси. Скажи, для меня.

Гудков, самый расторопный из молодых, вскакивает и бежит к раздаче.

— С кухни возьми, с плиты! – кричит ему вдогонку Паша.

Часть кружек с чаем повара держат на постоянном подогреве, для старых.

Через минуту Гудков возвращается с двумя кружками в руках. Вид у него виноватый.

— Повара, это, не пустили туда. Вот, только с раздачи смог взять. Сахара нет.

— Блядь, ты, тормоз, хуль не сказал им, что для Секса? – негодует Паша и поднимается сам. – Пошли. Всему учить надо...

— Паш, наверное, они когда услышали «для Секса», подумали, что боец себе чтоб поебаться, чайку хочет взять, — подмигиваю другу. – Хорошо, что там шнурки одни, а то бы опиздюлили бойца нашего. Хотя и эти борзые стали.

Помнится, были и у нас проблемы с поварами, да Борода всё удачно решил.

— Э, бойцы! – обращаюсь к нашим. – Хоть одна залупа на кухне тронет если – сразу чтобы нам сказали. Ясно?

Кивают.

Так-то вот. Не только ебать, мы и защитить можем. Хотя не уверен, что сможем проблемы решать, как Борода это делал. Стержень в нём другой был совсем.

Паша и Гудок уходят. Передо мной на алюминиевой миске лежит недочищенное Пашей яйцо.

Роюсь в кармане и достаю подобранную пару месяцев назад на стрельбище приплюснутую пулю от «калаша». Зачем подобрал и всё это время таскаю – сам не знаю. Вроде как брелок собирался сделать. Да один хер, ключей всё равно нет.

Беру яйцо и запихиваю в очищенную часть пулю. Кица и Костюк с интересом наблюдают. Белок яйца жестко-упругий, переваренный. Пуля удачно входит внутрь и полностью скрывается. Остаётся лишь едва заметный след. Кладу на место.

Показываю хохлам – «тихо!»

Возвращается Паша с чаем.

— Бля, повара в натуре оборзели. Постарели что-то быстро... – говорит Паша, усаживаясь. – Слышь, Кирзый, мы разве такими были, а?

— Мы службу свою знали, — важно подтверждаю Пашину правоту. – Давай, хавай быстрее, а то духи засиделись уже.

— Это мы исправим, — отвечает Паша, поворачивается и хватает кулаком по спине первого попавшегося духа.

— Я не понял, воины, мы чего тут расселись? В казарму бегом марш наводить порядок!

Бойцы вскакивают и бегут с подносами к окну приёма посуды. Я замечаю, как Славин на ходу суёт что-то в карман.

Паша дочищает яйцо, к нашей радости, не обращая внимания на дырку. Целиком сует его в рот, отряхивает от скорлупы руки и начинает жевать.

«Зуб ведь сломает...» — успеваю подумать до Пашиного мычания.

Лицо Паши вытягивается, глаза выпучиваются. Он выплёвывает всё в тарелку и с испугом ковыряет пальцем. Извлекает пулю, стряхивает с неё остатки яйца и неожиданно громко кричит:

— А, бля! Пуля!

Мы едва сдерживаемся от смеха.

— Ты дывысь — и справду куля! — подыгрывает Костюк. — Як це так?

— Дай подывытыся, — тянет руку Кица.

Но Паша, сжимая пальцами пулю, отстраняется и кричит уже на всю столовую, перекрывая грохот посуды:

— Пулю, бля, в яйце нашёл!

Начинают подходить любопытные. Интересуются, в левом или правом у Паши водятся пули и кто ему их туда засадил. Находку всё же отбирают, она идёт по рукам. Внимательно разглядывают, некоторые даже пытаются на свет.

Минут пять вокруг нашего стола стоит оживлённый гул. Сообща приходят к выводу, что курица по ошибке склевала пулю, затем, как инородный предмет, исторгла из себя вместе с яйцом.

Хохлы, свидетели фокуса, едва сдерживаются от смеха.

Паша ударяется в мистику. Объявляет находку хорошим знаком и решает просверлить в ней дырку, чтобы носить как талисман. Обломок же зуба просто смахивает на пол.

— Такое раз в сто лет случается! — возбуждённо кричит паша.

Но чтобы окончательно убедиться, решает зайти в санчасть к фельдшеру Кучеру.

* * *

Внешностью Кучер походит на колдуна. Высокий, сильно сутулится. С крючковатым носом и тёмными кругами под глазами.

Спит всего часа три-четыре в сутки. После отбоя сидит у себя в боксе и читал. В основном биографии известных и великих людей. Изредка – буддийские брошюрки, что привозят ему водилы из Питера.. Из художественной видел в его руках "Мастера и Маргариту" и "Мёртвые души". Поэзию он не признаёт.

За ним прочно закреплена слава ясновидящего, целителя и экстрасенса. Диагноз он ставит, лишь взглянув на лицо, даже на фотографию.

Желая проверить, как-то раз уговорил Пашу Секса, с фельдшером тогда не знакомого, показать ему фотку своей девушки.

Секс долго не соглашался, но любопытство взяло вверх.

Кучер разглядывал карточку минуты три.
— Смесь хохлушки с русской. Зовут Оксана или... Таня, может быть. С краской работает, но не художница. Малярша, очевидно. Девятнадцать лет. С почками

проблемы. Гипотоник. По женской части проблемы есть. Правый придаток. Есть сестра, младшая. Лет десяти. А-а, вот почему – Таня. Сестру Таней зовут. Отец — военный. Мать... — Кучер задумался. — Мать вот не пойму кто... В халате белом. Но не врач. Продавец?.. Нет...

Паша минуту молчал.

— Я в ахуе!.. — наконец произнёс. – За здоровье, конечно, не знаю... Но... Откуда это всё про Ксюху известно?

Мать у Ксюхи была поваром.

Весь стол у Кучера в боксе завален вырезками гороскопов из журналов и газет. У кровати — две стопки книг из серии «Имя и судьба» и «Гадание». Естественно, карты Таро.

В санчасть почти ежедневно заходят жёны офицеров. Но совершенно пристойно. Кучер лишь гадает на картах и составляет им гороскопы. Иногда снимает головную боль и даёт какие-то житейские советы.

Домашние разносолы в санчасти не переводятся.

Может, и есть у него кто, конечно, но всё шито-крыто.

Попросил его однажды погадать и мне.

— Ты что, всерьёз в это веришь?

Вот те раз...

— А как же... – показываю на его бумаги.

— Туфта, — безжалостно произносит

Кучер. — Антураж. Для глупых баб.

Выдерживает паузу и лезет за сигаретой:

— Это ж офицерские жёны. Образование если и было какое, то пропало без применения давно. Домохозяйки по сути своей. А мозг человека, — Кучер картинно берёт себя рукой за голову, — требует пищи. Впечатлений. Чего-то необычного, таинственного. Вообще, когда мозгов и знаний не хватает, их место всякая мистическая чухня занимает.

— Но они же приходят потом, на всю приёмную верещат, что всё сбылось... — не сдаюсь я.

— Ин-фор-ма-ци-я! Плюс пси-хо-ло-ги-я! — учительским тоном произносит Кучер. — Видишь, какие у меня уши?

Уши у него и впрямь большие, заострённые кверху и оттопыренные.

— Это потому что я люблю слушать. Через санчасть много народу проходит. Каждый что-нибудь да скажет. Кто с кем, кто кого, тыры-пыры... — уголками губ улыбается Кучер. — И всё стекается вот сюда, ко мне. Я как паук в центре паутины. Ниточки дрожат, я перебираю их и делаю выводы.

Кучер увлекается, входит в образ, шевеля длинными пальцами. Становится и правда похожим на огромного паука.

— Подожди, а с фоткой как же? Ведь всё сошлось!

Фельдшер отмахивается:

— Это совсем другое. Дар свыше. А, пошли чай пить. Жена Цейса пироги принесла.

— А ей ты что нагадал? — жену Цейса я не знаю, но мигом вспоминаю унтерштурмфюрера.

Кучер зевает:

— Да три года, что ли, залететь всё не могла. Ну, я ей дату и время сказал, когда нужно. Она и впрямь залетела. Да не от меня, не от меня!.. От мужа. Довольная прибежала, ха!

Для Паши Секса фельдшер — непререкаемый авторитет. После утреннего развода Паша под благовидным предлогом - сломанный зуб - отправляется в санчасть. «Освящать талисман», как он сам выразился. Всё же крыша съезжает у народа здесь сильно.

Пытаюсь увязаться за ним, но весь взвод отправляют на тренплощадку к караулке. Ведёт нас туда сам Ворон, сам с сильнейшего бодуна, то и дело заставляет херачить строевым.

— Песню! Запе-вай! - сипло кричит Ворон.

Песня «про коня» нас достала ещё по духанке. Костя Мищенко, шнурок, обучил вчера бойцов новой.

Эй, подруга, выходи скорей во двор!
Я специально для тебя ги-и-та-а-ру припёр!
Я сыграю для тебя на аккордах на блатных,
Ну а коль не выйдешь ты, то полу-учишь под ды-ы-ых!

Песня прикольная, идти под неё весело, и подхватываем уже хором:

Возле дома твоего! О-о!
Во-о-озле дома твоего, о-о-о!

Ворон шагает сбоку, прислушиваясь к словам. Ухмыляется. Видно, что песня ему нравится.

— Мищенко, твоя работа? - кричит он сквозь наши голоса.

Костя пожимает плечами.

— Громче! Не слышу песни! - щерит железный рот взводный.

Я тебя аккуратно к сеновалу отнесу!
Ну а коль не выйдешь ты, все заборы обоссу-у-у!
Возле дома твоего! О!

Давно не пели так душевно. "Иго-го, бля! Взвод охраны! Иго-го!" — дружно орём наш боевой клич.

Не заметили, как и дошли.

На площадке – деревянная вышка, забор из колючей проволоки, коричневая туша железнодорожного вагона, три столба с привязанными к ним шинами и стенды с изображением приёмов рукопашного боя.

Кто-то обратил внимание, что солдаты на этих стендах выражением лица здорово напоминают легенду части Андрюшу Торопова. Тупые и спокойные лица у солдат, даже когда магазином в лицо друг другу суют.

Чуть в стороне, через небольшой учебный плац, железные столики под навесом – для тренировок с автоматами.

Ещё одна достопримечательность – знаменитый «учкудук». Три канализационных люка в разных частях площадки.

За сильные залёты "губарей" иногда бросают на аттракцион "учкудук".

С вёдрами одни бегают от колодца к колодцу по определённой схеме. Другие сидят непосредственно в колодцах и подают наверх вёдра с вонючей жижей. Смысл наказания вроде бы прост – вычерпать колодец. Но "губарям" приходится переливать говно из одного колодца в другой, а все они соединяются внизу.

Выводящие ставят задачи на время – столько-то пробежек за пять минут. Говно плещется во все стороны. Субстанция агрессивная, кожу разъедает. Поэтому "в целях гигиены", особенно в жаркую погоду, получившим учкудук выдают ОЗК.

Иногда "учкудук" используется и как средство протрезвления. Пойманные с запахом спиртного бегом таскают вёдра, во всё горло завывая одну и ту же строчку из песни: "Учкуду-у-у-у-ук! Три колодца-а-а-а! Учкуд-у-у-ук..."

На тренажную площадку мы прибыли не для совершенствования воинских навыков. Ворон ставит боевую задачу – прополоть заросший сорняками гравий, очистить рельзы от ржавчины и перекрасить заново вагон. Прежняя краска слезает с вагона целыми пластами – результат дембельского аккорда и работы под дождём.

Сам взводный подходит к глухому зелёному забору, которым обнесена караулка, придирчиво осматривает калитку и связывается по телефону с начкаром. Это хорошо, значит, будет спать там до обеда.

Колбаса распределяет работу.

Неожиданно вспоминаю, что видел в столовой, как Славин запихивал что-то в карман.

— Я с Трактором на ГСМ схожу, за краской.

— Один пусть идёт! – упрямится Колбаса.

— Никто ему ничего не даст. Только пизды

дадут и припашут. Ты же знаешь сам.

Сержант ломается для порядка ещё немного. Наконец, изрекает:

— Двадцать минут времени вам. Чтобы в десять здесь снова были.

Осенников явно больше, вот и корчит из себя Колбаса основного. Ничего, завтра они заступают, а наши сменяются.

Идём с Трактором по асфальтовой дороге в сторону склада. Время от времени чиркаю подошвой, прислушиваясь к скрежету подковок. Не знаю почему, нравится мне этот звук. Жаль, солнца много. В темноте ещё и искры видать.

С подковками особенно любит забавляться первая рота, "буквари". Додумались делать их из разных металлов. Чтобы искры выходили разноцветными. Идут они на вечерней прогулке, чиркнут – одна колонна белыми, другая – синими, третья – красную искру выдаёт из-под каблуков. Красота, да и только.

Дорога сворачивает налево, и нас с площадки уже не видать.

— Видишь вот эти поребрики, — показываю бойцу на давно не крашеные бетонные бруски вдоль дороги. – По молодости перетаскал хуеву кучу таких. От КПП до спортгородка зимой укладывали – я, Секс и Кица. И пятеро старых над нами было, в помощь, блядь.

Трактор кивает.

— Давай-ка присядем, — достаю сигареты и усаживаюсь на поребрик. – Курить будешь?

— У меня есть, — достаёт Трактор пачку "Полёта".

— На с фильтром, хуле ты. Бери, раз угощают.

Трактор берёт сигарету, чиркает спичкой. Курит он стоя, сесть рядом не решается.

— Жарко, — лениво роняю, пытаясь выпустить колечко дыма. Слабый ветерок тут же развеивает его. – Садись, чё ты как столб.

Из-за поворота выруливает УАЗ зампотыла, без "тела", с одним лишь водителем.

Скрипнув, притормаживает возле нас. Водила – Серёга Цаплин, "касатик", заблевавший всё купе, когда везли нашу команду в Питер.

Серёга приглашающе машет рукой – залезайте.

— Не, зём, спасибо. Нам торопиться некогда, — делаю отмашку земляку.

УАЗ фыркает и тащится дальше, в сторону парка.

— Вернёмся к обеду где-нибудь, — объясняю бойцу. – Пока кладовщика найдём, пока краску получим... Но сам так даже не пытайся шустрить, понял? На раз расколят, с очек не слезешь.

— Понял, — кивает Трактор.

Люблю такое вот утро – летнее, солнечное. Хорошо всё же, что не в городе служим. Дачу напоминает. Хотя совсем недавно на концлагерь больше походило.

— Да, кстати... У тебя нет чего-нибудь пожевать? Сахарку там, или хлеба? – невинно интересуюсь у Трактора.

Боец непонимающе смотрит.

— Не... откуда... – отвечает, мотая головой.

Тушу окурок об асфальт и щелчком закидываю в траву.

— Значит так. Сейчас ты достаёшь хавчик из своего правого кармана. Это первое. И второе – если ещё раз попробуешь наебать своего дедушку, особенно – меня, вешайся сразу лучше. Без предупреждения. Всосал? Всосал, спрашиваю?

Трактор, не зная, куда деть сигарету, достаёт из кармана два посеревших уже кубика сахара.

— Выкинь, — говорю бойцу.

Кубики улетают в траву.

— Ты что, хочешь "нехватушей" стать? "Голодняком"? Чтобы чернуху на время жрать? Тут тебе не карантин. В параше намочить заставят и сожрать. Этого захотел?

— Не, что ты, не! – боец напуган сильно.

— Тебя Сашей звать, да? Так вот, Саша, это твой второй залёт за сегодня только. К Наде в друзья захотел? Нет? А как сахар зубами колят, знаешь? Тоже нет?

Качаю головой.

— А вот у нас в карантине вставят такому, как ты, кусок между зубов, и – хуяк в челюсть! Хорошо, не ногой если. Ни хуя-то вы службы не знаете. Духи, бля... Какие вы духи – дети одни...

На секунду становится стыдно – ловлю себя на явно получаемом удовольствии от роли. Старый, мудрый, многоопытный индеец поучает молодого воина...

Роль ли это моя? Маска, личина? Или всё-таки нутро пропиталось кирзой? Загрубело, опростилось, оподлилось...

А может, приросла маска к лицу, превратилась в звериную харю – не отцепить уже. И взгляд есть на ней суровый, и оскал зубов, и раскраска пугающая.

А под ней – всё то же голое, мягкое лицо. Как у Патрушева. Снимешь – и осмелеют те, кто вокруг. Набросятся скопом. Загрызут. Как козлика у бабушки.

Выходит, Патрушев сильнее меня, сильнее всех нас – раз не боится с собственным лицом тут ходить? А у нас у всех не лица – хари. Исконное русское слово, маску обозначающее – харя.

— Ладно, не ссы, — поднимаюсь с поребрика и отряхиваю зад. - Пошли за краской. Учти, поймают тебя другие –

заступаться не буду. И сам въебу, мало не будет.

Идём опять по дороге. Под ногами по нагретому асфальту ползёт клякса моей тени. Тень Трактора преданной собакой скользит чуть сбоку.

— Спасибо... – едва слышно говорит боец.

Останавливаюсь.

— Давай, короче, так. Идёшь на склад сам. Найдёшь всё, не маленький. Будут припахивать – скажешь, Ворон придёт. Его боятся там. Через десять минут чтоб был на месте уже, с краской. Я проверю потом. Колбаса или Ворон вдруг искать начнут меня – скажешь, в санчасть пошёл, живот болит. Всё, съебал!

Смотрю ещё какое-то время вслед бегущему по дороге бойцу. Бежит он быстро, старательно. Интересно, добежит до поворота и пойдёт пешком, или так и будет гнать...

Впрочем, похуй.

Разворачиваюсь и иду в санчасть.

Надеюсь застать там Пашу с его сломанным зубом и новым талисманом.

А там и обед скоро.

4.

Весь полк зарубили на фильм. Замполит полка

Алексеев чем-то недоволен — то ли рота МТО не прошла строевым мимо него, то ли "мазута" пела плохо, то ли кто-то курил в строю. А может, просто баба ему не дала.

Не важно — сеанса не будет сегодня. Алексеев стоит возле лестницы у клуба и придирается к каждой подходящей роте. Один из самых ненавидимых нами "шакалов" части. Огромное пузо, высоченная тулья фуражки, брюки мешком и глумливая морда облаченного властью пропойцы. В руке неизменный кистевой эспандер, за что в штабе его кличут "Жим-Жимом".

Замполит сегодня трезв и не в духе.. Взмахом руки разворачивает очередную роту на плац перед учебной казармой и объявляет час строевой. С песнями.

Народ матерится и плюется. Вечер душный, в воздухе полно мошкары — лезет в глаза и рот.

Фильм смотрели раз десять уже, "Белое солнце пустыни". А все равно жаль. Хороший фильм, мне нравится.

У Гитлера, я знаю, в кармане резинка-"венгерка" — бить по ушам засыпающих бойцов. Любит он ходить на фильмы. Ох, как любит.

Наш взвод тоже попадает под раздачу — за грязную подшиву у Укола и нечищенные сапоги у Нади.

Как разглядел-то, в сумерках...

Взвод разворачивают и отправляют в казарму приводить внешний вид в порядок.

— Ну, бля, пиздец тебе, воин! — шипит идущий сзади Нади Гитлер. Раздаются характерные глухие удары — Надя получает несколько раз сапогом по икрам и едва не летит носом вперед.

— Ты охуел... — нервно оглядывается сержант Колбаса. — Леша на плаце!

Проходим мимо марширующих "мандавох" и "мазуты".

— О, бля, коней сразу в стойло! — машут нам руками из строя. — И здесь шарятся на халяву! А нам — плац топтать.

Конских фамилий во взводе не осталось ни одной, но кличка прилипла намертво, со старых времен еще.

— Иго-го, бля! — кричат наши духи боевой клич взвода. — Иго-го! Взвод охраны, иго-го!

Колбаса приказывает херачить строевым, что все и выполняют с азартом. Есть что показать. Строевая у взвода — лучшая в полку. Лицо части, как-никак. До кремлевских нам еще далеко, но год почти ежедневной строевой даром не проходит.

Замполит — его толстая туша маячит на другом конце плаца — показывает на нас и что-то кричит. Может, в пример ставит. Или развернуться требует, чтобы доебаться за "иго-го"..

— Не видим и съебываем! — командует сержант.

Сбегаем по лестнице мимо спортгородка, строимся, закуриваем, и уже не спеша идем в казарму.

Позади ревут про солдата и выходной марширующие роты. Долетают команды: "...вое плечо...ред!...агом марш!.."

— Надя, как придем — беги сразу вешайся, — говорит Укол. — Мало того, что в грязных сапогах лазишь, так у тебя еще и дедушка неподшит...

Надя получает кулаком в спину от Укола и тут же — подзатыльник от Кицы.

Кепка слетает с головы бойца. Он пытается ее поднять и тут же огребает пинок от сержанта:

— Куда, на хуй, из строя?!

Проходим метров двадцать.

— Взвод, стой!

Колбаса подходит к Наде вплотную.

— Рядовой Надеждин!

— Я!

— Головка от хуя... Где ваш головной убор?

Надя дергает головой куда-то в сторону:

— Там... Упала... Упал.

Взвод гогочет.

— Упа-а-ал?.. — изображает сержант удивление и оглядывается по сторонам. -Ну ладно...

Никого. Густые сумерки. Ни ветерочка. Небо на западе светло-лиловое, как манная каша с вареньем. На его фоне чернеет высокая труба котельной.

Смотрю на нее и вспоминаю вдруг свою первую ночь в части, когда нас вели этой же дорогой в баню. Так отчетливо, что встряхиваю головой.

Забыть. Забыть, как сон дурной.

— Рядовой Надеждин — вспышка с тылу!
Надя бросается на асфальт.
Колбаса отправляет его за кепкой. Ползком.

Все, кроме духов и шнурков, разбредаемся по обочинам. Снова закуриваем и яростно отмахиваемся от комаров. Дым почему-то комаров не пугает.

Надя, извиваясь всем телом, подползает к своей кепке. Колбаса опережает и пинком отбрасывает ее в сторону.

Стоящий невдалеке Кувшин кривится.
— Что, — подхожу к нему. — За друга обидно? Ну, заступись.
Кувшин молчит.
— Кстати, воин... — мне скучно, и хочется разговора. — Ты когда стихи про Москву выучишь?
— Я книжку взял уже в библиотеке. Только

это не Лермонтов про Москву писал. Пушкин.

Озадаченно смотрю на него.

— Бля... А ведь точно — Пушкин. "Евгений Онегин", главу не помню. Пиздец, приехали. Еще год — и школьную программу забуду. Ты "Записки из Мертвого дома" читал когда-нибудь? Федора Михалыча?

— Нет, — нехотя отвечает Кувшин.

Вижу, что разговор ему в тягость. Кувшин наблюдает за ползающим туда-сюда другом. Странно, но они — крепкий, дерзкий, сжатый как пружина Кувшинкин и сломленный, опускающийся все ниже Надеждин — друзья. Остальные из их призыва от Нади отвернулись давно, и при случае чморят не хуже нас. Кувшинкин же, по непонятной мне причине, единственный, кто называет его по имени и как может, помогает.

Осенники играют кепкой в футбол. Надя ползает туда-сюда, временами пытаясь встать на карачки. Едва он приподнимается, получает пинок и падает. Похож на полураздавленную гусеницу.

Еще немного ползания, и от формы одни лохмотья останутся. Новой ему взять негде, подменку тоже никто не даст. Завтрашний утренний осмотр будет не самым счастливым в его жизни.

Почему Кувшин дружит с ним, что он нашел в нем — не понимаю.

— А зря не читал. Ты бы вот лучше в Москву не хиппарей гонять ездил, а в библиотеку...

Хочу рассказать Кувшину о плац-майоре из "Записок...", любителе запрещать и наказывать. Как тот лишал арестантов театра и как маялись они потом в бараках. Удивляюсь, что помню какие-то книги еще. Наверное, просто тема близкая...

Но вместо этого дергаю Кувшина за ремень и тыкаю кулаком ему в живот:

— Не рано ослабил, а, военный? Встал смирно, сука!

— Колбаса, шухер... Шакалы... — негромко говорит кто-то из шнурков.

Из казармы первой роты выходит пара офицеров.

Быстро строимся. Надя, взмокший, тяжело дышащий, получает, наконец, свою кепку.

— Ты больше не теряй имущество, воин, — усмехается Кица. — В друхоряд с башкой отобью.

Приходим в казарму. Надю сразу тащат в умывальник, выставив одного из бойцов у двери.

— Бля буду, повесится он скоро, — говорю Кице.

Кица пожимает массивными плечами.

Шаримся по казарме, в поисках занятия. Народу мало, время ранее. Скука. Муторная, беспросветная.

Стоп...

Внимание привлекают не то удары в гонг, не то по наковальне. Кто-то что-то "робит" в бытовке.

Заходим. Ну, конечно.

На табурете, с зубилом и молотком в руках, восседает Вася Свищ. На другом табурете перед ним лежит массивная дверная петля. Вася приставляет к ней зубило и со всей дури лупит молотком. Звон и грохот стоят страшные, до дрожи стекол. Табурет подпрыгивает, но Вася удерживает его ногой.

— Ты охуел что ли с тоски совсем, Вася? — интересуемся мы.

Вася, по обыкновению, улыбается.

— Пидковки зробыть хочу, — поясняет он. — И дирочки вжэ хотовые, три штуки.

Табурет, служащий Васе верстаком, изуродован глубокими вмятинами. Вася упорно молотит и не сдается.

Мы с интересом наблюдаем.

— А обычные тебе не катят, да? — спрашиваю Васю в перерыве между процессом. — Ты уж сразу коньки себе прикрепи тогда — до дембеля не сносятся.

Вася степенно усмехается и продолжает свое занятие.

Не выдержав грохота, выходим с Кицей из

бытовки. Пытаюсь закрыть поплотнее дверь, но что-то мешает. Смотрю под ноги — одна из половиц паркета приподнялась под сапогом и не дает до конца закрыться. Дверь тяжелая, обитая жестью по краю.

— Постой, не уходи, — говорю Кице и еще раз проверяю дверь. Наступаю на половицу и притягиваю дверь. Ее клинит в сантиметрах пяти от косяка.

— Зови кого-нибудь из духов, — подмигиваю Кице.

— Бойцы! — оживившись, кричит Кица в сторону спального помещения. — Бойцы, еб вашу мать! Бегом сюда!

Прибегают Новый, Трактор и Кувшин.

— Ты, — говорю Кувшину. — Съебал стих учить. После отбоя расскажешь.

Кувшин уходит, нарочито медленно.

— Резче, воин! — ору ему вслед.

— Теперь вы, — обращаюсь к Трактору и Новому. — Нужен доброволец.

Бойцы переглядываются.

— Че делать? — уныло спрашивает Трактор.

— Вот ты и будешь. Сейчас узнаешь. Новый, улетел порядок наводить!

Трактор остается один перед нами.

— Короче, слухай сюдой. Мы вот с товарищем ефрейтором поспорили, шо будет, если пальцы в дверь эту попадут. Вот он, —

Кица тычет в меня пальцем, — думает, шо отрубит на хуй. А по-моему, тильки кости сломает.

— И нам надо установить, кто из нас прав, — подыгрываю Кице и киваю на косяк. — Клади пальцы.

Трактор растерянно смотрит на нас.

— Ребят, ну не надо, — губы его на глазах сереют. — Ну пожалуйста...

С Кицей такие номера не проходят.

— Какие мы тебе, на хуй, "ребята"! — толстый хохол ловко бьет Трактора в голень. — Суй руку, сука!

Трактор в отчаянии смотрит на меня. Наверное, после случая с сахаром вообразил своим другом.

— Че ты вылупился, как собака срущая? — спрашиваю бойца. — Делай, что говорят.

На лице Трактора полное смятение.

За нашими спинами начинает собираться публика — из тех немногих, кто не на плацу, а в казарме.

Вася Свищ, наконец отдолбив от петли плоскую пластину, с увлечением разглядывает ее, не обращая на происходящее внимания.

— Ты у меня повешаешься сегодня ночью, уебок, — угрожающе тянет Кица. — Останний раз тоби ховорю...

Трактор делает шаг к двери, зажмуривается, закусывает губу и кладет пальцы на край косяка.

Кица распахивает дверь пошире. Незаметно наступаю на половицу.

— Глазки-то открой, а то уснешь, — усмехается Кица.

Едва Трактор открывает глаза, Кица со всей силы захлопывает дверь.

Трактор отдергивает руку.

Дверь ударяется о половицу и распахивается заново.

— Блядь, ну ты и мудак, — говорю Трактору. — Причем дважды. Фокус испортил, это раз. И руки суешь куда ни попадя — два.

— А башку бы сказали сунуть — сунул? Съеби, пока цел... — Кица тоже расстроен.

Трактор убегает в спальное помещение.

Вася Свищ смотрит на нас, стучит себя по лбу пальцем и достает откуда-то напильник без ручки. Прижимает пластину к краю табурета и начинает обтачивать.

— Пошли, Кица, покурим, — говорю товарищу, морщась от звука напильника. — Фокус не удался.

— Вы, бля, звери, — говорит нам сержант из "мандавох" Степа. — А если б он руку не убрал?

— Солдат ребенка не обидит, — угощаю Степу сигаретой. — Гляди.

Показываю, как приподнять половицу.

Степа качает головой.

— Долбоебы...

В умывальнике на подоконнике сидят наши осенники — Колбаса, Укол и Гунько. Достаем сигареты, закуриваем.

В распахнутое окно вливается душный сизый вечер. Год уже с лишним я смотрю в это окно. Еще почти столько же...

Нади не видать.
— Где он? — спрашиваю их.
Укол усмехается:
— Где и положено. Двадцать "очек" только от меня лично. Заебется сдавать.

Захожу в сортир. Кица остается с осенниками.

Дверцы кабинок распахнуты. В дальней, у окна, слышно копошение и знакомый, такой знакомый звук кирпичного бруска.

Подхожу и вижу согнутую спину Нади. От звука шагов тот вздрагивает и оборачивается. Лицо его заплаканное, нос распух. Правое плечо и часть спины темные, будто мокрые.

— Давай, давай, хуярь, — киваю ему. — Это самое важное "очко". Дембельское. Время придет, сам в него срать будешь.

Молчу немного и добавляю:
— Если доживешь, конечно.

Надя сжимая обломок кирпича, утыкается лицом в руку. Только сейчас до меня доходит, что за темные пятна на его форме.

Кто-то из осенников просто поссал на него.

Не сидеть Наде на почетном "очке" никогда. Судьба у него теперь — другая.

Лучше бы замполит нас пустил на фильм. Хотя, все равно. Рано или поздно...

— Не плачь, Надя. Москва слезам не верит...

Выбрасываю бычок в "очко", которое он чистит. На секунду становится неуютно в душе. Понимаю, что лишь пытаюсь выдать себя за сурового черпака. Мне жаль, настолько жаль этого опустившегося бойца, что опять ловлю себя на желании избить его прямо тут. Сильно избить, не думая о последствиях.

— Надя... Встань. Хорош реветь, я сказал. Как тебя зовут, по-нормальному?

— Виктор... — шмыгает носом боец и поднимается.

Грязный, мокрый, в руке — темно-оранжевый кусок кирпича.

— Кирпич хуевый у тебя. Таким до утра тереть будешь. Спроси у "мандавох" со своего призыва, может, у кого мягкий есть. Красный такой... Я в свое время под тумбочкой ныкал, чтоб был всегда.

В сортир заглядывает Кица:

— Пишлы чай пить, шо ты тут?

— Щас иду, погодь!

Кица уходит.

— Короче, Витя. Я тебя пальцем не трону.

Обещаю. Но и заступаться не буду. Сам должен. Делай как хочешь. Но или ты не зассышь, и заставишь себя уважать, или... Никто и ничем не поможет тебе уже. Ты меня понял?

Надя часто моргает, готовый расплакаться вновь.

— А как? — сипло выдавливает и вновь начинает всхлипывать.

Вот сука.

Пожимаю плечами.

— Да как сможешь. Только не вздумай стреляться или вешаться. Ты что, пиздюлей на гражданке не получал никогда? Что ты прогибаешься под них, — киваю на стенку. — Вытерпи несколько раз, докажи себя.

Кица снова засовывает в дверной проем свою круглую рожу:

— Шо тут у вас?

— Политинформация. Иду, иду.

Выходим из умывальника и обнаруживаем, что шутка наша пришлась "мандавохам" по душе. Какой-то несчастный душок жалобно трясет головой возле двери бытовки.

— Суй руку, я тебе сказал! — орет и замахивается на него Степа. — Ты чо, бля? Старого в хуй не ставишь?

— Ставлю... — испуганно отвечает дух.

Под общий смех Степа выкатывает глаза:

— Ах ты, сучара! Ты — меня! В хуй?!

Ставишь?! Ну пиздец тебе! Суй руку!

Хлоп! — ударяется дверь о препятствие.

Дух стоит ни жив, ни мертв.

— Ты хуль руку не убрал?! — орет на него Степа. — Сломать хотел? В больничку, сука, закосить хотел?! Служба не нравиться?! На "лося", блядь!

Боец вскидывает ко лбу руки и получает "лося".

— Гыгы... — улыбается Степа. — Съебал! Стой! Из своих позови сюда кого! Хы, бля, прикольно...

С хождения по плацу возвращается рота связи. Топот, ругань, вопли, мат — обычный вечер. Все матерят замполита.

— Дембель! Дембель давайте! Заебало — не могу! — орет кто-то истошно у выхода.

— Вешайся! — кричат ему с другого конца.

Быстрая вечерняя поверка, наряды на завтра и отбой.

Ответственный лейтеха из новых, только что с Можайки, читает книжку в канцелярии а через полчаса и вовсе сваливает из казармы.

Начинается обычная ночь. Бойцов поднимают и рассылают по поручениям. Кого на шухер, кого в столовку за хавчиком, кого "в помощь дневальным".

Некоторых тренируют "подъем-отбоем" на время. Бойцы суетятся, налетая друг на друга.

Скидывают одежду и прыгают в койки. Тут же подскакивают и, путаясь в рукавах и брючинах, одеваются.

Не знаю, на хер нужен скоростной "отбой". "Подъем" — еще куда ни шло, но вот зачем на время раздеваться — не понятно. Странно, когда "отбивали" меня самого, полгода назад еще — таких мыслей не возникало.

Раздается кряхтенье.

Человек десять провинившихся стоят на взлетке в полуприседе, держа перед собой в вытянутых руках табуреты.

У некоторых, особо залетевших, на табуретах лежит по несколько подушек. За малейшее движение рук вниз бойцы получают в "фанеру".

На соседней со мной койке лежит Кувшинкин. Глаза его закрыты, но лицо напряжено, видно даже в полутьме дежурного освещения.

— Кувшин! — толкаю его в плечо. — Как там стихи про Москву? Выучил?

Боец открывает глаза.

— Времени ведь нету совсем... Я дневального попросил разбудить перед подъемом, подшиться. Утром выучу все.

— Бля, ты лентяй...

Лежу и думаю, чем заняться. Сна ни в одном глазу.

— Улиточки! Улиточки ползут! — кричит кто-то из роты связи.

Все оживляются, суют ноги в тапочки. Подхватывая ремни, бегут на взлетку.

Одна из любимых забав "мандавох".

По взлетке, в одних трусах, ползут бойцы. Не просто так, а на время. За минуту надо доползти до конца казармы. Никто и никогда не укладывался в норматив, насколько помню.

Нархов, самая быстрая "улиточка" прошлого лета, подбодряет нынешних хлесткими ударами ремня. При этом делает страшное лицо и шипит:

— Резче, суки! Резче ползем!

"Улиточки" стараются изо всех сил. То с одной, то с другой стороны ползущих охаживают ремнями, для ускорения.

Обращаюсь к лежащему рядом Кувшину:

— Подъем, военный!

Кувшин вскакивает.

— Бери подушку и беги в атаку.

— На кого? — недоумевает боец.

— Бля, на "улиточек"! Пизди их подушкой и кричи: "Позади Москва!" Чтоб ни одна не проползла через территорию взвода. Всосал?

Кувшин берет подушку и крутит ее в руках.

— Мне же "мандавохи" пизды дадут...

— Ну ты выбирай уж — или они тебе дадут, или мы, — подает голос со своей койки

Паша Секс.

Кувшин отправляется на битву.

В казарме вопли и свист. Игра "мандавохам" нравится. В Кувшина летят подушки, некоторые попадают в нас. Бросаем их в ответ. Откуда-то прилетает сапог, ударяется о спинку моей койки. Хватаю оба кирзача Кувшина и один за другим швыряю в сторону "мандавох". Главное, чтоб не прислали в ответ табуретку.

Прибежавший от выхода дух обрывает веселье.

Шухер.

Все разбегаются по койкам.

Приходит помдеж, о чем-то разговаривает с дежурным по роте. Слышно, как спрашивает, где ответственный.

Ходит какое-то время по рядам, посвечивая фонариком. Заглядывает в ленинскую и сушилку. Наконец, уходит.

— Съебал! — вполголоса кричит дневальный.

Одеяла на койках шевелятся, снова поднимается народ.

Но азарт уже прошел. Играть больше неохота. Все расползаются по делам — смотреть телевизор, курить в умывальнике, разрисовывать альбомы и заваривать чай.

— Кувшин, молодец! Погиб, но врагу не

сдался! — говорю притихшему на соседней койке бойцу.

— Надо поощрить человека за храбрость, — говорит Укол. — Кувшин! Сорок пять секунд отпуска!

Кувшин вскакивает, который раз уже за сегодня, и начинает прыгать на одной ноге, щелкая себя большим пальцем под челюстью. Другой рукой он изображает дрочку.

Все верно — нехитрый набор солдатских радостей. Танцы, ебля и бухло. Одновременно, чтобы уложиться в отведенное время.

Это и вправду смешно, когда со стороны смотришь. Развлечение.

Лучше бы нас на фильм пустили.

Все, спать, бля. Спать.

5.

По утрам прохладно. Наливается тоскливой синевой купол неба. Бомбовозами ползут серые облака — плоские снизу, будто подрезанные, и ватно-лохматые поверху. Дожди пока редкие, но облака все идут и идут, куда-то на Ленинград.

Август кончается. Скоро осень. Гнилая, холодная осень и за ней — бессмысленная затяжная зима. Два хреновых сезона, которые придется провести тут. По второму кругу. Весна — не в счет. Весной — домой.

На хера я тут... Какой толк...
Все что мог — уже сделал.

* * *

В стране путч.

Возня в Москве, в которую влез даже министр обороны, не затронула особо нашу часть, за исключением нескольких дней повышенной готовности. Применительно к нашему полку звучит комично.

Ежедневно, до обеда и после, чистим оружие. До одурения. Вот и вся готовность.

К чему — никто не знает.

В который раз наматываю на кончик шомпола кусок белой тряпки, но она все равно становится грязно-серой после нескольких движений.

На прошлой неделе были стрельбы. Выстрелил шесть раз одиночными. Злюсь на Ворона — взводный тоже решил пострелять. Взял мой автомат и высадил из него три рожка. Вроде бы отчистил тогда "калаш" от гари, а прошла неделя — как снова наросла она.

Мне помогает Вася Свищ. Добровольно. Оружие он обожает. Особенно разбирать-собирать и чистить. Делает это с крестьянской обстоятельностью и деловитостью, любовно разглядывая результат. Прищуривает глаз, высовывает кончик языка. Качает головой, усмехается чему-то и вновь принимается за чистку. Свой автомат он уже надраил, теперь возится с пружиной моего.

Отхожу к окну покурить. Говорят, танки в Москве, в самом центре. Какие-то баррикады и неизвестный мне раньше Белый дом. Замполиты молчат. По телевизору стройные, но страшные на лицо бабы танцуют балет.

Какие танки, на хера танки... Один наш взвод, если вернуть в "замки" сержанта Бороду, всех захуярит, если надо. Дай только приказ.

Стал бы я стрелять в "свой народ"?

Ни я народу, ни он мне — не "свой".

Стал бы. Вообще — хочу стрелять. Не на стрельбище. Там обстановка не та — делаешь, что приказано. Выплеска, облегчения нет.

Давно уже мучит, едва сдерживаюсь. Особенно — на посту. Хоть куда, но выстрелить. В потолок. В стену, чтоб крошкой брызнуло. В разводящего, раз нет нарушителей. В черное ночное небо — в Бога — только жаль, нет трассеров. В проезжающую машину. По кривым силуэтам деревьев стегануть от души...

А то — себе в голову. Руки длинные, до спуска без проблем достать.

Не выдержал однажды — перевел на

одиночный, дослал в патронник. Встал не колени, приклад пристроил в угол. Прижал бровь к толстому кругляшу дула. Дотянулся до крючка. Вот он, полумесяц судьбы — маленький железный крючок. Стоит лишь надавить большим пальцем... Сколько так стоял — не знаю. Темень, тишина. Лишь дождь — пу-пу-пу-пу — по жестяной крыше поста.

Отложил, нашарил пачку сигарет. Извел штук пять спичек, пока прикурил. Пальцы — будто чужие. Долго не мог сообразить, как извлечь патрон и сунуть обратно в магазин.

Было это — месяц назад. По духанке и в голову не приходило. А тут вот...

От мыслей отвлекает ругань у оружейных столов.

Во взводе чэпэ.

У Нади нашли патрон.

Нашли случайно — спросили сигарету и ощупали карманы. Вот так штука. Черпак Кирзач и чмошник Надя — одного поля ягоды, оказывается. С одними интересами. Хотя кто знает — может, каждый второй во взводе таков. Крыша-то едет у каждого тут.

Надю уводят на допрос в сушилку. Допрашивают оба призыва — мой и осенний. Помня о данном слове, остаюсь на пару со Свищем возиться с возвратной пружиной.

Откуда у него патрон, Надя скрывал минут десять.

Узнали, конечно.

От бойца из второй роты, земляка его. Боец работает на обслуживании тактических полей и стрельбища.

Колбаса посылает во вторую роту одного из шнурков.

Не сладко придется дружку.

Для чего ему был нужен боеприпас, Надя объяснить не смог. Самой нелепой была версия о брелке — хотел сделать себе на будущее.

До взводного доводить не стали. Отмудохали Надю крепко. Как всегда, впрочем.

Но на этом дело не кончилось.

Выпивший и злой, Укол после отбоя поднимает бойца. Надя стоит перед ним — нелепый, в растянутой майке и непомерно широких трусах. Отощал настолько, что еще немного — и играть ему в кино узника фашизма.

Укол бьет его ладонями по ушам. Надя приседает и хватается за голову.

— Встал, сука! — пинает его босой ногой в лицо Укол. — Снимай трусы, блядь, и вставай раком!

Замирают все. Такого еще не было в казарме.

Это уже беспредел.

Я помню, как у Укола стоял член во время "бритья" Нади полотенцем.

Вмешиваться или нет — не могу решить.

— Э, Укол, харэ! Ты чо делаешь?! — свешивает ноги с койки Паша Секс.

Паша здорово раскачался за последнее время. Связываться с ним осенники обычно не решаются. Но Укол вошел в раж и орет уже на всю казарму:

— Ты чо, за пидора меня держишь?! Да такого даже опускать западло! Я ему этот патрон просто в жопу засуну!

Укол разворачивается к дрожащему Наде и пробивает ему "фанеру":

— Чушкан, снял труханы, чо не ясно?

Надя не двигается. Получает еще несколько раз ногой от Укола. Падает на койку Гунько. Тот, матерясь, сбрасывает его на пол. Вскакивает и принимается пинать бойца.

Паша вопросительно поглядывает на меня.

Пожимаю плечами. Или Надя сумеет доказать, что он человек, или...

Всхлипывая, боец поднимается и стягивает трусы до колен.

Секс сплевывает на пол, встает с койки, зажимает в зубах сигарету и демонстративно уходит.

— Нагибайся, пидор! — командует Укол Наде.

Тут происходит невиданное.

На Укола всей своей медвежьей тушей наваливается Вася Свищ.

Оба они падают в проход между коек.

Слышен сдавленный хрип Укола и удары пяток о паркет.

Ошарашенный Надя резким движением надевает трусы обратно и отступает от сцепившихся старых.

Борьба длится недолго.

Вася разжимает горло Укола, нашаривает на полу выроненный тем патрон, поднимается, сует ноги в сапоги и как был — в трусах и майке — идет на выход.

— Ебаны в рот... — доносится с рядов роты связи.

Наш взвод молчит.

Гунько и Колбаса помогают Уколу подняться.

Тот, по-обыкновению, орет, что замочит всех, а Свища — дважды. Но уже отовсюду раздаются смешки и подначки. Укол быстро тушуется, уходит курить в сортир.

Надю отправляют в постель.

Я смотрю на его друга Кувшина. В полутьме видны белки глаз и губы, сжатые в узкую полоску. Выражением лица Кувшин напоминает мне Черепа.

Такое же оно у того было, прошлой осенью. Когда мы в сушилке решали, как кончить Соломона.

ЧАСТЬ ПЯТАЯ.
СТАРОСТЬ

1.

Ночью неожиданно включается свет и командуют "подъем!" Тревога? Не похоже. Время тревоги всегда заранее известно. К тревогам у нас готовятся по несколько дней.

По взлетке ходит смурной дежурный по части майор Прокофьев. За ним семенит сержант Самойлов из роты связи с журналом учета личного состава.

— Вызывайте командира роты! — приказывает дэчэ и кричит в нашу сторону: — Сержант Колбасов, стройте взвод охраны! Команда "подъем" была!

Строимся, сонные, с опухшими мордами.

И тут только замечаем, что койка Нади пуста.

— Все. Пиздец... — негромко говорит Колбасов. — Теперь всем пиздец.

Проводят перекличку.

Нет Надеждина у нас и двух бойцов у

"мандавох".

— Да был он после отбоя... — Колбаса растерянно смотрит на дежурного по части.

— Воронцова вызывайте. И старшину роты связи.

Дневальный отзванивается в военгородок. Колбаса берет у него трубку и что-то говорит. Взводный орет так, что Колбаса отдергивает голову от трубки. Слов не разобрать, но рычание слышится отчетливо.

Поворачиваюсь к Кувшину:
— Слышь, если ты в курсе — говори прямо. Знаешь, куда Надя подорвался?

Кувшин мотает головой.

— Ты мне не пизди, воин! — замахивается на него Кица но осекается под взглядом Прокофьева.

Дежурный подходит к нашему строю и с минуту разглядывает всех.

— Доигрались? — неожиданно визгливым голосом произносит он и оборачивается на дежурного по роте: — Дневальных сюда!

Подбегают оба дневальных, из молодых.

Ничего не видели и не слышали. Казарму никто не покидал.

— Суки, бля! — расхаживает дежурный по казарме. — Ебаные суки! Именно в мое дежурство!

На удивление знакомая фраза... Точно так причитал весной помдеж, когда из окна выкинули казарменную "крысу" Чернику.

Колбаса о чем-то переговаривается с дежурным по роте.

Стоим минут двадцать. Разглядываем стенд с инструкциями и узоры линолиума под ногами Все, о чем думаю — будет ли пиздец лично мне и не сильно ли я чморил Надю. Вспоминаю недавний с ним разговор в сортире. Особо плохого, вроде, ему не делал. В том, что Надя сдаст всех, кто над ним издевался — не сомневаюсь.

Больше всех нервничают осенники. Из наших — Кица и Гитлер.

Вася Свищ стоит с непроницаемым лицом, разглядывая потолок.

— Ты подковки-то доделал? — спрашиваю его, пытаюсь отвлечься от неприятных мыслей.

Вася поворачивает голову и мрачно усмехается.

— Ось будут тоби пидковкы... Нэ потрибно було бийцив чипаты...

Вот и отвлекся...

— Вася, причем тут я? Хуль ты пиздишь... Бандеровец, бля... Я его вообще не трогал...

Гитлер, стоящий позади меня, тут же вскипает:

— А ты теперь самый чистый, типа того? Типа, не при делах? А кто его на "рукоходе" отпиздел, а?

— Да уж чья б мычала, Гитлер... Он как ноги свои покажет — тут тебе и пизда.

— Последний раз кажу — я не Гитлер тебе!

Встревает Колбаса:

— Э, тихо там!

Гитлер что-то еще бормочет под нос, но затихает.

Теперь я уверен и в том, что и наш призыв закладывать друг друга будет по полной.

Все же удачно тогда я поговорил с Надей. Может, и не сдаст меня. Хотя — сдаст, конечно же. Бля, если дойдет до следствия и "дизеля"...

Сейчас бы поссать и покурить. Обдумать все. На "дизель" из-за чмо... Хоть самому сваливай.

— Вася, ты куда патрон тот дел? — шепотом спрашиваю Свища.

Ефрейтор молчит.

— Слышь, Василий... Дело-то верное... — мгновенно просекает тему Паша Секс.

Строй оживляется. Появился шанс "перевести стрелку" на самого бойца. Хищение боеприпасов — тут ему самому отмазываться придется. Нас взъебут за "неуставняк" и что не доложили — но основное на Надю ляжет.

Судьба такая у него. Лучше бы он повесился, что ли...

Свищ стоит каменной глыбой и даже ухом не ведет. Его призыв лишь матерится вполголоса. Но если Вася уперся — не сдвинуть.

Приходит злой и невыспавшийся ротный связистов Парахин. Сразу за ним — наш Воронцов.

Ворон тяжело дышит, супит косматые брови и нехорошо скалится.

— Ну вот вам всем и пиздец. Домой — года через два. А то и три, — сипло говорит взводный.

Взгляд его останавливается на непроспавшемся еще Уколе.

— Та-ак, бля...

Дальнейшее происходит быстро.

Укола до утра запирают в оружейке.

Ротный "мандавох" быстро раскалывает дневальных — те сообщают, что Надя и другие два бойца вышли из казармы в три часа. Сейчас десять минут пятого. Далеко не ушли, значит.

Находятся дружки сбежавших мандавох. Вместе с Кувшином их ведут в канцелярию. Там с ними уединяются офицеры и наш взводный. Одного из бойцов направляют на беседу с сержантами. Из ленинской комнаты, где проходит беседа, слышны звуки падающей мебели.

Поступает информация — бойцы двинули на подсобку, к землякам-свинарям. Там планируют переодеться в "гражданку" и утром, в обход части, пробираться в Токсово, на электричку до Питера.

— Долбоебы... — удрученно говорит наш Ворон. — Возьмете — не пиздить. Ко мне сюда, целого и невредимого.

Нас разделяют на "тройки" и рассылают по объектам. Со мной вместе Арсен и Секс. Наша задача — шароебиться по трассе на райцентр в надежде встретить беглецов, если те уже свалили с подсобки.

Чем мы и занимаемся без особого энтузиазма.

Ранее утро. Холодно и сыро.

Мы идем по мокрому асфальту шоссе, раскуривая одну на троих сигарету.

С табаком в части напряг. Как и везде. Говорят, в Питере "бычки", или, по-местному, "хабарики", продают прямо на улице, в банках литровых.

— Как думаешь, правда? Нет? Ты бы купил чужие окурки, на гражданке? — спрашиваю Пашу Секса.

Тот отмахивается:

— Отвянь...

Паша мрачен и напряжен.

Нет, приятно сознавать, что тебе меньше всех грозит, если что...

— Да расслабся ты, — протягиваю Паше его долю сигареты. — Нашли их наверняка уже. Записки выпишут об аресте, и на губу. А мы туда по-любому сегодня заступаем.

Паша останавливается и в несколько

затяжек докуривает "бычок".

— Пусть сразу вешаются, — говорит он.

Еще пару часов мы сидим на одной из автобусных остановок, прячась от ветра за исписанную матом бетонную стену.

Арсен пытается накарябать на ней карандашом "ДМБ-92 осень", но грифель быстро истирается, и на букве "о" кабардинец бросает свое занятие.

Сидим почти молча, разглядывая редкие машины.

Пытаюсь повесилить друзей историей о Свище — как прошлым летом неподалеку отсюда он вытянул из земли дорожный указатель. Но настроение у всех паскудное и тревожное.

Курить больше нечего. Стрельнуть не у кого.

Возвращаемся в часть.

На КПП узнаем новости. Как и ожидалось, бойцов нашли на подсобке.

С ними уже ведут беседу. С остальными — тоже. Нас ожидает в канцелярии Ворон.

Беседа нас пугает. Если Ворон будет бить, яйцам — хана.

Но все обходится на удивление мирно. Много мата и пара тычков в грудь — вот и вся "профилактика".

Вадим Чекунов

После развода бойцов доставляют на губу. Туда же отправляют и Укола. Посадили всех в одну камеру. В караул в этот день заступаем не мы, а осенники. Начкаром — Ворон. Подменился с кем-то.

После побега бойцов, неудачного, но заставившего сжаться не одно очко, жизнь в казарме входит в подобие уставного русла.

Построения и переклички — с утра до вечера. Канцелярия забита офицерами. Чтобы занять всех делом, проводят строевой смотр и дополнительный ПХД.

Короче — вешаемся.

Укол сидит на губе недели две уже. Сидит неплохо, с подгоном хавчика и сигарет — от своих же.

Ответственные теперь не покидают казарму всю ночь. Помдеж или дэчэ по нескольку раз обходят ряды, светя фонариком в лица спящих.

Надю неделей позже перевели в батальон обеспечения в Питере. От греха подальше. Говорили, к нему приезжала мать. Упрашивала комбата отдать ей сына. Ходила за ним по пятам. Дошли слухи, что и из Питера Надю направили куда-то в другую часть, чуть ли не в Крым.

В ночь, когда узнали про приезд его матери, долго не мог заснуть. Лежал на койке, ворочался, скрипя пружинами. Садился и курил, сплевывая горечь на пол. Хотелось нажраться, и все настойчивей крутился в голове образ заначенного фунфырика "Фор мэн". Не "Ожон", но — тоже нормально идет. Утро только вот потом... Лучше не просыпаться...

Пытался представить себе незнакомую женщину, проехавшую полстраны... Не на присягу. Не в гости.

За сыном — в наивной надежде вырвать его из зверинца.

Вместо Надиной мамы почему-то виделась больше своя. В каком-то нелепом платке...

Хуево. Стоп. Нельзя так.

Раскиснешь — и станешь Патрушевым.

Москвич Патрушев... Земляк. Доставалось ему с самого карантина. Неслабо доставалось, от Романа больше всего. "Орден дурака" носил Патрушев знатный. Без отца парень, мама и бабушка воспитали. Скучал по ним уже в поезде. Мягкий, тихоголосый. Веселил нас в столовой, вспоминая, как бабушка крупу перебирает. У нас-то в пшенке какого дерьма только не было. Даже крысиное.

С Сережей Патрушевым был у меня не один разговор о дедовщине. Не поняли друг друга. Меня не хватило признать, что буду самим собою — не выживу тут. Против правил играть — не моя дорожка.

Серега только усмехнулся и руками развел. На том и разошлись. Но вот чего он никак не ожидал — удара с другой стороны.

Патрушев был готов к неприязни со стороны осенников и особенно — своего призыва. Сносил насмешки, отовсюду идущие. Молча, не огрызаясь. Но и не унижался. С молодыми обходился на равных. Не припахивал, работал, как боец. Разрешал при работах расстегнуть воротник и ослабить ремень. Ходил им в чипок за пряниками — духам туда не положено.

Бойцы в нем души не чаяли, особенно первое время. Защиты у слабого черпака они найти не могли, но поддержку, хотя бы моральную, получали.

Как и не мелкие "ништяки" — конфеты, курево или хавчик. В чем-то Патрушев пытался копировать Скакуна, своего старого. Того самого, культуриста. Да, Саня конфетками молодых тоже угощал. Но ведь Скакун был совсем другим. Куда там Патрушеву...

Никак не ожидал он получить от молодых в ответ такого.

Исподволь, незаметно почти, но начали духи над ним подсмеиваться. Начали отлынивать от работы, если под его руководством посылали их. Тормозить с порученьями. А то и просто хамить в ответ.

Несколько раз Патрушева заставали в курилке, стоящего перед духами. Те же, расстёгнутые с его разрешения, развалясь, курили на скамеечке.

Воинов застёгивали и пинками гнали в казарму. Патрушеву высказывали, что думают, но сдерживались. До поры до времени.

А потом подняли Патрушева ночью, оба призыва — наш и осенний. Сопротивляться Патрушев не решился. Да и не смог бы.

Сначала били просто, отшвыривая на спинки коек. "Ты не черпак!" — орали ему. "Ты дух, бля! Чмошник ссаный!" Поднимаясь, Патрушев упрямо твердил: "Я — черпак". Удивительно стойким оказался.

Взвод охраны в дела "мандавох" не влезает. Как и они — в наши.

В ту ночь я был несказанно рад этому правилу.

Патрушева сломали морально лишь когда подняли молодых и заставили их пробивать ему "фанеру".

"Ты чмо!" — кричали ему в лицо духи и били в грудак.

По приказу, да. Но — не отказались.

Патрушева опустили до "вечного духа". Запретили расстёгиваться, курить в казарме. Получать он стал ежедневно, от каждого, кто пожелает.

Особенно доставалось ему от шнурков и

тех же духов.

2.

Осенники дождались своего приказа. Как всегда, ходили слухи о задержке и вообще его отмене. Мы, издеваясь, как могли, поддерживали эти слухи и раздували. В душе надеясь на скорый уход этого призыва.

Следующий приказ — наш. Ждать целых полгода. Мне не верится уже, что когда-нибудь это время придет.

Друзья с гражданки почти перестали писать. Да и письма их — раньше с жадностью перечитывал, а теперь — как чужие мне люди пишут. Университетские сплетни — кто с кем и кого, зачеты-экзамены, сессии... Какие-то купли и продажи — некоторые подались в бизнес. Цены и суммы упоминались для меня нереальные.

Какие бартеры... Какие сессии... Тот мир — совсем чужой для меня.

Выходит, этот, кирзовый – ближе.

Тянутся нудные, тоскливые дни, похожие один на другой, как вагоны километровых товарняков. Лишь, как колеса на стыках, монотонно постукивают команды "Подъем!", "Отбой!", "Строиться!" и чередуется пшенка с перловкой на завтрак...

Кирза

Ночь. Прожектор освещает асфальтовую площадь, всю в лужах, с утонувшими в них бледными листьями. Железные, грязно-белого цвета ворота со звездами. Пристройка из красного кирпича с крыльцом и тремя окнами. Бетонный забор. КПП.

Дождь идет третьи сутки подряд.

Кирпич КПП потемнел изнутри, с потолка дежурки снова капает.

Так! Так! Так! – принимает капли жестяной тазик.

Сырость лезет в щели окон и дверей.

Наряд – четыре человека. За обшарпанным столом несут службу двое.

Дежурный по КПП прапорщик Кудря спит лицом на телефоне. Иногда он тяжко вздыхает и переворачивает голову. На его щеке виднеется полумесяц кружочков. Рядовой Рысин бережно подложил под чубатую голову пилотку. Дышит он ровно и чуть с посвистом.

Когда дыхание военных совпадает, стол начинает тихонько поскрипывать в унисон.

В коридоре, свив гнездо из плащ-палатки, съежился выставленный на шухер боец Кувшинкин.

Чуть теплая батарея облеплена тяжелыми ватниками. Толстые беспалые руки похотливо обнимают ее ребристое тело.

Желтый размытый свет моросит из плафона у потолка. Настольная лампа выключена. Банка из-под растворимого кофе полна окурков. Пятнами в прокуренном и спертом воздухе – инструкции на отделанных вагонкой стенах.

Тазик на полу переполняется.

Тинь-ток! Тинь-ток! Тинь-ток! – не прекращается капель с потолка.

Брызги летят на истертый линолеум. Змейка воды лениво ползет в дальний угол.

Отрываю взгляд от клеточек кроссворда. Несколько минут разглядываю попеременно то тазик, то уснувшего салабона.

Кувшин спит, обхватив коленки. Вид у него, как у больной канарейки. Темная сырая пилотка натянута на уши и напоминает бесстыже раскрытый женский орган. Будить Кувшина становится вдруг жалко.

Вода затекает куда-то под плинтус.

«Хуй с ним!» — наконец, принимаю решение и возвращаюсь к кроссворду.

Пу-пу-пу-пу-пу-пу – усиливается дождь за окном.

Больше половины уже разгадано. Вторая часть пойдет легче, можно подставлять в появившиеся буквы. Вот только бы не эти артисты, писатели да притоки всякие… Пустых клеток еще много. Они начинают расти, увеличиваться в размере, заполнять собой тесную дежурку КПП, крутиться, вертеться, вращаться вертолетными лопастями, превращаются в бурлящую воронку воды и я, дергая головой, едва не падаю со стула.

Ручка валяется под сапогами. Замусоленная газета висит на колене. С краю, где ответы за прошлый номер, пятно слюны.

Вытираю рот, тру лицо и с завистью оглядываю спящих. Суки, умеют спать в любом положении.

Смотрю на часы. В тусклом освещении едва различим их циферблат.

Встаю, поднимаю с пола тазик. Расплескивая, несу к двери.

Кувшин испуганно дергается. Пытается встать. Руки его беспорядочно шарят вокруг. Красные пальцы с поломанными ногтями скребут линолеум.

Нависаю над ним. В руках – тазик.

— Спишь, служба? – интересуюсь.

Кувшин моргает.

Пятясь, задницей приоткрываю дверь. Шум дождя усиливается. Языки влажного воздуха заползают внутрь. Выплескиваю воду на крыльцо. Дверь захлопывается.

Прапорщик Кудря вздыхает и переворачивает голову.

Рысин открывает и тут же закрывает один глаз.

Кувшин сидит на полу и дрожит.

Пройдя в дежурку, ставлю тазик на место, в небольшую лужу.

Так-так! Так-так-так...

Снимаю с батареи пару бушлатов, бросаю их Кувшину.

— До пяти. Спи, гоблин.

Боец шустро утепляет гнездо. Повозившись, затихает.

Поднимаю ручку, сажусь на стул и разглаживаю на колене газету.

Смотрю на мокрое стекло окна.

Темнота и дождь. Дождь. Дождь.

Дождь...

Утро.

На плацу сыро и ветрено. Ветер хлопает полами шинелей.

Над крышами казарм ползут рваные тучи. Кривые березки стряхивают остатки желто-бурой листвы.

Пробую пошевелить пальцами ног. Левый сапог уже насквозь мокрый. Насморк ни хуя так не пройдет...

Когда-то, в далеком детстве, была любимая книга. Темно-зеленая, толстая, с золотым тиснением. Зачитывался ею. О Вожде Краснокожих, Малыше Мак-Гарри, Акуле Донсоне...

Был там один рассказ. «Когда упадет последний лист, я умру!» — одна девчонка говорила другой. Как их звали? Мэри? Джуди? Не помню. Отупел напрочь. Еще полгода... Матери напишу, пусть пришлет хоть что-нибудь. Не Ленина же тут читать...

Художника, помню, звали Берман. Того самого, что нарисовал на стене лист. Умер он еще потом, от воспаления легких. Из-за такой же вот погоды. В общем-то, не удивительно. Или она еще хуже была? Да, точно, там дождь шел пополам со снегом.

На хера он рисовал этот лист?.. Приклеил бы к стене настоящий. Или к ветке примотал бы... Как же их звали? Молли? Салли? «Когда упадет последний лист...»

— Пиздец нам будет!

Это Колбаса. Кивает в сторону взводного и повторяет:

— Точняк, пиздец за зарядку щас будет. Гля, как Ворона ебут!

Перед взводным разоряется дежурный по части.

Строй – два десятка человек – молчаливо соглашается. Люди все бывалые. Пиздец так пиздец.

Прислушиваемся, но ветер и расстояние сильно мешают.

Изморось переходит в мелкий дождь. Шинели давят на плечи.

Наконец, тронув козырек фуражки, дежурный трусит в сторону штаба. Воронов, откозыряв, с минуту издали задумчиво нас разглядывает. Затем походкой бурого медведя направляется ко взводу.

— От, бля, щас что-то будет! – сипит за моей спиной Мишаня Гончаров.

Воронов, уперев руки в бока, стоит перед

взводом. Оглядывается по сторонам.

Плац пустой. Роты разошлись по объектам. Командир и начштаба зашли в канцелярию.

Прапорщик сдвигает брови. Смотрит на Колбасу.

Тот виновато разводит руками.

— Смирна-а! – орет Воронцов.

Взвод вздрагивает.

— Су-уки! Пидарасы! Уроды! Ебаные монстры! Охуевшие козлодои! В жопу и в рот вам по банному венику!

Кица громко смеется. Осекается, но уже поздно.

Ворон подлетает к нему, хватает за ремень и выдергивает из строя. Кица по инерции пробегает несколько шагов. Останавливается, не зная, что делать.

— Ко мне, товарищ солдат! – лицо Воронцова искажается.

Кица неуверенно делает пару шагов.

— Товарищ старший прапорщик! Рядовой Кицылюк по вашему прика...

— По хуяшему! Почему бляха и кокарда погнуты?! – Ворон кулаком сбивает с головы Кицы шапку.

Та катится по мокрому плацу и, описав полукруг, останавливается возле моих ног. Поднять ее не решаюсь.

Взводный срывает с Кицы ремень. С силой бьет бляхой об асфальт. Чвякнув, бляха распрямляется. Ворон бросает ремень Кице.

Тот, глядя в сторону, опоясывается.

— Лютует Ворон... — тихо цедит сквозь зубы Колбаса, кося глазом на меня. – Давно так не чморил.

Ворон орет:

— Что за пиздеж в строю?! Нюх потеряли?! Поохуевали, суки, постарели у меня?! Гандоны рваные! Впадлу уже на зарядку им выйти!.. А меня за вас ебут! Меня, старшего прапорщика! Как сынка! Дежурный, блядь! Отымел сейчас! Перед всеми! Ну, я вам, бляди, устрою! Вот вам дембель в октябре! Вот!

Положив ладонь на сгиб руки, Ворон несколько раз сгибает внушительную конечность, помахивая перед строем волосатым кулаком.

- Зимой уйдете все! На Новый год! А вы – летом! Хуй вам, а не дембель весной! В последнее партии! Еще позже! Суки, суки, суки! Ты хули тут торчишь? Па-ачему не в строю?! — Ворон, выкатив глаза, смотрит на Кицу.

Тот моргает и блеет:

— Так вы...

Мощный и точный пинок.

Белый от злости, Кица занимает свое место слева от меня. Быстро нагнувшись, поднимаю шапку и подаю ее другу.

Блядь, когда же все это кончится...

Ветер утихает. Дождь мельчает до водяной взвеси. Подметенный с утра плац на глазах заносит листвой.

Вадим Чекунов

«Когда упадет последний лист...»

Пальцы на левой ноге коченеют. В носу хлюпает. Плечи ноют под сырым войлоком. Хочется ссать и курить.

Воронцов сморкается в пальцы. Достает носовой платок и аккуратно вытирает руки.

— Слушай мою команду. Две минуты времени. Шинели и головные уборы – в сушилку! Форма одежды номер четыре! Построение на плацу. Время пошло! В казарму бегом марш!

Туп-туп-туп-туп-туп!- дробь подошв по асфальту.

— Не успеем – будем тренироваться!

Темп прибавляется.

В сушилке побросали шинели. По быстрому поссали и курнули.

Вновь стоим на плацу.

Ворон тычет пальцем в небо. Ухмыляется:

— По моему приказу лично Господу Богу – улучшение погодных условий в целях проведения спортивных мероприятий! От сейчас и до обеда! Взвоо-од!

Встаем смирно.

— В направлении спортгородка! Курс зюйд-зюйд вест! Азимут – пятнадцать! Радостно блея! Попердывая и посвистывая! Бего-оооом!

Сгибаем руки в локтях.

— Марш!

Бежим.

— Отставить! Я сказал – радостно блея! Не слышу блеяния! Бего-оом! Марш!

Опять Ворон за свое. Интересно, он всю свою службу так развлекается, или это – новое, пару лет, не больше...

Колбаса кричит раненым козлом. Я и Костюк подхватываем.

В центре ржут. Толстый Кица мекает гадким фальцетом. Подключаются остальные.

Разноголосица сливается в рев козлиного стада. Сквозь блеяние едва доносится стук копыт и подковок.

Ворон неуклюже бежит сзади.

— Попердывая и посвистывая была команда! – доносится его хриплый голос.

Кто-то с левого фланга – Гитлер или Костюк – громко бздит по-настояшему Гончаров пронзительно свистит. Сзади истошно блеют остальные.

Повеселев и согревшись, набираем темп.

Врываемся на спортплощадку. Радостными орангутангами мчимся по рукоходам и турникам. Не переставая блеять, несемся по беговому кругу.

На носке своего сапога вдруг замечаю прилипший к нему желтый лист.

«Джонси и Сью! Их звали Джонси и Сью! Когда упадет последний лист...»

— Суки, весну давай, дембель давай! – ору во всю глотку, обгоняя остальных.

Выглядывает солнце. И тут же исчезает. Вновь начинается мелкий дождь.

3.

Новое поветрие в казарме. Не зачеркивать или прокалывать в календарике каждый прожитый день, а терпеть почти неделю. Затем сесть и с наслаждением нарисовать целый ряд крестиков. Те, кто дни прокалывает, вздыхают и непременно разглядывают календарик на свет.

Созвездия крохотных точек на прямоугольничке моего календаря растут, будто нехотя. Чтобы "добить", потребуются целых три месяца, даже чуть больше. А там еще один, новый. Правда, не весь — месяцев пять, а повезет — так четыре. Календарь на девяносто второй уже куплен, с "Авророй" на картинке.

Сваливают на дембель первые осенники — в нашем взводе Колбаса и Вася Свищ. Колбаса уезжает с другими в Токсово сразу после инструктажа.

У Свища поезд поздно вечером, поэтому до обеда он шарится по казарме. "Мандавохи" прощаются с легендой казармы. Васины сапоги, с так и неистершимися подковами из дверных петель, торжественно уносят в каптерку.

После обеда Ворон лично провожает Васю до автобуса. Отпросились на полчаса с работ и нарядов все наши, кроме караула. Все призывы. На КПП Васю угостили прощальной кружкой его любимого чая со слоном и подарили на дорогу кулек пряников.

Каждый жмет ему руку. Вася неожиданно для всех прослезился. Обнимает каждого и застенчиво улыбается.

Здоровенный, бесхитростный парень с далекого хутора Западной Украины. Великан с душой ребенка — единственный из нас остался самим собой. Не примеряя масок. Не пытаясь выжить в стае. Отслужил так, как не дано никому из нас.

Два года прошли не бесследно и для него. В армии он увидел первый раз телефон и телевизор. Обожал смотреть фильмы — любые. Ухмыляясь, молча слушал россказни о девках. Обмолвился раз, что есть у него невеста. Большего вытрясти из него не смогли. "Последний из могикан" — приходит мне на ум. Не просто так — именно эту книгу холодной дождливой ночью дал ему почитать в наряде на КПП. Вася оказался читателем хоть куда, прочел ее за несколько нарядов. Попросил еще что-нибудь. Любимой была у него "Пылающий остров" Беляева.

И вот он уезжает — последний из могикан. Как ни уговаривал его Ворон остаться на "сверчка" — не согласился.

— Вася, если тебе до поезда снова полдня, ты уж на вокзале-то не сиди... Как в прошлый-то раз, — под общий смех хлопаю его по спине.

История эта известна всем. Получив отпуск, Вася признался взводному, что ни разу в городе не был. Что боится потеряться в Питере и не найти вокзал. Ворон поехал с ним. Довез до вокзала, взял в воинской кассе билет. Посадил в зале ожидания, объяснив, что до поезда шестнадцать часов и Вася может смело погулять если уж не по городу, то вокруг вокзала — точно. Свищ не решился и все это время просидел на вокзале.

Обратно, правда, добрался уже сам.

— Та ни... — басит Вася. — Тильки четыре ходыны. А запизнюся?

Все опять смеются, окончательно смущая его.

На остановку приходят несколько лейтех и пара капитанов из Можайки.

Ворон просит их довести Васю до города и посадить в метро. Офицеры удивлены, но соглашаются. С любопытством поглядывают на дембеля-ефрейтора и окружающую его толпу.

Начинает моросить дождь. Все жмутся под козырек навеса, поглядывая попеременно то на небо, то на дорогу.

— Плачет Лехтуси. Плачет дождем. Не

хочет тебя отпускать, — говорит иногда склонный к лирике Ворон. — Оставайся. У меня заночуешь. А завтра — к начштаба. Оформим тебя.

Вася как-то странно дергает головой, будто пугается.

Опять общий хохот. Похлопывания, снова рукопожатия. Какие-то напутствия и советы.

Мне кажется, что Свища это уже порядком утомило.

Все-таки жаль, что он уезжает.

На дембель я подарил Васе набор открыток "Ленинград — город-Герой". Вася набору обрадовался. Сначала собрался вклеить в свой альбом, затем передумал и убрал в дипломат.

"Виддам матуси ци листивки. Вона тоды нэ змохла на прысяху прыихаты. А так хотила мисто подывытыся", — объяснил, улыбаясь.

Но открытки неожиданно устарели. Ленинград пару недель назад стал Санкт-Петербургом.

Васина республика и того больше – вообразила себя отдельной страной.

Наконец, показывается рейсовый "ЛИАЗ".

Все начинают разом галдеть и снова тянуть руки.

Автобус подкатывает к остановке. Хлопает раздолбанными дверями.

Водила терпеливо ждет.

Васе удается вырваться из окружения и влезть в салон.

Фыркнув вонючим выхлопом, рейсовый отъезжает.

Вася стоит на задней площадке, и машет нам рукой. Сквозь грязное и мокрое стекло уже не видно его лица. Лишь широченная темная фигура и огромная ладонь.

"Бип! Бип! Бип-бип-бип!" — на футбольный манер вдруг неожиданно сигналит водила автобуса. И дает еще один гудок — длинный, затихающий и теряющийся в сыром воздухе.

Вот и все.

Лишь рябь дождя на лужах. И тоска.

В части событие — привезли первых новых духов. Все в ту же казарму, что приняла когда-то и нас. Цейс больше в карантине не командует — ушел в Можайку. Вместо него старлей по кличке Тычобля из "мазуты".

Нам духи уже не интересны почти. Так — любопытно, кто и откуда. Новые лица, все же. "Вешайтесь!", завидя их, не кричим. Это дело тех, кому на дембель через год. Лично мне надоело все уже — вся эта осенне-весенняя круговерть. Складки, бляхи, кокарды, крючки и количество тренчиков на ремнях...

Отпустите, отпустите меня домой... Да сколько ж можно-то...

Через неделю, к общей радости, ушел на дембель Укол. До Нового года, хоть и обещали ему, держать не стали.

"Пиздуй, и не встречайся..."- сказал ему на прощанье Ворон.

Еще неделю назад Укол каждую ночь мечтательно расписывал, как он собирается навалять взводному на свой дембель.

Узнал об этом Ворон, или нет — неизвестно. Но от греха подальше взводный свалил в город в день увольнения Укола.

Укол торжествует, собираясь на инструктаж.

— Чуваки, зла на меня не держите, кого обидел если, — говорит он, шнуруя ботинки.

Их Укол отобрал у Трактора, при мне. Другие, с обрезанными рантами и сточенным каблуком, спрятаны в военгородке, у буфетчицы.

Я лежу на койке. Случайно повернув голову, замечаю стоящего у начала взлетки Кувшина. Тот, очевидно, давно уже делает мне какие-то знаки руками. Стоит он так, чтобы его не было видно с рядов осенников.

Все это удивляет так сильно, что сую ноги в тапочки и иду к Кувшину.

— Ты не охуел дедушку к себе подзывать? — беззлобно усмехаюсь, подойдя.

Кувшин на шутку не отвечает. Собран и бледен — больше обычного.

— Чего такое? — беру его за плечо и веду в

сушилку.

Выгоняю оттуда пару копошащихся в куче сырых бушлатов "мандавох". В сушилке стоит плотная вонь сапог и гнилой ваты.

— Вадим... — впервые по имени обращается ко мне боец. — Есть дело...

Блядь, залет, что ли, какой...

— Говори.

Кувшин, глядя прямо в глаза, тихо просит:

— Отпусти меня до обеда. До построения. Пожалуйста.

— Куда?

Кувшин, по обыкновению, молчит. Бледное лицо его покрывается пятнами.

Упрямый. Не пустить — сам сбежит. Видать, сильно нужно ему.

— Залетишь — сам отвечаешь. Я тебя никуда не пускал. Иди.

Кувшин улыбается одними губами. На выходе оборачивается:

— Спасибо.

Укол с другими осенниками отправляется в штаб. Я не прощаюсь с ним — ухожу курить в умывальник. Выпускаю дым в приоткрытое окно. Хорошая погода для дембеля. Небо, солнце, листва под ногами на влажном асфальте.

На мой дембель листва будет зеленой. А хорошо бы — при голых ветвях еще, в апреле...

Что я буду делать дома — не знаю. Не

важно. Главное — дома быть.

Блядь, не сдохнуть бы зимой от тоски.

Вечером — новость с КПП.

Кто-то подловил Укола на выходе из чипка. Тот уже успел переодеться в парадку с аксельбантом и начесанную шинель.

Отмудохали его знатно. И от формы, и от лица — одни ошметки оставили.

Кто его так уделал, Укол не сказал. Переоделся в 'гражданку" и свалил в Токсово на попутном кунге.

После отбоя толкаю Кувшина в плечо.

— Опять про Москву читать? — открывает глаза тот.

Так и ожидаю услышать "Не заебало еще?" в продолжение. Кувшин дерзкий. Пока молчит, но рано или поздно…

— Ну тебя на хуй… — смеюсь. — Мне ж тоже на дембель скоро…

Кувшин делает вид, что не понимает.

— Спи, военный, — говорю ему.

Кувшин поворачивается на другой бок.

Лежу минут пять и тыкаю его кулаком в спину:

— Кувшин!

— Ну чего? — поворачивается боец.

— Не "чаво", а "слушаю, товарищ дедушка"! Совсем охуели, бойцы. Ты вот что скажи — если почти каждый дух может навалять старому... Как же в жизни тогда получается наоборот?

— Я не знаю. У меня времени думать нет. Мне не положено еще, — нехотя отвечает Кувшин. — Вот постарею, стану, как ты... Тогда и подумаю.

— Тогда уже нечем будет, Миша... Давай спать.

Засыпая, удивляюсь — сегодня мы впервые назвали друг друга по имени.

Ночью повалил неожиданно снег, крупными хлопьями — первый этой осенью. Утром начал таять, чавкая под нашими сапогами. Строй опять поредел, как листва у деревьев вдоль дороги.

После развода вместе с Пашей Сексом отпрашиваемся в санчасть.

Сегодня на дембель уходит Кучер. Временно санчасть остается без фельдшера. Замены Кучеру пока не нашли. Но уже известно, что среди привезенных духов есть один из ветеринарного техникума. Его-то и приметил начмед Рычко на замену Кучеру.

— Это пиздец, Игорек, — не верю я своим ушам, когда фельдшер сообщает новость. — Бля, только бы не заболеть за эти полгода. Чего мы без тебя делать тут будем...

Кучер — последний мой друг из старших призывов. Через пару часов его не будет в части.

Даже не хочется думать об этом.

Паша Секс крутит головой:

— Я, в принципе, знал, что солдат — не человек. Но, ветеринар в санчасти — это круто.

— И ведь это даже не смешно, — печально кивает Кучер. — Берегите здоровье.

Сидим у него в боксе и завариваем чифир.

В боксе жарко, и Паша расстегивает пэша. На груди у него просверленная пуля от "калаша", подвешенная на капроновый шнур.

Кучер украдкой подмигивает мне.

Как он тогда догадался, что это моя проделка — загадка. Паше он ничего не сказал про меня. Наоборот, нагнал мистического туману и убедил того в действенности талисмана. Паша уверен, что найденная в яйце хранит его от залетов в самоволках.

Адресами и фотками мы давно уже обменялись. Подарки на дембель убраны в дипломат.

На душе тоскливо. Кучер выходит и возвращается через минуту с двумя склянками.

— Быстро! — шепотом говорит он. — В этой спирт, тут — вода. Хотите, разведите. Я не буду, мне в штаб еще.

Решаем "в запивон".

Спирт обжигает,. перехватывает горло спазмом. Почти мгновенно становится тепло и весело. Глаза немилосердно слезятся. В желудке приятно жжет.

Еще минута — и я пьяный. Совсем разучился пить.

Замечаю, что Пашу тоже повело. Ему-то что, он не залетит. У него — талисман.

Наперебой приглашаем друг друга в гости.

Решаем проводить Кучера до штаба.

Снег уже растаял совсем. Порывистый ветер хлопает полами шинели дембеля. Шинель самая обычная, с хлястиком от другой — видно по цвету. Кучер ежится и втягивает голову в плечи. Нам с Пашей тепло. Спирт еще греет тело, но уже не властен над душой. На ней опять тоскливо.

— Мы тут как сироты без тебя будем, — говорю другу. — Как тебя жены офицерские отпустили-то... Кто им теперь гадать будет?

— Я бы на них порчу и сглаз навел, если бы не пустили, — усмехается Кучер.

У штаба мы обнимаемся. Кучер роется по карманам. Достает пару пачек сигарет.

— Держите, — сует их нам. — До встречи! Давайте!

Паша дергает воротник бушлата:

— Кучер, погодь!

Секс снимает с шеи свой амулет — слегка сплющенный кусочек металла.

— Носи, нас вспоминай, — подкидывает пулю в ладони и отдает Кучеру.

— Это тебе от нас двоих, — подмигиваю я. Обнимаемся.

Из окна дежурного по части раздается стук по стеклу. Дежурный машет рукой и беззвучно шевелит усами.

Пора на инструктаж.

Кучер поднимается по ступенькам, машет нам рукой.

Хлопает за ним дверь.

Обратно мы с Пашей бредем молча.

Снова налетают серые низкие облака. Опять начинает идти снег. Хлопья падают и сразу же тают. Но это не надолго. Скоро, совсем скоро снег завалит тут все...

Спрятав пальцы в рукавах бушлатов и втянув головы, мы понуро проходим мимо учебной казармы.

На плацу перед ней строится рота духов. Новенькие шинели и шапки. Пятна незнакомых лиц.

Командует ими какой-то сержант из "букварей".

— Духи-и-и! — кричит вдруг Паша. — Сколько дедушкам осталось?

Порыв ветра доносит до нас ответ.

Цифра такая пугающая, что лучше бы Паша не спрашивал.

До построения на обед мы шарахаемся по части в поисках выпить. Клубников на месте не оказалось, скорее всего, уехали в Питер за фильмами. Идем через всю часть в автопарк, в надежде застать кого-нибудь из знакомых водил. Спирт из нас давно выветрился, остались лишь запах и жажда. Денег у нас с Пашей немного, но договориться сумеем.

В парке какая-то суетня – бегают прапора и слышен зычный голос ротного МТО.

— Ты, блядь, ссаный пень, под бой курантов у меня отсюда выйдешь! – орет ротный на долговязого дембеля, его фамилию я не знаю.

Дембель угрюмо молчит. Ротный разоряется все больше и больше, и мы с Пашей понимаем, что в парк лучше не соваться. Да и время уже к построению...

На обед – суп-рассольник, который мы, едва попробовав, выливаем из тарелок прямо в проход между столами. Сгусток макарон, похожий на раздавленные мозги, мы даже с раздачи не стали брать. Съедаем по паре кусков белого хлеба и запиваем киселем.

Паша вдруг озабоченно спрашивает:
— Слушай, «бэ» или «цэ» лучше, не знаешь?
— Оба хуже, — отвечаю я. – «Экстру» надо или «А».
— Это я и без тебя знаю, — ворчит Паша и поднимается.

Понимаем друг друга с полуслова.

Выходим из столовой и, не заходя в казарму, идем к посту-«нулевке». За постом – военгородок. Там магазин.

На «нулевке» дрожит от холода Гудок. Машет нам рукой. Нормальный парень, отлетает сове еще немного – хорошим солдатом станет.

Угощаю Гудка сигаретой.

— Ты только не говори, сколько служить нам осталось. Хватит уже на сегодня...

Гудок прячет сигарету в шапку и натягивает рукавицы. Шмыгает носом. Просит купить ему пару «полосок», если мы в чипок идем.

— Оставь себе, — отмахивается Паша от протянутых Гудком денег и мы идем в военгородок.

— Какие-то мы сегодня либеральные... — замечаю я.

— И демократичные, — добавляет Паша.

Оба смеемся, вспомнив виденного по телевизору кучерявого политика с длинной еврейской фамилией. Он, скорее всего, такой же либерал-демократ, как и мы, два старослужащих. Только вот одеколон вряд ли этот чувак пьет.

Неслыханная удача – в галантерейном целых два фурика с нужной нам литерой. Категория «А» — питьевая.

— «Огни Москвы» на грудь принять - это, Паша, как дома побывать, — я прячу оба флакона под бушлат. - Купи пару яблок, и

Гудку пожрать чего-нибудь.

Денег хватает лишь на два яблока.

Когда мы возвращаемся назад, лезу в карман и протягиваю Гудку одну из подаренных Кучером пачек сигарет.

—На, возьми пяток штучек. Голодняк забить. Полосок твоих один хер не было…

Разведенный в стакане одеколон выглядит всегда подозрительно. Если же пить из белой эмалированной кружки, то- благородно. Главное – удержать в себе.

Нам удается, и через полчаса мы уже шаримся по казарме, благодушные и ароматные. Курим в сортире у раскрытого окна, сгребая с подоконника снег и размазывая его по лицу. Я замечаю на кафельном полу какой-то странный рисунок из плиток. Силюсь сказать об этом Паше, но рот у меня полон вязкой слюны.

Усаживаемся смотреть телевизор в ленинской. Громкость врубили на полную. Разглядываем слезящимися глазами цветное мельтешение. Выворачивает нас почти одновременно. Сначала я, вскочив и побежав к выходу, блюю возле самой двери, потом Паша, невозмутимо склоняясь вбок, выблевывает скудную закусь. Вытирает губы рукавом бушлата и резонно замечает:

— Хорошо, что суп не жрали…

Подумав, добавляет:

— Надо бойцам сказать, чтоб прибрались.

ЧАСТЬ ШЕСТАЯ.
ДЕМБЕЛЬ

1.

К ноябрю в части из осеннего призыва не осталось уже никого.

Мы — самые старшие.

Я, Кица и Костюк лежим на койках. На заднице каждого из нас по три подушки. По бокам, в проходе, стоят наши бойцы — Макс, Новый, Кувшин и Гудок. В руках у них — белые нитки с узелками. Узелков — восемнадцать.

Наши молодые будут переводить нас в "стариков".

— Раз! — считают они, опуская нитку на подушки.

— О-о-ой! — кричит лежащий под койками Трактор. — Ой! Больно дедушке!

Положено по бойцу под каждую койку, но людей не хватает.

— Два!

Кица деланно кряхтит и свешивает голову

под койку:

— А шо так тихо?

— Ой! Ой, больно! — орет Трактор. — Суки, бейте легче — дедушке больно!

— Три! Четыре! Пять!..

— Больно мне, больно! Не унять ничем эту злую боль! — исполняет Трактор песню "Фристайла".

На восемнадцатом "ударе" прибегает дневальный:

— Да хуль вы орете на всю часть? Щас набегут сюда...

Смеясь, поднимаемся.

— Да все, все... Теперь тихо все будет. Ну, бойцы, пишлы!

Кица накручивает свой ремень на кулак. Размахивается и бьет им по табуретке. Бляха звучно впечатывается, оставляя заметную вмятину.

Бойцы вздрагивают.

— Не ссыте! — подхватываю свой ремень. — Пойдем, пока шакалов нет. Щас постареете чуток. Кувшин, ты — мой! Лично переводить тебя буду!

В умывальнике — очередь. "Мандавохи" переводят своих. У каждой раковины, вцепившись в нее и зажмурясь, стоят бойцы. Получившие свое отбегают в сторону и прислоняются задницей к холодному кафелю.

Через три дня — баня. Как обычно, после

таких дней, полная сине-черных отпечатков блях.

Отводим своих в сушилку — там свободнее.

Отвешиваем каждому положенные шесть раз.

Во время процедуры в сушилку заходят Арсен и Костя Мищенко. Прибежали с КПП, с наряда. Слухи по части быстро расходятся. Прознав о переводе, эти двое не утерпели до вечера. Понимаем их — сами ждали момента, когда становишься полноправным черпаком.

Покончив с бойцами, расстегиваем им крючки на пэша. Угощаю новоиспеченных шнурков сигаретами.

— Ну что, Кувшин? Постарел, да? — спрашиваю сидящего с блаженным видом на ледяном подоконнике бойца.

— Хуйня. Я думал — больнее будет...

— Ну, вот придут весной твои духи — покажешь им, как надо. Ладно, шнурки — на выход все! Но помните — пока духи в казарму не придут — вы все равно младшие самые. Не охуевать чтобы, ясно? Придут духи — их всему учить будете. Если что не так — пизды на равных получите.

Мне кажется, я почти дословно повторяю обращение к нам Бороды той ночью, когда мы стали шнурками.

— Ну шо, кабарда... — Кица щелкает ремнем. — Вставай в позу. Харэ в шнурках лазить.

Арсен смотрит на часы.

— Давай, по-быстрому. Мы ж в наряде.

— Куды ж тоби поспишаты? — смеется Костюк. — Ще цилый рик служыты...

2.

У новых осенников закончился карантин. Под вой метели прошла их присяга, в том же ангаре, что и наша когда-то. Только у нас летом дело было, и дождь хлестал. Мать приезжала ко мне, отец не смог.

Над плацем хлопает на ветру непривычный флаг — трехцветный. За время карантина текст присяги поменялся у духов трижды. Сначала учили старую, советскую. Потом прислали другой текст. Через неделю заменили на новый.

Всю осень никто вообще не знал, что говорить вместо "Служу Советскому Союзу!". "России" — непривычно, да и с хохлами как быть, молдаванами... Просто "спасибо" — вообще смех.

Этот призыв целиком из России. Ей, новой стране, они и клялись. Мы все гадали, не заставят ли нас заново присягать, с духами наравне. Почти все решили отказаться.

Но оставили, как есть. Замполит объяснил с суровой прямотой: "Все равно не служите ни хуя. Толку от вас никакого. Отбудете свое — и скатертью дорога".

Непонятно одно — зачем тогда нас держат тут...

В остальном — обычно все. В столовой праздничный обед, часть сумками с жратвой завалена. Все вычищено, убрано, спрятано. Папы-мамы по части с сынками шарятся, несмотря на мороз.

Все как обычно. Тогда лишь тоска другая была. Темная, густая. Сжимала, заливала. Омутом душу холодила.

Сейчас не так уже. Задубело внутри все, кирзой покрылось. Да и теперь-то что... Других очередь пришла тосковать.

Во взвод к нам дали пять человек. Откуда-то с Урала все.

Все повторяется. Когда-то мы стояли на взлетке, тоскливо глядя пред собой в никуда. Потом стояли осенники, среди них мои друзья Арсен и Костя Мищенко. Прошел длинный год и точно так же, с тем же выражением глаз стояли наши бойцы — Кувшин, Надя, Макс, Гудок, Трактор...

Отслужившие полгода, сейчас они, сдерживая радость, поглядывают на прибывших. И хотя им летать еще до нашего дембеля, все же будет полегче. Как сложилась судьба Нади, мы не знаем. От него нет известий, если верить Кувшину, единственному его другу.

Среди бойцов один — особый. Чучалин, из Челябинска. Неприметный щупленький парнишка. Маленький острый подбородок, уши торчат, голова лысая. Вроде такой же, как все. Но не совсем.

Женатый, с одним ребенком. Жена беременна вторым. А парню всего-то восемнадцать лет.

По положению, с двумя детьми на службу уже не призывают.

Сидим в бытовке, единственном теплом помещении казармы. Радиатор здесь слабо булькает и не протекает почти.

В стекло окна будто крупу манную кто-то горстьями швыряет. Метель вторые сутки.

Вечер. Скучно.

Насыпаю заварку в "чифир-бак".

— А что у нас там этот многодетный? — вдруг спрашивает Паша Секс.

Сашко Костюк, вытыкает из розетки "Харьков", оглаживает свою рожу, больше похожую на топор-колун, открывает дверь и зовет бойца на беседу.

Тот входит, бледный, напуганный.

— Как же ты попал сюда? — спрашиваем.

Чуча радуется, что разговор не о "залетах". Пожимает плечами:

— Военком сказал: "Сейчас у тебя один. Второй будет ли еще — неизвестно. А приказ на тебя есть. Вот, — говорит, — родит жена, тогда и домой отправишься".

— Вот ведь суки бывают! — качает головой Костюк.

— А ты шо, закосить не мог, до весны? — спрашивает толстый Кица.

Чуча лишь опять пожимает плечами.

Кица раскладывает на "гладилке" свой китель. Плюет на подошву утюга и задумчиво прислушивается к шипению.

— Ну ты и мудак... — усмехается, наконец. — Причем дважды.

Боец виновато кивает.

— Ладно, иди пока,- отпускаем его. — Папаша...

Пьем чай с засохшими пряниками. Вкус у них — будто кусок дерева грызешь.

Спать не ложимся — сказали, сегодня всех повезут на уголь, если вагоны придут.

Может, топить будут лучше после. Хотя вряд ли. В прошлом году постоянно на разгрузку ездили. Как был дубак в казарме, так и остался.

Уголь — это очень херово. Уголь — ветер и холод. Темень. Гудки тепловоза. Блики прожектора на рельсах. Лом, высказывающий из рукавиц. Мат-перемат снующих повсюду ответственных "шакалов".

Не спрятаться, не свалить в теплое место — некуда.

Греешься долбежкой мерзлой черной массы. Скользишь сапогами. Скидываешь бушлат — жарко. Сменяешься. Одеваешься опять и идешь на погрузку. В ожидании кузова жмешься к соседям возле непонятной бетонной будки. Дрожишь, чувствуя, как остывает на ветру пот и немеют пальцы в сапогах...

Так было в прошлом году.

Так будет и в этом. На угле особо не закосишь. Сегодня старшим — ротный "мандавох" Парахин. Вечно угрюмый шкаф в шинели с лицом изваяния с острова Пасхи. Парахин знает нас всех по призывам. Никогда не ставит на один вагон старых и молодых. Каждому выделяет свой. Сам же расхаживает вдоль путей, следя за работой.

В бытовку заглядывает лейтенант Вечеркин, ответственный.

— Давайте, закругляйтесь. Отбой. Угля не будет сегодня.

Вот оно — солдатское счастье.

А завтра все равно в караул.

...Почти под самый Новый год из строевой сообщают, что на Чучалина пришла заверенная телеграмма. Родилась вторая дочка. Завтра с утра прибыть за документами. На дембель.

Чуча сидит ошалевший, мнет шапку и смотрит, улыбаясь, в окно. Окно все в морозных разводах, с наледью у подоконника. В казарме плюс шесть.

— Ты хоть рад? — спрашиваю его. — А то, смотри, оставайся!

— Не-е-е-е!... — трясет головой Чуча.

Из старых во взводе свободны от наряда только я да Паша Секс.

— Давай его в чипок, что ли, сводим, — говорю Паше. — Когда у тебя родился-то?

— Родилась. Позавчера. Еще не назвали никак. Меня ждут.

Паша лежит на кровати и ковыряет в носу.

— Вот так, Чуча, — говорит он, вытирая руку о соседнюю кровать. — И не поймешь, служил ты, чи шо, как хохлы наши говорят.

— Ты сколько прослужил-то? — интересуюсь я.

Чуча недоверчиво смотрит.

— Да не, без подъебки! — успокаиваю его.

— Октябрь, ноябрь, ну, и декабрь почти, — застенчиво отвечает Чуча.

— Три месяца, стало быть. Даже шнурком не успел побывать. И — уже дембель! — смеемся мы с Пашей и переглядываемся. — Ну-ка, иди сюда!

Мы поднимаемся с кроватей.

Чучалин подходит, настороженно разглядывая нас.

— В позу! — командует Секс и не успевает Чуча взяться за дужку кровати, перетягивает его ремнем по заднице: — Раз!

— Два! — мой черед.

— Три!- снова Пашин ремень. — Хорош! Больше не выслужил!

Чучалин ошарашенно трет обеими руками задницу и хлопает глазами.

— Ну что, распускаем его по полной? — подмигиваю Сексу. — Это ж дембель, а мы только деды!

Расстегиваем Чуче сразу три пуговицы. Дверью бытовки сгибаем бляху и спускаем ремень на яйца. Велим подвернуть сапоги. Шапку сдвигаем на затылок. Гнем кокарду. Паша выдает ему кусок подшивы и объясняет, как подшиться в десять слоев.

— Можешь курить на кровати и руки в карманы совать. Никто тебе слова не скажет. Ты — дембель! Понял?

Вид у Чучи дурацкий. Клоунский. Выражение лица соответствует наряду.

Я занимаюсь с Чучей дембельской строевой подготовкой. Сцена напоминает мне эпизод из "Служебного романа":

— Главное, что отличает дембеля от солдата — это походка.

Чуча старательно сутулится и волочит ноги по полу.

Мы уже развеселились вовсю.

— И чтобы в строю, в столовую когда пойдем, сзади шел, как положено!

— А пойдем щас к роте МТО в гости! Пусть за куревом их сгоняет! — уже не может удержаться от смеха Пашка. Отсмеявшись, добавляет: — Ты, вообще-то, от нас не отходи. Народ, сам знаешь, разный. Могут и не понять. А мы объяснить можем и не успеть.

Из наряда возвращаются Кица и Костюк.

Замирают у прохода, разглядывая лежащего на кровати Чучу.

— Я шо-то не понял... — наконец произносит Кица.

Чуча ежится, но нас ослушаться не решается. Продолжает лежать.

Объясняем ситуацию.

Хохлы сперва качают головами, но потом начинают улыбаться.

Костюк даже роется в кармане и протягивает Чуче несколько значков — "бегунок", "классность", и "отличника".

— Бля, а мне "отличника" зажал! — возмущается Паша.

— Тоби ще нэ положэно! Трохи послужити трэба! — ржет Костюк.

В столовой на Чучу пялятся все — бойцы, шнурки, черпаки и деды.

Чуча сидит с нами за одним столом и не знает, куда деться.

Общий ор и шум в столовой сам собой затихает.

— Э, воин! — подает с соседних рядов голос Ситников. — Ты не охуел, часом?

Паша Секс разворачивается вполоборота и солидно произносит:

— Глохни, Сито! Он раньше тебя на дембель уходит.

Объясняем, что и как.

Кивают, но одобрения не выражают.

Неожиданно к нам подходит Череп, из МТО.

Расстегнут, как обычно, до пупа. Из-под вшивника торчит тельняшка. Челка закрывает глаза.

Черепа недавно разжаловали из сержантов, за то, что он послал на хуй ротного, и если бы его не оттащили, надавал бы он этому ротному по рылу. На плечах Черепа еще виднеются следы от лычек.

Все напрягаются.

С Черепом так просто не поговоришь.

— А меня не ебет, когда ему на дембель! — заявляет Череп. — Боец, десять секунд времени — и ты в положенном виде!

Чуча дергается было, но справляется с собой и сидит неподвижно, вперив взгляд в доски стола.

Надо что-то делать.

— Череп, дай пацану старым походить и

нам настроение не порть! — говорю я.

— Потом это наш боец, и делать он будет, что мы ему скажем.

Череп молчит. Тяжело развернувшись, уходит на раздачу.

Мы облегченно вздыхаем, но Череп появляется вновь. С кружкой и несколькими пайками в руках.

— Товарищ дембель! Разрешите вас угостить! — Череп ставит пайки перед Чучей и дурашливо прикладывает руку к голове. — На хавчик прогнулся салабон Череп!

Все смеются и расслабляются.

Череп подсаживается сбоку и дергает за ремень Чучалина.

— А чего подъебку такую носишь? Пожидились старые на кожан, да? На вот, — снимает с себя кожаный ремень Череп. — Махнемся, не глядя. Кто доебется, скажешь, Череп дал.

Все. Теперь Чуча в безопасности полной.

От "дембельского ужина" Чуча отказался. Сразу после отбоя попросился спать.

Дело хозяйское. Перечить дембелю никто не стал.

На следующий день Чучалина провожает чуть ли не полчасти.

Вываливаем через проходную КПП на шоссе.

Деревья вдоль шоссе больше похожи на снежные кучи. Лишь кое-где чернеют ветви. От дыхания пар. Сапоги скользят по наледи. Тусклая блямба солнца сидит на верхушках елей. Половина неба залита холодной желтизной. Словно великан поссал и прихватилось тут же морозом.

На сердце — тоска. Не такая, когда друзей провожал осенью. Черная, нехорошая.

Ловлю себя на том, что хочется дать Чуче по затылку, сбить с него шапку, добавить пинка, когда он за шапкой нагнется...

Протягиваю ему конверт:

— Слышь, опусти в Питере, в междугородку, лады? Ну, бывай!

— Ты возвращайся, если что! — говорит ему кто-то.

Все ржут. Быстро смолкают.

Глядя вслед автобусу — за ним спиралью закручивается в морозном воздухе облако выхлопа, Паша Секс задумчиво произносит:

— Вот так. Пришел и ушел. А мы остались. А с другой стороны — двое детей... Ну на хуй такой дембель. Я бы лучше еще год отслужил.

Смотрю на Пашу.

Он думает и говорит:

— Ну, не год, может быть. А полгодика бы точно, послужил...

Солнце незаметно проваливается за ели.

Небосклон принимает свою обычную сизую серость.

Холодает. Темнеет.

До весны еще далеко.

3.

Входят во власть новые черпаки.

Совсем недавно они еще бегали за водой Уколу и Колбасе. Гладили и подшивали форму Гунько. Носились по казарме в поисках "фильтра".

Кто-то из них даже клялся никогда не припахивать "своих" молодых.

Все это знакомо. Сами были такими.

"Крокодильчики" и "попугаи", разбавленные "лосями" и держанием табуреток, черпакам быстро надоедают. Помаявшись пару недель, начинают поиски нового.

Арсен придумал игру — "в бая".

Каждый вечер пристает теперь ко мне:

— Давай в "бая" играть! Давай! Вчера не играли!..

— Отстань, иди на хер! Сколько можно! Не видишь, я читаю?!.

Арсен подсаживается ближе и притворно вздыхает:

— Скучно ведь! Пойду дедовщину

зверствовать.

Молчу.

Арсен не выдерживает:

— Ну разок давай в "бая" поиграем, разок и все, а?

— Ладно, разок только. И не будешь читать мешать?

— Не буду, не буду! Ай, спасибо! Эй, бойцы, сюда все! В "бая" играть!

Как и в столовой, стены казармы были украшены фотообоями. На одной стороне поле и лес, а на другой — снежные горы.

Около нас с Арсеном выстраиваются две группки бойцов.

— А чьи это поля и леса? — спрашивает одна группа другую, показывая на обои за моей спиной.

— А вот барина нашего, — кланяясь, отвечают другие.

В свою очередь интересуются:

— А горы вон те, чьи они?

— А вот нашего бая! — указывают на Арсена бойцы, и, приплясывая, поют: — Ай-ай-ай! Самый лучший у нас бай!

Арсен откидывается на кровать и звонко хохочет, дрыгая ногами.

Лицо его совершенно счастливое.

В "бая" он готов играть ежедневно. Смеется при этом искренне, от души. По-детски почти.

Никто на него не злится даже.

Друг Арсена Саня Белкин, из подмосковных Электроуглей, сидит на койке, склонившись над табуреткой. Пишет письмо. Время от времени он теребит отрощенный чуб и страдальчески кусает кончик ручки.

— Слушай, проверь, а? Ты ж студент! — протягивает он мне листок в клеточку.

— Бывший, Саня, бывший... — беру письмо.

Читаю.

«Здравствуй, солнышко моё ненаглядное!

Вот, написал первую строчку и подумал – ты ведь действительно моё солнышко. Ласковое. Тёплое. Единственное. В котором я так нуждаюсь. Особенно здесь. Особенно сейчас».

— Сань, это ж личное, — приподнимаюсь с койки. – Уверен?

Белкин машет рукой:

— Да там никаких секретов. Ты подправь, если надо где, лады?

Читаю дальше.

«Ты знаешь, зима в этих местах суровая, даже злая.

Небо низкое-низкое, иногда кажется, что оно едва держится на верхушках сосен. Ещё чуть-чуть – и упадёт прямо на нас. Солнце бывает редко, лишь на мгновение покажется холодный кружочек, размером с копейку, покажется да и исчезнет тут же, не согрев, не обласкав, не обнадёжив.

И вот стою на посту, пытаюсь думать о чем-нибудь, но все мысли – о чае горячем. И о тебе.

Жду дня, когда услышу твой голос, загляну в глаза, как тогда, в парке, помнишь? Прижму тебя к себе крепко-крепко, и больше мы никогда, слышишь, никогда с тобой не расстанемся, что бы не случилось в этом мире.

Помнишь, был Новый год, дача Антона? За столом человек десять, ты напротив меня, все галдят, магнитофон надрывается. А мы сидим и смотрим друг на друга, и никого вокруг нас будто нет, мы одни...»

— Ну, как? – волнуется герой-любовник. – Проникнется, а?

— Проникнется, — возвращаю ему бумагу. – Только припиши, что если с Антоном блядовать начнет, ты с поста сбежишь, с оружием. И всех их застрелишь на хер.

— Да ну тебя! – сердится Белкин, выхватывая листок. – Я серьезно, а ты...

Белкин пробует что-то дописать, ног ручка не пишет. Он оглядывается.

Рота связи ушла на расчистку снега. Наши готовятся к заступлению в наряд. Казарма почти пуста.

В трех рядах от нас подшивает чье-то пэша боец-«мандавоха».

— Воин! – негромко зовет его Белкин

Солдат поворачивается.

— Ручку дай! – выбросив в проход отработавшую свое одноразку, шевелит подбородком Белкин.

Бое складывает пэша на табурет. Подкалывает к петлице толстую иголку и суетливыми движениями ощупывает свое туловище.

— Че ты, сука, возишься, я не понял? Ручку, на хуй, быстро дал мне! – упирая руки в колени, набычивается Белкин.

Боец от окрика становится похож на перепуганную обезьянку. Упавшим голосом произносит:

— У меня ее нет.

— А меня это ебет? Минута времени, наблюдаю и удивляюсь – ручка у меня! – Белкин закидывает руки за голову и валится на койку.

— Товарищ черпак, мне это... сержант Кольцов... Сказал подшить ему, для наряда... Придет сейчас...

Белкин рывком поднимается с койки. В три прыжка – один ряд – один прыжок – оказывается около бойца.

Тот закрывает руками лицо, но Белкин бьет под дых. Боец переламывается пополам. Ударом ноги Белкин валит его на табуретки.

Солдатик быстро поднимается и замирает, часто моргая.

Нижняя губа его кривится и дрожит.

Белкин дергает бойца за ворот пэша:

— Че, бля, душара, охуел совсем?

Пуговицы прыгают по доскам пола.

Свой вопрос Белкин подкрепляет правым хуком.

— В хуй не ставишь черпака? Служба медом показалась?

Хук левой.

— Оборзел, на хуй? Руки убрал, блядь, убрал руки!

Прямой в корпус.

— Саш... я... не надо, Саня... — сипит боец.

Белкин задумчиво смотрит на первогодка. Отходит на шаг.

— Говоришь, не надо... — смотрит в дальний коне казармы.

Дневальный с отсутствующим видом изучает план эвакуации при пожаре.

— Ну, не надо, так не надо! - Белкин подпрыгивает, выбросив вперед правую ногу.

Боец отлетает метра на два, на чьи-то тумбочки.

Дневальный нервно оглядывается.

— Не ссы, Петруха, все соберем! - поднимает ладонь Белкин.

Боец, не вставая с колен, собирает выпавшие из тумбочек вещи. Среди мыльниц, бритв и конвертов ему попадается прозрачная. наполовину полная ручка.

— Вот, товарищ черпак, — протягивает он свою находку.

Белкин смотрит на него, сунув руки в карманы пэша.

— Ручка... — растерянно говорит боец.

— Вижу, блядь, что не хуй! Только на хера она мне теперь нужна? Салабон ебучий, весь настрой испортил...

Белкин машет рукой. Прикурив сигарету, идет в сортир, тяжело бухая по настилу сапогами.

— Невесте, блядь, письмо хотел написать, — проходя мимо дневального, делится с ним.

Тот понимающе кивает.

4.

Костя Мищенко, по кличке "Сектор", каждый вечер разучивает с духами песни любимой группы, под гитару. Играет Костик здорово. Подобрал все аккорды и записал слова. Получается у него похоже.

Бойцы петь не умеют совсем. Блеют, не попадая в такт. Костя злится. Остальные гогочут.

Песня про подругу, которой обещают "дать под дых", давно уже наша строевая, с одобрения Ворона.

Кто-то из черпаков додумался выдать

бойцам из каптерки летние синие трусы. Приказали подвернуть их как можно туже. Получилась пародия на плавки. Выбрали самых тощих духов и заставили изображать позы культуристов на соревновании. Конкурс назвали "Мистер Смерть-92".

Тот же Костик подбил бойцов на постановку спектакля.

На представление собралась вся казарма. Пришли даже снизу, из МТО.

Бойцы постарались на славу.

Из одеял соорудили ширму-занавес.

Самый толстый, Фотиев, в накинутой на плечи шинели с поднятым воротником изображает царя. На его голове корона из ватмана. С плеч свисает одеяло — мантия. В руке швабра — посох.

Трое других сидят рядком на табуретах, изображая вязание. Головы покрыты полотенцами на манер платков.

Рассказчик — самый разбитной из духов, с веселой фамилией Улыбышев, начинает вступление нарочито старческим голосом:

— Три блядищи под окном перлись поздно вечерком...

Вступает первая "девица":

— Кабы я была царица, я б пизду покрыла лаком и давала б только раком...

Стоит такой хохот, что не слышно слов второй "героини".

— Царь во время разговора хуй дрочил возле забора.

Фотиев старательно изображает дрочку. По-царски, отложив посох, двигает обеими руками, намекая на размер.

Смеюсь вместе со всеми, сгибаясь пополам. В мое плечо, хрюкая, утыкается Сашко Костюк. Если бы мои знакомые на гражданке узнали, над чем я веселюсь... Особенно те, с кем я ходил в московские театры...

Успех у зрителей бешеный. Премьера состоялась.

Предлагаю дать артистам на сегодня поблажку. Черпаки соглашаются. Посылаем недовольных Гудка и Трактора в столовую за картофаном. Шнурки собираются нарочито медленно, поглядывая исподлобья на духов.

— А ну резче, военные! — гаркает на них Бурый. — Постарели невъебенно? Щас, бля, омоложу!

Бурый спрыгивает с койки и хватает ремень.

Шнурки расторопно исчезают.

Через час сидим все вместе в дембельском углу, сдвинув табуреты. На них — подносы с хавчиком. Бойцы жадно едят картошку. Запасливый Костюк откуда-то притащил кусок пересоленного сала и зеленый лук. Костик Сектор приносит "чифир-бак".

— Да-а... — откидывается на койку Паша

Секс и закуривает. — Я даже представить не могу, чтобы мы вот так с нашими старыми сидели.

— Ну хуле... Заслужили, ладно тебе, — подмигиваю бойцам.

Пытаюсь отрезать от твердого сала хотя бы кусок.

— А покурить можно? — спрашивает наглый Улыбышев.

— Ты не охуел ли слишком, Улыбон? — усмехается Кица. — Сектор, шо за хуйня?

Костик вытирает губы, дожевывает, поднимается и орет:

— На "лося", блядь! Музыкального!

Улыбон получает в "рога", разводит руки в стороны и поет:

— Вдруг как в сказке скрипнула дверь! Все мне ясно стало теперь!

Костик неожиданно сердится:

— Так, все! Хорош тут охуевать! Съебали по койкам! Сорок пять секунд — отбой!

Бойцы, едва не опрокинув подносы, бросаются к своим местам.

— Ну и правильно, — говорит Паша. — Не хуй...

Мне, в общем-то, все равно. Отдохнули — и хватит.

Это молодые осенников. Им с ними служить целый год. Им и решать.

Утром Улыбону и вовсе не везет.

Вадим Чекунов

На осмотре Арсен доебывается до его неглаженной формы.

— В бытовку, мухой! — командует Костик.

Вслед за залетчиком туда заруливают сразу несколько человек. Выставляют "шухер".

Белкин пробует утюг пальцем:

— Заебца. В самый раз...

Улыбона скручивают и валят на пол. Затыкают рот его же шапкой и придавливают коленом.

Белкин проводит утюгом по ноге бойца. Тот дергается и извивается, глухо мыча. Но держат крепко.

Спасает Улыбона лишь приход старшины.

Бойца возвращают в строй.

Арсен придирчиво изучает его подбородок. Но, вроде, бритый. Полотенца избежать удалось. В каждом призыве находится кто-нибудь, вкусивший такого "бритья". У нас — Гитлер. У черпаков — молдован по кличке Сайра. Среди шнурков — покинувший часть Надя.

От него все же пришло в часть письмо. Получил письмо Кувшин. Обычный конверт с тетрадным листком и вложенной черно-белой фоткой. На ней Надя — не Надя уже, а отъевшийся, с наглой ухмылкой солдат в боксерских перчатках. Не узнать. На заднем фоне — горы. Служит он теперь на каком-то аэродроме. Кажется, в МинВодах. Служба непыльная, климат хороший. Письмо Кувшин никому не показал. Пробовали забрать силой — не нашли. Так и не узнали подробностей. Но фотография обошла всю казарму.

— Наглядный пример, как место красит человека, — ухмыльнулся зашедший по такому поводу к нам Череп. — Этот своим душкам еще даст просраться.

Череп редко когда ошибается.

5.

Затяжная снежная зима нехотя идет на убыль.

Пару раз были совсем уже весенние оттепели. С крыш казарм свисают устрашающего вида сосульки. Их дневальные сбивают швабрами, высовываясь из окна. Глыбы льда разбиваются об асфальт, брызгая крошевом.

Проседают некогда идеальные, выровненные по веревке сугробы в форме "гробиков".

Те бетонные чушки, которые таскал я, выпучив глаза и обливаясь потом, выкладывая поребрик, за время зимы растрескались и покрошились, от ударов скребков и ломов.

Снова облупились звезды на въездных воротах. Опять барахлит связь с "нулевкой" — постом между частью и городком.

Описывать события последних месяцев

службы — дело неблагодарное. Событий особых нет. А если и есть — то давно уже не события. Серая рутина мерзлых будней. Тупость. Скука.

Даже происшедшее чэпэ — смерть в роте "мазуты" солдата Довганя — затронуло мало.

Пусть шакалы волнуются. Те действительно напуганы — бегают с журналами по технике безопасности. Заставляют всех расписываться за какой-то инструктаж. Всем срочно оформили "допуска" к работе с электричеством. Даже мне, путающему "плюсы" и "минусы" у батареек. Теперь я — электрик.

У Довганя допуска не было. Он полез в котельной чинить провода и взялся рукой за что-то не то. Полез не сам — по приказу. Разряд пробил его наискось — через правую руку в левую ногу. Да так, что подошва кирзача задымила. Мгновенно умер.

"Досрочный дембель". Полгода не дослужил.

Но даже об этом поговорили пару дней, и то — вяло как-то.

Все мысли — о доме.

Каким я вернусь. Что делать буду.

Появилось много свободного времени. Ни альбом, ни парадку делать не собираюсь. Почти никто из москвичей этим не занимается.

Пытаюсь занять себя чтением — любимым занятием до службы. Перечитал от скуки всего

Достоевского — в полковой библиотеке целых десять томов собрания сочинений. Никогда не любил Федора Михайловича. Хоть и приходилось отвечать на билеты по нему, в той, прошлой жизни.

"Записки из Мертвого дома" выучил почти наизусть. Читаю в нарядах, вечерами перед отбоем. Натыкаюсь на пугающие места книги. Которых не замечал на гражданке.

Не касались они меня.

"Кто испытал раз эту власть, это безграничное господство над телом, кровью и духом такого же, как сам, человека, так же созданного, брата по закону Христову; кто испытал власть и полную возможность унизить самым высочайшим унижением другое существо, носящее на себе образ божий, тот уже поневоле делается как-то не властен в своих ощущениях. Тиранство есть привычка; оно одарено развитием, оно развивается, наконец, в болезнь. Я стою на том, что самый лучший человек может огрубеть и отупеть от привычки до степени зверя".

Если чудеса и преображения случаются, то не с нами. И не у нас.

Очень хотел бы сказать, что после прочтения книги стал другим. Что-то осознал. Чему-то ужаснулся. В чем-то раскаялся.

Это было бы красиво, литературно.

Но было бы неправдой.

Все, что хочу — домой. Убраться отсюда навсегда.

Все в части знакомо. Все обрыдло. От всего воротит.

Аккорда дембельского у нас нет. Через день в караул, неделями, не сменяясь — на КПП. Какой тут аккорд...

"Дробь-шестнадцать" на завтрак. Комок серых макарон "по-флотски" на обед и неизменная гнилая мойва на ужин.

Кормят так херово, что во время стодневки, наплевав на "традиции", решили масло свое не отдавать. Пайка — единственное, что можно есть.

Если выдают вареное яйцо — сразу же делается "солдатское пирожное", как называет его Паша Секс.

Извлекается желток и смешивается в алюминиевом блюдце из-под пайки с размоченными в чае кусками сахара и кругляшом масла. До кашеобразного состояния. Полученный "крем" намазывается на кусок белого хлеба, накрывается другим. Откусывая, почему-то всегда закрываешь глаза.

В караулке висит прибитая к потолку портняжная лента. Каждый день от нее отрезается очередной сантиметр.

Давно уже выгнали полотенцами зиму из

казармы, а весна все не спешит.

Взгляд у всех какой-то тусклый, оловянный.

Ждем приказ.

Сижу в ленинской комнате, листаю газеты. Заходит Гитлер. В руках он держит пачку затушеванных листов от альбома.

— Слышь, это... Такое дело... Кирзач, заделай мне текст с гербом, как у Коня, помнишь? – без лишних предисловий обращается ко мне Гитлер. – Ты ж умеешь, я видел.

Еще какой-то меся – и я избавлюсь от необходимости жить под одной крышей с такими, как Гитлер. С теми, кого на гражданке за версту обходил бы.

— Какой, на хер, текст? Во-первых, ты забыл волшебное слово сказать. А во-вторых, все рано не буду. Найди себе из бойцов кого-нибудь, кто умеет.

Гитлер молча разглядывает меня. Маленькие глазки его бегают туда-сюда.

— Впадлу, да? – начинает он. – Своим уже впадлу помочь, да? А перед старыми ведь прогибался только так — бегом бежал рисовать. Скажешь, нет?

С каждым словом Гитлер взвинчивает себя все больше. «Псих-самовзвод», как метко назвал его однажды мудрый Кучер.

Гитлер мелок и труслив – на меня открыто

переть боится. Но листы он положил на стол. Освободил руки и как-то подозрительно оглядывается. Поэтому на всякий случай поднимаюсь со стула.

— Хорошо, — говорю. – Давай сюда листы. Будет тебе текст – и как ты «Натюрлих!» кричал с табуретки, и как тебя вечным духом едва не сделали...

Едва успеваю договорить.

Гитлер с каким-то бабьим визгом подбегает ко мне, пытаясь ухватить за одежду. Бью его кулаком в лицо, прямо в нос. Но Гитлер все же цепляется за ворот моего пэша и виснет на нем. Падая, сдвигаем столы и опрокидываем стулья. Я оказываюсь сверху. Бью Гитлера опять по лицу, но промахиваюсь и попадаю ему по лбу. Кулак разжимается, в пальцах дикая боль. Придавливаю Гитлера коленом и левой рукой снова принимаюсь его бить, теперь уже осторожнее. Мои руки длиннее, до лица мне достать Гитлер не может, но пытается ухватить за шею.

На шум прибегает дневальный, за ним еще куча народу. Нас растаскивают.

Чувствую. как саднит кожа на щеке и шее – Гитлер разодрал ногтями. Завожусь уже сам и пытаюсь вырваться от разнимающих. Пробую достать до Гитлера ногой, но его оттаскивают к двери.

— Тебе пиздец! Пиздец тебе! – орет Гитлер, хлюпая разбитым носом. - Я тебя завалю, ты понял? Сегодня же, в карауле!

Снова дергаюсь вперед .но Гитлера уже выводят из ленинской.

Кто-то подает мне мою шапку. Серега Патрушев. Он лишь качает головой и принимается наводить порядок. Расставляет по местам столы и поднимает стулья. Патрушева всю зиму держат дневальным, через день в наряд. Казарменный шнырь-уборщик. Моего с Гитлером призыва, парень так и не стал старым. Темные круги под глазами от недосыпа, жуткая худоба и разъеденные грязью руки – вот и все, что он заимел к дембелю.

Представление окончилось, народ расходится, кто куда. Я остаюсь в ленинской. Пытаюсь вернуться к газетам, но строчки прыгают перед глазами.

— Звери вы... — вдруг совсем тихо говорит Патрушев. – Даже между собой не уживаетесь.

Только этого не хватало сейчас.

— Почему не уживаемся? Нормально поговорили. Объяснились. Сережа, если тут кто не ужился – так это ты. О чем ты расскажешь, когда домой вернешься? Как по взлетке два года шнырял? Или как тебя твои же бойцы пиздили? Вообще удивляюсь, как ты не повесился тут...

Патрушев хмыкает и складывает

подшивки газет в топку.

— А ты бы повесился? На моем месте? Повесился бы?

Мне вдруг совершенно не хочется продолжать разговор. Собираюсь уже выйти, как Патрушев говорит:

— Подожди.

Он лезет во внутренний карман и достает свой военник. Вытягивает из-под обложки небольшой картонный прямоугольник. Показывает мне. Календарь Патрушеву, как вечному духу, иметь не положено, и я с удивлением беру бумажку. Но это не календарь. Что-то смутно знакомое. Замызганная, сотни раз сложенная пополам и расправленная снова картонка с неровными от ветхости краями. На ней – грустный старичок с печальными глазами. Чем-то неуловимо похож на самого Патрушева, только сильно постаревшего.

И вдруг до меня доходит. Это – та самая иконка, которую нам подарили в поезде из Москвы бабки-богомолки. К старичку с этой иконки я взывал, стоя в холодном туалете на духовской «присяге». Потом забыл уже и не вспоминал. Был уверен, что она так и осталась в том нашем купе, где-то на полу, среди объедков, окурков и блевоты.

Оказывается, не пропала. Все два года ее хранил Патрушев.

— Это Александр Невский. Покровитель военных. Твой и мой покровитель. И даже

Сахнюка. И вообще всех, кто служит в армии.

Патрушев забирает у меня иконку и снова прячет в военный билет.

— Наверное, он и меня уберег. Чтобы никого не убить. Ни себя, ни других, — говорит он.

Молча выхожу из ленинской комнаты. В моем военнике – порнушная фотка, которую я доставал в укромных местах, когда бывало уже невмоготу. У Патрушева – иконка, спасавшая его в минуты куда более тяжелые.

Блядь, ну почему Патрушев — именно Патрушев – безвольный маменькин сынок, чмо, изгой казармы и части – почему именно он заставляет меня закусывать губу от стыдливой завистливой злобы...

В караул нас с Гитлером не допускают. У того заплывший глаз, у меня – длинные полосы по всей шее и левой щеке. Врачиха Марина, страшненькая жена одного из офицеров первой роты, мажет мне шею зеленкой.

Уже вызвали Ворона. Тот является быстро, с ходу называет меня «ебанным Брюсом Ли» — недавно в части показывали фильм, где тот сражался в зеркальной комнате с мужиком, у которого была вместо руки железная лапа.

— Сахнюк, а ты ведь не Гитлер теперь, — деланно сокрушается Ворон. – Ты теперь ебанный Кутузов.

Видно, что Ворон слегка пьян. Значит, ожидать можно чего угодно. Но точно — ничего хорошего.

— Как увольняться с такими харями будете? - продолжает Ворон. — Ну, ничего, заживет до дембеля. На обоих документы подам в конце июня. Не раньше двадцать девятого.

Оп-па. Это уже не пустые угрозы. Из-за нас некому заступать и сменять караул. Серьезный залет.

— Товарищ старший прапорщик! За что? - принимается ныть Гитлер.

Ворон будто того и ждет. Взрывается, и нависая над Гитлером, начинает орать:

— А за все! За драку, блядь, среди старослужащих и за хуевый пример молодым! Вы уйдете, а мне с ними дальше мудохаться! Вы меня поняли, товарищ солдат?

Если Ворон переходит на «товарищ солдат» — дело совсем плохо. Значит, настроен серьезно. Так бы побил слегка обоих, и на этом все успокоилось бы. А раз «товарищ солдат»...

— Да не дрались они, товарищ старший прапорщик! - вдруг подает голос наш бое Макс.

Все это время он стоял неподалеку, за спиной Ворона и делал мне какие-то знаки, но я не мог разобрать.

— Не понял... — оборачивается Ворон.

Макс виновато опускает голову:

— Это я их избил, обоих. Настроение

плохое было. Да вообще, стариков не люблю. Достали уже. Буду каждый день их бить теперь.

Ворон недоверчиво щерит зубы.

— Вас кто учил наебывать командиров, а? Товарищ солдат?

— Правда это, — говорю я. - Стыдно было признаться просто, что он нас двоих уделал. Ну хуле – здоровый, сука.

— За что?

— Толкнули его случайно, в дверях. А он как накинется...

Макс – крупный парень, был боксером на гражданке. Стоит и изображает виноватого.

Ворон, отлично понимая, что ему врут, все же дает нам шанс. Лишние проблемы не нужны и ему. Сахнюка ставят посыльным при штабе, посыльный Гудов заступит в караул. Меня отправляют на КПП.

Макс получает от Ворона трое суток «губы».

Все три дня предаю с пищеносами хавчик и курево для бойца.

Если бы не он, неизвестно, как бы все вышло.

6.

Курим в сушилке.

Окно, несмотря на хмурое утро, распахнуто. Табачный дым тянется, ползет наружу извилистыми линиями.

Сижу на подоконнике, вполоборота к остальным, и время от времени стряхиваю пепел за окно. Мне видна жестяная крыша нашей с ротой МТО курилки, чуть поодаль — потемневший уже слегка щит с изображением "Бурана" — гордости нашего рода войск, российского "шаттла".

Я помню, что Вовка Чурюкин начал рисовать этот щит еще в карантине, грунтуя и разлиновывая огромный прямоугольник железа. Заканчивал он его уже в роте "букварей" — вон их казарма, за тонкими березовыми стволами.

Вовка уходит на дембель в следующей партии, через три дня.

К началу мая из наших не останется здесь никого.

Не верится, что это — мой последний день в части. Какой там день — последние часы!

Три дня назад уехал в свои Ливны Паша Секс. Уволили его еще раньше, но Паша завис в гостинице военгородка, ожидая земляков. Из Питера привозил каждый вечер водяру и звонил нам с КПП.

От водки наутро трещала голова. Лежали на койках, накрывшись с головой. Молодые приносили с завтрака пайки. К обеду мы просыпались, съедали пайку и шарились по казарме. Вечером опять звонил Секс...

Ну вот и конец всему этому.

Через двадцать минут мы должны быть в кабинете начальника штаба, на инструктаже. Вручение воинских проездных билетов и осмотр внешнего вида.

Хохлы сидят в самых обычных парадках.

Другие, настоящие, дембельские — заныканы в укромном месте где-то в военгородке. Скорее всего в чипке, у буфетчицы Любы.

Люба, добрая и толстая тетка лет пятидесяти, совершенно бескорыстно предоставляет "мальчишкам", как она нас называет, свою кладовку.

Непременный атрибут дембеля — кожаный чемодан-"дипломат". Худенький Мишаня Гончаров сидит прямо на нем, слегка раскачиваясь в стороны. Более солидные Кица и Костюк держат дипломаты на коленях.

Мишаня, закуривая по-новой, искоса поглядывает на меня. Наконец, не выдерживает:

— И тебе не западло вот в таком виде на дембель ехать?

На мне — шинель, которую относил обе зимы. Левая пола вытерта до рыжей проплешины ножнами штык-ножа.

Ремень простой, "деревянный", правда,

расслоенный мной еще год назад. "Кожан" я отдал Кувшину — на днях он станет "черпаком", тогда и наденет.

Максу от меня перешел по наследству ручной вязки свитер - мать прислала еще осенью. Вшивник этот я подогнал Максу еще во время его отсидки вместо меня на «губе».

Под шинелью у меня самое обыкновенное пэша с одним-единственным значком — синим "бегунком".

На ногах — приличные еще, не в конец разбитые сапоги, не кирза даже, а юфть. Привезенные старшиной под Новый год с какого-то склада в Питере. До этого я полтора года отходил в тех самых, в карантине выданных кирзачах. Мой сорок восьмой размер не ходовой, замены найти оказалось не просто. Во что превратились те, первые сапоги — смешно вспоминать. Разве что веревочкой подошву не подвязывал...

Дипломата у меня нет. Все добро — мыльно-рыльные принадлежности, полотенце и пара книг, — уложено в обычный, затасканный слегка вещмешок. Его я выменял на значок "Отличника" у каптерщика "букварей".

Думаю, что ответить.

— То есть, как чмо я домой еду, ты считаешь? — спрашиваю Мишаню и спрыгиваю с подоконника.

Тот делает вид, что не услышал и заговаривает о чем-то с Костюком.

В сушилку заходит дежурный по роте, сержант Миша Нархов. Штык-нож болтается у него где-то возле колен. Головного убора нет, в руке — кружка с чаем. Нархов нашего призыва, но ротный связистов с увольнением "мандавох" затягивает.

Мише скучно. Во всей внешности сержанта читается только одно — "посмотрите, как я заебался".

Миша известен своим коронным портняжным "номером" этой зимой. На выданном нам пэша пять пуговиц со звездой. Бляхе ремня полагается быть между четвертой и пятой, нижней. Миша не поленился вырезать и обточать шестую петлю и пришить еще одну пуговицу. Пересчитывать пуговицы никому в голову не пришло. Несколько месяцев он спокойно носил ремень бляхой книзу, но формально — над последней пуговицей. Пока матерый старшина все же не заподозрил подвоха и не пересчитал пуговицы. Миша не учел мелочи — нижняя пуговица у старого стирается бляхой до серого цвета. Она же у него было новая, золотистая.

Мы с Мишей в приятельских отношениях. Угощаю его сигаретой, и он, попеременно затягиваясь и шумно отхлебывая чай, принимается расхаживать по сушилке. На одном из крюков, вделанных в бетонный потолок, висят чьи-то постиранные брюки пэша. Когда Нархов проходит под ними, влажные лямки – «тормоза» — задевают его голову. Сержант недовольно кривится и снова марширует от окна к двери, время от времени выглядывая к дневальному.

— Ну что, бойцы, — останавливается Нархов, наконец, возле хохлов. — При параде домой едем, а? После штаба — бегом к Любке?

Хохлы степенно улыбаются.

— Мы-то домой, а ты здесь вешайся! — огрызается Гончаров и кивает на меня: — Ты, вон, как этот вот поедешь, тоже небось:

— А что! — веселится Нархов. — Может, и поеду! Хули — альбома нет, впадлу было делать. Парадку тоже ни хуя не приготовил еще: Слушай, Бурый, а ты правда, что ли, в генеральской фуре дембельнуться собрался?

— Тебе не похую? — злится уже всерьез Гончаров. — В чем хочу, в том и еду!..

Нархов снова ходит туда-сюда. «Тормоза» опять задевают его лицо.

— Какая падла тут сушится? — с искренним возмущением Нархов разглядывает висящие над ним брюки. — Нашли место, бля:

Смеясь, напоминаю ему о прибалте Регнере, получившем от дневальных за то, что посрал в начищенном сортире.

— Ту-уртоо-оом! — легко соглашается Нархов. — А ничего не поделать. С кем служим... — кивает он на хохлов и Гончарова. — Как на гражданке жить после — не представляю! Ты адрес мой не проеби. Хотя я в Москве чаще бываю. Скоро гульнем по полной!

Нархов в очередной раз цепляется головой за брюки и, выпучив глаза, орет в сторону двери:

— Дневальный!!! Дневальный, еб твою мать!

В дверь суется испуганная голова бойца.

— Ножницы мне! — приказывает сержант. — И табуретку!

Не проходит и минуты, как все доставлено.

Миша залезает на табуретку, и вытащив от усердия кончик языка, собственноручно обрезает обе брючины по колено.

Слезает, возвращает инструмент расторопному дневальному и удовлетворенно цокает языком:

— Ну совсем другое дело!

Снова расхаживает по сушилке. Проходя под укороченными брюками, задирает голову и довольно улыбается.

— Миш, это чьи? — спрашиваю я.

— А я ебу... Да мне по хую! — сержант вскидывает руку и смотрит на часы: — Чего расселись? Домой не хотите? Ну щас тогда я вместо вас поеду! А ты, Кица, на, подежурь, подмени меня!

Нархов делает вид, что стягивает с рукава повязку дежурного.

Кица вздрагивает и торопливо поднимается.

Нархов заливисто смеется.

Мы с ним крепко обнимаемся и хлопаем друг друга по плечам.

— Ну, давай!

— И тебе тоже! Давай!

※ ※ ※

Инструктаж. Получение военников и проездных. КПП.

В кунге связистов доезжаем до Токсово. Провожающие нас лейтехи предлагают по пивку у киоска. Неожиданно холодает и начинает валить снег. Лейтехи оба в бушлатах, им тепло. Я в шинели, мне тоже нормально. На хохлов и Гончара в их парадках смешно смотреть — синие губы прыгают по краю кружки. Не лезет в них ледяное пиво.

— Че-то жарко, бля, — отдуваюсь, расстегиваю пару крючков и отворачиваю лацканы шинели. — Тебе как, Мишань? — заботливо спрашиваю Гончарова.

Мишаня беззвучно матерится.

Кица заботливо прикрывает кружку ладонью, сердито поглядывая на небо.

Костюк смахивает с фуражки снег.

От пива нас начинает колотить дрожь, даже меня и лейтех.

Закуриваем в надежде согреться. Хуй наны.

Вот тебе и апрель.

— Да ладно, дембель ведь, дома девки согреют! — говорит один из лейтех, Вечеркин.

Мишаня вполголоса бубнит:

— Д-д-дембель-хуембель, д-дома-хуема, согреют-хуеют... Когда вы съебете-то...

Лейтехи, наконец, сваливают на кунге обратно в Лехтуси. Мишаня и хохлы бредут к остановке рейсовых. Ближайший автобус в сторону части будет минут через сорок. Электричка на Питер — через пять.

— Поехали, — говорю им. — Два года ждали, дни считали. Хули вам эта парадка сдалась, папуасы, бля. Поехали в город.

Хохлы с сочувствием смотрят на меня.

У Кицы, я знаю, в чипке спрятаны сапоги со шнурками. У Костюка — комплектов десять белья, спизженых еще зимой и парадка с аксельбантом.

Про Мишаню и говорить нечего. Генеральская фуражка — чистая правда.

Вот наши дороги и расходятся.

Жмем руки, обнимаемся.

Бегу на платформу.

Снег прекращает идти и неожиданно

выглядывает солнце. Весна, весна, как бы там ни было. Весна, дембель. Домой.

Подъезжает электричка, с шипением раскрываются двери. Не оглядываясь, захожу. Пшшшиххх... Дерг. Лязг. Поехали.

Всю дорогу до Питера стою в холодном тамбуре и курю беспрестанно, одну за одной, до горечи на языке. Вглядываюсь в серый пейзаж за мутным окном. Он ничуть не изменился за эти два года.

Изменился ли я?..

Не важно. Пока — не важно.

Домой, домой, домой.

Поезд мой в двадцать два сорок. Сейчас около двенадцати дня, и я стою, сильно пьяный, на Дворцовом мосту в ожидании выстрела пушки. Нева безо льда, жутковато-свинцовая, медленно ворочает своим холодным телом. Я выбрасываю в воду допитую "чекушку". Всплеска почти не видать. Слева от меня шпиль Петропавловки и ее уныло-желтые стены, точь-в-точь как у нашей казармы. Ветер пытается сорвать с меня фуражку. По небу, торопясь и обгоняя друг друга, летят тяжелые облака, на ходу превращаясь в медведей, слонов, ботинки и носатых старух.

Качается на волнах маленький катер,

попеременно задирая то нос, то корму.

Почти неподвижно висят в воздухе грязные чайки. Неожиданно резко уходят вниз и в сторону.

Свежо.

Медь, латунь, олово, свинец — цвета Питера. Военные цвета.

Зачем-то снимаю фуражку и подкидываю вверх.

Ветер подхватывает ее, швыряет туда-сюда и забрасывает куда-то под мост.

Мысль о патрулях даже не приходит в мою счастливую голову.

Вдыхаю полной грудью тугой, наполненный ветром воздух Невы.

— Ветер свободы, — пьяно и торжественно говорю сам себе. — Прощай, армейка, бля. Прощай. Здравствуй, гражданка!

Выстрела пушки я почему-то не слышу.

Я еще не знаю, что через год с небольшим, серым октябрьским утром, буду бежать от Останкино, и то, что было предназначено мне, пройдет чуть в стороне и наделает дыр в киоске "Союзпечати".

Еще не знаю, что буду годами скитаться по съемным углам, пытаться закончить универ и шарашиться по стремным конторам то грузчиком, то охранником, то рубщиком мяса...

Еще не знаю, что буду валяться мертвецки

пьяным в сильный мороз возле дома бывшей жены, и если бы не какая-то спешащая по утру в магазин старуха, что вызовет "скорую"...

Еще не знаю, что увижу разные города и страны. В одной из них меня глухой ночью на промерзшей улице чуть не убьет компания негров.

Еще не знаю...

Еще не знаю...

Я молод, счастлив и пьян. Вся жизнь — впереди.

Я еду домой.

Домой, домой, домой.

ОГЛАВЛЕНИЕ:

ЧАСТЬ ПЕРВАЯ. КАРАНТИН
1..1
2..13
3..27
4..41
5..55

ЧАСТЬ ВТОРАЯ. ДУХАНКА
1..70
2..97
3..110
4..121
5..133

ЧАСТЬ ТРЕТЬЯ. ШНУРОВКА
1..145
2..163
3..171
4..189
5..200
6..227
7..243

ЧАСТЬ ЧЕТВЕРТАЯ. ЧЕРПАЧЕСТВО
1..255
2..274
3..290

4	320
5	338

ЧАСТЬ ПЯТАЯ. СТАРОСТЬ

1	345
2	356
3	366

ЧАСТЬ ШЕСТАЯ. ДЕМБЕЛЬ

1	381
2	384
3	395
4	401
5	406
6	416

www.ingramcontent.com/pod-product-compliance
Lightning Source LLC
LaVergne TN
LVHW021332080526
838202LV00003B/147